GUANGDONGSHENG YIWU JIAOYU
ZHILIANG JIANCE ZHIBIAO TIXI YANJIU
LILUN YU SHIJIAN

广东省义务教育质量监测指标体系研究

理论与实践

（上）

广东省教育研究院
建立广东义务教育质量监测体系研究课题组　编著

广东高等教育出版社
Guangdong Higher Education Press
·广州·

图书在版编目（CIP）数据

广东省义务教育质量监测指标体系研究：理论与实践（上）/广东省教育研究院，建立广东义务教育质量监测体系研究课题组编著．—广州：广东高等教育出版社，2017．3

ISNB 978－7－5361－5819－1

Ⅰ．①广…　Ⅱ．①广…　Ⅲ．①义务教育－教育质量－研究－广东　Ⅳ．①G522．3

中国版本图书馆 CIP 数据核字（2017）第 004271 号

出版发行	广东高等教育出版社 地址：广州市天河区林和西横路 邮政编码：510500　电话：（020）87554152　87551163 http://www. gdgjs. com. cn
印　　刷	佛山市浩文彩色印刷有限公司
开　　本	787 毫米×1092 毫米　1/16
印　　张	19．5
字　　数	371 千
版　　次	2017 年 3 月第 1 版　2017 年 3 月第 1 次印刷
定　　价	60．00 元

前　言

自1999年国务院批准教育部实施《面向二十一世纪教育振兴行动计划》起，“素质教育”就成为我国教育教学改革的旗帜和行动指南，党的十八大报告中将“全面实施素质教育，深化教育领域综合改革，着力提高教育质量”确定为未来我国教育改革发展的首要任务。由于教育目标中的“德智体美”过于抽象，内涵也在随着时代的变迁和社会的发展而发生变化，伴随着国际上“教育质量观”的转变，以“学生素质全面发展”为目标的素质教育如何得以真正落实已成为当前我国教育事业必须面对的重大挑战与问题。然而，由于长期形成的以“中考”“高考”成绩作为教育质量标准的错误观念引导，以素质教育为本的科学的教育质量评价体系尚未建立和形成，导致素质教育的真正推行遭遇重重困境。实行义务教育质量监测，成为国家、省教育规划纲要和省教育发展“十二五”规划等所明确的重点工作项目。

目前，我省义务教育呈现出新的阶段特征：有学上的问题已经得到解决，上好学的问题成为突出问题；数量和规模的问题已经基本解决，质量和结构的问题成为突出问题；硬件建设问题基本解决，内涵发展成为突出问题；区域之间、城乡之间、学校之间发展不平衡的矛盾仍未得到根本解决；以素质教育理念为核心的义务教育质量观、质量标准、评价标准仍未建立健全。加之我省存在较大的城乡差别、地区差别，既有教育发展比较好的地区、比较先进的设备、比较完备的学校，也存在较薄弱的学校、较匮乏的教育资源配置、相对落后的地区，多项教育综合发展的指标与广东经济社会发展水平极不匹配。比如在珠三角地区，教育发展水平较高；但在粤东西北、山区，教育发展水平比较落后；有些地区学生大班额现象仍有存在，但在农村地区或薄弱学校则同时存在生源不足、办学规模效益不高的现象。这些不仅仅是教育问题，也是社会发展问题。从某种意义上来说，广东就是中国的缩影。

在这样的背景下，全面推进中小学教育质量综合评价改革，建立广东省义务教育质量监测体系，是广东省深化教育综合改革的重要工作内容，也是破解转型升级背景下教育优质均衡发展瓶颈的重要工作。开展中小学教育质量综合评价改革，坚持促进发展，有利于应对城乡一体化进程中广东教育的挑战；坚持育人为本，有利于应对城市化进程中广东教育的挑战；坚持科学规范，有利于应对国际化进程中广东教育的挑战。通过教育质量综合评价改革，提高基础教育课程改革管理水平，进一步提升作为国家改革开放排头兵的广东的教育质量，夯实南方教育高地建设的质量基础。借助对义务教育质量的监测，特别是对一些关键区域、关键问题的跟踪监测，澄清学生在具体的思想品行、知识技能、身心素质等方面的优势与不足，反映地方、学校在教育决策和管理中存在的问题，客观描述义务教育质量状况，为各级政府及教育行政部门制订教育改革发展规划、部署教育改革发展提供科学依据，检验政策落实和投入成效，必要时进一步调整教育政策。通过质量监测的纵向追踪，比较各个区域、各个学校在不同年度的进展与变化，指导学校和教师依据监测结果，深入分析其存在问题与改进方向，调整教育教学策略。使教师更关注每一个学生在学习进程中出现的状况，并及时加以补救或矫正；让教师在这一过程中掌握评价方法，提高敏锐洞察学生学习过程的能力，增强正确使用评价促进教学改革的能力。研究和实施义务教育质量监测，是广东创建教育强省、打造南方教育高地的迫切需要。

在省教育厅的工作部署下，广东省教育研究院于2012年启动了义务教育质量监测研究的前期准备工作。在省教育厅、省政府教育督导室的指导下，由广东省教育研究院牵头，协同中山大学、华南师范大学、广东实验中学、佛山市南海区教育发展研究中心等单位，整合高校专家、各地级以上市教育督导部门及教研部门的力量，开展广东省义务教育质量监测体系研究，形成系统的义务教育质量监测指标体系研究报告。具体包括：学生品德发展水平监测、学业水平发展之数学监测、身心发展水平监测、兴趣特长养成监测、学业负担状况监测、校长专业发展水平监测、教师课程实施状况监测、学生家庭及社会因素监测指标体系研究报告。

构建广东省义务教育质量监测指标体系以学生发展核心素养为出发点和归宿，以影响学生核心素养因素为切入点，根据心理学、社会学、教育学、统计学、测量学和评价学理论，根据义务教育阶段学生成长发展规律、教育教学规律，研究确定义务教育质量监测体系建设的理论基础；从监测目的理念、监测内容、监测工具三个方面，对美国、英国、欧盟经济合作与发展组织举办的监测评价项目，以及我国教育部和上海、江苏、北京等地的基础教育质量监测指标体系进行比较研究，总结义务教育质量监测成功经验；确定我省经济、社会、文化、科技和教育发展对于广东省义务教育阶段学校教育的影响，归纳总结新时期我省义务教育阶段学校教育的特征及发展趋势，根据研究确定的理论基础，结合国内外的实践经验，确定我省义务教育质量监测体系建设的宗旨、原则，提出指标体系的构想，进行我省义务教育质量监测的顶层设计，进行义务教育质量监测体系的理论设计，构建理论模型。

义务教育质量监测项目组在粤东西北及珠三角选取实验区域作为监测试点，开展义务教育质量监测试点，通过试点监测，进一步完善我省义务质量监测方案和指标体系，使指标体系更外显、更具体，使监测方式方法更科学、更具有可操作性。借鉴大数据时代教育云技术，进一步强化信息技术支撑，对监测数据库和系统建设进行调整与优化，使义务教育质量监测更为科学、高效。根据试点监测结果，进一步借鉴国内外先进经验，在基于学生核心素养的国家教育质量综合评价的框架下，对广东省义务教育质量监测方案和指标体系进行适当的调整与优化，以使质量监测发挥科学的、正确的导向功能。

研究广东省义务教育质量监测体系，通过义务教育质量监测的研究实施，引导社会各界树立正确的教育质量观、人才观，改变当前评价标准“唯分数论”的错误质量观，坚持把促进学生健康成长作为学校一切工作的出发点和落脚点，建立以素质教育理念为核心的基础教育质量观、质量标准、评价体系，传播科学的教育教学理念，深入推进课程改革，形成尊重教育规律的环境和氛围，推动学校提升教育质量，创新人才培养模式，促进学生综合素质的提高和全面而富有个性的发展，促进素质教育的深化落实，提升广东省教育综合实力、区域竞争力和国际影响力。

目 录

品德发展水平监测标准研究报告

2013年，《教育部关于推进中小学教育质量综合评价改革的意见》（教基二〔2013〕2号），提出要着力构建中小学教育质量综合评价指标体系，涵盖品德发展水平、学业发展水平、身心发展水平、兴趣特长养成、学业负担状况等。

广东省从2013年启动义务教育质量监测专项研究，已形成《广东省义务教育质量监测方案（试行）》，提出监测评价内容为品德发展水平、学业发展水平、身心发展水平、兴趣特长养成、学业负担状况及影响因素六个方面。确定品德发展水平主要考查学生道德品质、思想觉悟和道德行为等方面发展情况，包括行为习惯、公民素养、理想信念等关键指标。

第一节　行为习惯

一、指标内涵

行为习惯，是行为和习惯的总称，是经过长期形成的不易改变的行为方式，这里指学生道德品质、思想觉悟和道德行为方面稳定的外在表现。良好的行为习惯源于对行为的正确认识，能分清是非善恶并选择正确的行为方式作为自己的行为准则。

二、监测评价内容概要

学生在文明礼貌、勤俭节约、热爱劳动、爱护环境和助人为乐等方面的认知及表现。

三、主要监测点

义务教育阶段是学生行为习惯养成的重要阶段，也是决定其一生成功与失败的重要阶段，良好的行为习惯是其综合素质的直观表现。为引导义务教育阶段各学校的德育教育，立德树人，鼓励学生全面发展，养成良好的道德品质，制定义务教育阶段“行为习惯”指标的主要监测点为以下五个。

（一）文明礼貌

文明礼貌是指语言文明、行为举止优雅得体，其反面是愚昧、野蛮、粗鲁或庸俗。文明礼貌主要监测学生是否养成文明礼貌的习惯，在家庭、学校和社会交往过程中是否掌握基本的社交礼仪，能否遵守社会规则和秩序等。

（二）勤俭节约

勤俭节约是勤劳而节俭，即工作勤劳、学习刻苦，生活节俭朴素。勤俭节约一是指勤劳、苦干，与懒惰相对；二是指节俭、朴素，与浪费相对。节俭描述的是一个学生对自己物质生活的珍惜态度，不浪费、不奢侈。勤俭节约并非吝啬，吝啬是舍不得给人，而节俭则指生活上不奢侈浪费。

（三）热爱劳动

劳动是人类创造物质或精神财富的活动，它包括脑力劳动和体力劳动。学生热爱劳动主要指尊重劳动，具备良好的体力劳动素养和实际行动，对班级值日生工作认真负责，能积极参加义务劳动和社会实践，能自觉料理好自己的日常起居与生活，承担一定的家务劳动，等等。

（四）爱护环境

自觉地爱惜和保护对人类赖以生存的环境。具有环境保护的意识、文明行为方式和习惯。

（五）助人为乐

主动给他人以无私的帮助，并从中感到幸福愉快的道德行为和道德情感。表现为对他人的照顾、体贴、关怀。对于衰老、残废、有疾病、有困难以及身处危险的人，表示同情关心，做到助人之难，救人之危，及时消除或减轻各种原因给他人造成的飞来之祸，尽可能地避免损失。

四、每个监测点的监测标准

根据课程标准和学生的实际表现，对学生学业水平进行等级划分和具体描述。每个监测点都分为四个等级：

（一）“文明礼貌”的监测标准

学生具有文明礼貌的意识和习惯，掌握基本的社交礼仪，能遵守社会规则和秩序等。

L1：不懂得文明礼貌的意义，不践行文明礼貌的行为，其言行表现出愚昧、野蛮、粗鲁或庸俗的特征。

L2：言行基本符合文明礼貌的要求，偶尔有说粗话脏话、仪表不端或在公共场合不遵守规则和秩序的情况。

L3：理解文明礼貌的个人意义和社会价值，具有良好的文明意识，遵守社交礼仪，认同并遵守社会规则和秩序。

L4：具有良好的文明礼貌习惯，养成文明自觉，对不文明的现象感到羞耻并能有效阻止，能推动文明礼貌风气的形成。

（二）“勤俭节约”的监测标准

具有勤俭节约的意识和习惯，具有正确的消费观和良好的勤俭节约的家庭教育，具有不受社会环境的消极影响等特点。

L1：经常表现出铺张浪费的现象，经常脱离自身实际或者家庭实际的消费水平。

L2：偶尔有表现出浪费的现象，有脱离自身实际或者家庭实际的消费水平的事件出现。

L3：有良好的理财意识，能在日常学习生活中观测到某些具体事件，表明学生有勤俭节约的习惯。

L4：生活与学习表现积极与勤劳，珍惜父母的劳动成果，生活节俭朴实，形成勤俭节约的自觉或常态。

（三）“热爱劳动”的监测标准

有正确的劳动观，对劳动及劳动人民有深厚感情，养成了良好的劳动习惯，具有一定的劳动技能和良好的劳动纪律。

L1：轻蔑体力劳动，不尊重体力劳动者，不喜欢体力劳动。

L2：偶尔有表现出轻蔑体力劳动，对体力劳动者表现出不是特别尊重。

L3：有一定的劳动技能和劳动纪律，懂得劳动是光荣的事情。

L4：有正确的劳动观，具备良好的劳动习惯和劳动素质。

（四）“爱护环境”的监测标准

L1：知道哪些行为是爱护环境和不是爱护环境的。
L2：有爱护环境的意识，能对自己提出爱护环境的具体要求。
L3：能坚持做到爱护环境。
L4：除自身能做到爱护环境外，还提醒和监督他人爱护环境。

（五）“助人为乐”的监测标准

L1：知道哪些行为是助人为乐的。
L2：有助人为乐的意识，并能掌握助人为乐的一些方法和技能。
L3：能主动做到助人为乐。
L4：除自身主动帮助他人外，还带动他人助人为乐。

五、对应监测标准的典型案例

拟通过在线问卷普查，以学校为单位，组织学生在线填写调查问卷。按比例随机确定学校和学生，进行现场问卷抽查。专家在质量监测平台上核查学校填报的信息，专业机构组织专家进行综合分研判，对学生在四个监测点上的表现进行分级。

（一）“文明礼貌”的典型案例

【案例】对某样本学校随机抽取 5 名学生，让他们作答下面的问题，各学生对自己的文明礼貌表现进行自我评价，或者根据题中事件描述发表自己的看法。1－1、1－2、1－3 三个问题系统自动计分，2－1、2－2 两个问题由该校的教师根据个体层面文明礼貌的等级描述，对学生的回答内容赋予四个相应的等级，然后系统再计分。

1－1　“在学校见到陌生的老师，我会主动问好。如遇地方狭窄，我会主动给老师让路。”结合自己行为，对这一描述，你认为

A. 完全不符合　　B. 较不符合　　C. 基本符合　　D. 完全符合

1－2　“我不会对他人说一些侮辱性的话语，如果不小心冒犯他人，我会感到羞耻。”结合自己行为，对这一描述，你认为

A. 完全不符合　　B. 较不符合　　C. 基本符合　　D. 完全符合

1－3　“如果大家都不遵守公共秩序，社会将会混乱不堪。”结合自己行为，对这一描述，你认为

A. 完全不认同　　B. 较不认同　　C. 基本认同　　D. 完全认同

2－1　有个别学生对家人和老师很讲礼貌，但对同学就满口脏话；在家里很安静，但在公共场所旁若无人，大声谈笑，甚至喧哗；在家里很讲卫生，但在学校和公共绿地却乱扔垃圾、乱踩绿化草皮。你对这些学生有何忠告？

回答：____。

2－2　网络世界是一个虚拟的世界，有的学生在网络上聊天或发表观点时，常常使用一些晦涩的甚至粗俗的语言，并将这些所谓"流行"热词或做法带到现实生活中来。你对这种现象有什么看法？

回答：____。

表1列出5名学生的选择结论和教师对学生的评判结论。根据研究假设，"文明礼貌"共10分，1－1、1－2、1－3、2－1、2－2各占2分，选项A、B、C、D的权重分别为：0.65、0.75、0.85、0.95。则学生S1的五个选项的对应得分即为（0.85＋0.75＋0.65＋0.65＋0.75）×2＝7.3，故应归入L2等级。同样地，学生S4归入L2等级，学生S2、S5归入L3等级，学生S3归入L4等级。

表1

内容	1－1	1－2	1－3	2－1	2－2	学生得分	"文明礼貌"层级
学生S1	C	B	A	A	B	7.3	L2
学生S2	D	D	C	B	C	8.7	L3
学生S3	C	D	D	C	D	9.1	L4
学生S4	A	A	B	C	C	7.5	L2
学生S5	B	D	C	C	D	8.7	L3

（二）"勤俭节约"的典型案例

【案例】对A学校随机抽取5名学生，让他们作答下面的问题，各学生对自己的勤俭节约表现进行自我评价，或者根据题中事件描述发表自己的看法。1－1、1－2两个问题系统自动计分，2－1、2－2两个问题由A学校的教师根据个体层面勤俭节约的等级描述，对学生的回答内容赋予四个相应的等级，然后系统再计分。

1－1　"我养成了良好的勤俭节约习惯与意识。"结合自己平时的行为表现，对这一陈述，你认为

A. 完全不符合　B. 不符合　C. 基本符合　D. 非常符合

1－2　"用完水或者电后，我会自觉地关闭水龙头或者电源开关。"结

合自己行为，对这一描述，你认为

A. 完全不符合　B. 不符合　C. 基本符合　D. 非常符合

2－1　请你简单介绍一下你的“利是”钱是怎么花销的。

回答：____。

2－2　有同学认为，谁用的东西时尚，谁就最能代表潮流，在班级中也就最有“地位”。因此他们为了在同学面前不至于“跌份儿”，就挖空心思去盲目追求时尚和品牌。比穿着，看谁的衣服和鞋子是名牌；比谁身上带的钱多，比谁花钱大方；等等。你对这种现象有什么看法？

回答：____。

表2列出5名学生的选择结论和教师对学生的评判结论。根据研究假设，“勤俭节约”共10分，1－1、1－2、2－1、2－2各占2.5分，选项A、B、C、D的权重分别为：0.65、0.75、0.85、0.95。则学生S1的四个选项的对应得分即为（0.85＋0.75＋0.65＋0.75）×2.5＝7.5，故应归入L2等级。同样地，学生S4归入L2等级，学生S2、S3归入L3等级，学生S5归入L4等级。

表2

内容	1－1	1－2	2－1	2－2	学生得分	“勤俭节约”层级
学生S1	C	B	A	B	7.5	L2
学生S2	D	D	B	C	8.75	L3
学生S3	B	C	C	B	8.0	L3
学生S4	A	A	C	C	7.5	L2
学生S5	C	D	C	D	9.0	L4

（三）“热爱劳动”的典型案例

【案例】对A学校随机抽取5名学生，让他们作答下面的问题，各学生对自己的热爱劳动的具体表现进行自我评价。1－1、1－2两个问题系统自动计分，2－1、2－2两个问题由A学校的教师根据个体层面热爱劳动的等级描述，对学生的回答内容赋予四个相应的等级，然后系统再计分。

1－1　周末，当家人全部外出，只留你一个人在家，你的午餐将怎样安排？

A. 父母亲早已安排好，如没有安排就不吃饭

B. 打电话叫外卖或者自己外出餐馆吃饭

C. 偶尔自己做饭

D. 通常是自己动手做饭

1－2　你平常在家里洗自己的衣服吗？

A. 从来不洗或基本不洗（几周才洗 1 次）

B. 偶尔洗（一周 1 次左右）

C. 洗（一周 2 次左右）

D. 经常洗（一周 5 次以上）

2－1　有个班级有如下班级公约：违反 1 次班级公约的学生，罚扫一周的卫生保洁区，违反 2 次班级公约的学生，罚扫一个月的卫生保洁区。你对这种处罚方式有什么看法？

回答：＿＿＿＿＿＿＿＿＿＿＿＿＿＿＿＿＿＿＿＿＿＿＿＿＿＿＿＿＿＿＿。

2－2　有一天，有位家长在教训一个学业成绩不好的孩子："你现在不好好学习，长大了就没出息。就让你去扫马路，去当一辈子扫大街的清洁工！"你对家长的教育方式有怎样的看法？

回答：＿＿＿＿＿＿＿＿＿＿＿＿＿＿＿＿＿＿＿＿＿＿＿＿＿＿＿＿＿＿＿。

表 3 列出 5 名学生对 1－1、1－2 的选择结论以及教师对学生的回答 2－1、2－2 的评判结论。根据研究假设，"热爱劳动"共 10 分，1－1、1－2、2－1、2－2 各占 2.5 分，选项 A、B、C、D 的权重分别为：0.65、0.75、0.85、0.95。则学生 S1 的四个选项的对应得分即为（0.85＋0.75＋0.65＋0.75）×2.5＝7.5，故应归入 L2 等级。同样地，学生 S4 归入 L2 等级，学生 S2、S3 归入 L3 等级，学生 S5 归入 L4 等级。

表 3

内容	1－1	1－2	2－1	2－2	学生得分	"热爱劳动"层级
学生 S1	C	B	A	B	7.5	L2
学生 S2	D	D	B	C	8.75	L3
学生 S3	B	C	C	B	8.0	L3
学生 S4	A	A	C	C	7.5	L2
学生 S5	C	D	C	D	9.0	L4

（四）"爱护环境"的典型案例

1. 要有节约意识，低碳生活，节约用水、用电、用纸，垃圾分类，废物利用，少开私家车出行。

2. 保护环境，植树造林，防止水土流失，不乱丢垃圾，爱护生命，用科技创新而且绿色的方式去节约资源，用智慧努力解决重大环境问题。

（五）“助人为乐”的典型案例

1. 做好自己本分的同时，尽力帮助有困难的人，当志愿者，做力所能及的事。

2. 细心关心身边的人和事，自愿而主动地帮助他人，积极参加公益活动，发动更多的人一起加入助人为乐的行列。

六、本指标开展监测与评价需要的佐证材料

（一）“文明礼貌”的佐证材料

学生参加文明礼貌教育的活动记录或者工作方案等资料。学生在文明礼貌方面获得的多种评价，例如教师评语、家长对子女文明礼仪方面的评价、社会对该校学生在文明礼貌方面的总体评价。

（二）“勤俭节约”的佐证材料

学生在勤俭节约活动中的表现记录。例如开展不浪费食物、节约水电、纸张、文具、合理使用零花钱等活动的表现记录。

（三）“热爱劳动”的佐证材料

学生在热爱劳动养成教育中的活动记录和成果等资料。例如学生主动参加义务劳动与社区服务等的活动、劳动竞赛等的照片和记录。

（四）“爱护环境”的佐证材料

学生在爱护环境教育中的活动记录和成果等资料。例如学生主动参加义务植树等照片和记录。

（五）“助人为乐”的佐证材料

做好事、参加公益活动等的记录和表现等资料。

第二节　公民素养

一、指标内涵

公民素养就是在拥有公民这一身份、资格后，所应具备的与公民身份相适应的基本条件和能力。这种条件和能力是以先天素质为基础，并通过后天社会的培养教育使公民相应地享受权利和承担义务的一种综合素质。

二、监测评价内容概要

学生作为公民在遵纪守法、遵守公德、诚实守信、环保意识、参与公益、媒介素养、国际视野等方面的认知及表现。

三、主要监测点

党的十七大报告强调，“要加强公民意识教育，树立社会主义民主法治、自由平等、公平正义理念”。《小学德育大纲》《中学德育大纲》规定，德育内容包括爱国主义教育、集体主义教育、社会主义教育、理想教育、道德教育、劳动教育、社会主义民主和遵纪守法教育和良好的个性心理品质教育。《中共中央国务院关于进一步加强和改进未成年人思想道德建设的若干意见》指出，“大力普及‘爱国守法、明礼诚信、团结友善、勤俭自强、敬业奉献’的基本道德规范……努力培育未成年人的……民主法制观念……”。党的十七届六中全会再次明确将“公民素质明显提高”作为文化改革发展的奋斗目标之一。《教育部关于推进中小学教育质量综合评价改革的意见》（教基二〔2013〕2号）中，《中小学教育质量综合评价指标框架（试行）》的关键指标中包括“公民素养”。《教育部关于积极推进中小学评价与考试制度改革的通知》（教基〔2002〕26号）中，“公民素养”被列为基础性发展目标。

（一）遵纪守法

遵纪守法是现代社会公民的基本素质和义务，是保持社会和谐安宁的重要条件。在社会主义民主政治的条件下，从国家的根本大法到基层的规章制度，都是民主政治的产物，都是为维护人民的共同利益而制定的。“以遵纪守法为荣、以违法乱纪为耻”，就是遵从人民意愿、维护人民利益的高尚之举，必将得到人民的肯定和赞同。这应该是每一个积极向上的人所追求的荣誉所在。

（二）遵守公德

社会公德是特指人类在长期社会生活实践中逐渐积累起来的、为社会公共生活所必需的、最简单和最起码的公共生活准则。它一般指影响着公共生活的公共秩序、文明礼貌、清洁卫生以及其他影响社会生活的行为规范。社会公德是人类社会生活最基本、最广泛、最一般关系的反映。它对人们的社会生活具有特殊且广泛的社会作用。每个社会成员都应该自觉遵守社会公德。

（三）诚实守信

诚实，即忠诚老实，就是忠于事物的本来面貌，不隐瞒自己的真实思想，不掩饰自己的真实感情，不说谎，不作假，不为不可告人的目的而欺瞒别人。守信，就是讲信用，讲信誉，信守承诺，忠实于自己承担的义务，答应了别人的事一定要去做。忠诚地履行自己承担的义务是每一个现代公民应有的职业品质。“诚实守信”是中华民族传统美德的一个重要规范，也是革命传统道德的一个重要内容。

（四）环保意识

对环境和环境保护的认识水平和认识程度，表现在为保护环境而不断调整自身行为，自觉协调人与环境、人与自然互相关系上。既包括对环境的认识水平，即环境价值观念，包含有心理、感受、感知、思维和情感等因素，又包括保护环境行为的自觉程度。

（五）参与公益

公益事业是中国优良传统的延续，是和谐社会的内在要求，公益事业通过公益活动（即由一定的组织或个人向社会捐赠财物、时间、精力和知识等活动）来实现。热心公益事业，主动参与公益活动，是中华传统美德的重要内容。

（六）媒介素养

媒介素养是指在人们面对不同媒体中各种信息时所表现出的信息的选择能力、质疑能力、理解能力、评估能力、创造和生产能力以及思辨的反应能力。媒介素养的构成包含：利用媒介资源动机、使用媒介资源的方式方法与态度、利用媒介资源的有效程度以及对传媒的批判能力等。

（七）国际视野

国际视野是当前使用较为广泛的一个词语，也称为全球视野、国际意识等。它是指人们能从世界的高度了解世界历史和当今国际社会，评价本国地位和作用，认识自己的权利和义务，并在国际交往中有恰当的行为与态度。它是一个人在全球化背景下具有的意识、知识、能力的综合体现。国际视野的素养至少包括多元开放的思维、平等包容的胸怀和团队协作的精神。

四、每个监测点的监测标准

公民素养以平等为核心，包含政治素养、法律素养、道德素养和文化素养等多个方面，包括政治的、法律的和文化的多方面的知识、规范、行为习惯，等等。有修养的现代公民，既要尊重和践行人类社会自古到今公认已经形成的普遍规范，又要尊重和践行现代社会以平等为基础的各种规范。每个监测点都分为四个等级。

（一）“遵纪守法”的监测标准

遵守学校纪律、规章制度，遵守各项法律、法规，树立规则意识，做合格公民。

L1：不了解社会规则，经常违背社会规则。

L2：学习班规、校纪、法律等，树立纪律观念、规则意识；学法、知法、懂法，牢固树立法治意识，能较好地遵守社会规则。

L3：严格遵守一切社会规则，清楚不守规则的后果，自觉遵纪守法，以遵纪守法为荣，以违法乱纪为耻，履行法定义务，践行社会主义核心价值观。

L4：监督违反社会规则的行为，维护社会公平与正义，具有社会正义感，勇于同破坏法律行为做斗争，维护法律尊严，能够见义智为，维护社会正义。

（二）“遵守公德”的监测标准

遵守社会公德，养成文明习惯，文明礼貌，助人为乐，爱护公物，保护环境。

L1：不了解社会公德，经常违背社会公德。

L2：学习公民基本道德规范、社会主义核心价值观等，树立社会公德意识，能较好地遵守社会公德。

L3：自觉遵守社会公德，养成文明行为习惯；提高道德水准和自我修养，使自己的私德符合公德的要求，彬彬有礼；尊重和维护他人权益，维护公共场所正常秩序和安定环境，爱护公物，保护环境，乐于助人。

L4：监督违背社会公德的言行，维护社会公共生活秩序；大力宣传社会公德、传统美德；同违反社会公德的行为做斗争，传递正能量。

（三）“诚实守信”的监测标准

提高道德修养，做诚实守信的人，对人诚信，对事负责。

L1：不诚实，对人不讲信用。

L2：有诚实守信意识，以诚实守信为荣，以见利忘义为耻，把诚信的外在道德约束内化为自己的思想品德，砥砺品行。

L3：与人交往诚实无欺、有信用、守信义，建设诚信集体，自觉用诚信的准则约束自己的言行，言必信行必果，践行社会主义核心价值观。

L4：坚守社会诚信，监督社会上不讲诚信的行为，参与营造诚信的社会氛围；弘扬诚实守信之风，鞭挞见利忘义之行。

（四）“环保意识”的监测标准

了解环境保护的内容，知道保护资源的知识，树立环保意识，自觉落实环境保护行动。

L1：不了解环境保护的内容，不知道保护环境就是爱护自然，关爱生命，节约资源。

L2：能掌握环境保护的科学知识和法律规定，懂得开发和利用资源的合理手段和科学方法，知道保护资源环境的法律法规，熟悉节约资源和环境保护的生活小常识。

L3：认识环境保护的意义，树立科学的人生观和价值观，坚持浪费可耻，节约光荣的美德。增强社会责任感，遵纪守法，树立爱护自然、珍惜资源、关爱生命的意识。

L4：能自觉落实环境保护行动，从身边做起，从小事做起。用实际行动节约资源，主动绿色消费，不铺张浪费。积极参与环保宣传，主动劝止不环保行为。会垃圾分类，能顺手关灯，懂循环用水，不吃野生动物。

（五）“参与公益”的监测标准

认同公益事业，认识公益事业的意义和价值，做到关心公益事业，推广公益事业。树立勇于承担社会责任，为社会无私奉献的精神品质。做到力所能及参与各类社会公益活动，积极主动参加身边的公益活动。

L1：不了解公益活动的形式，很少参加社区服务、帮助他人、做义工等活动，不认同公益活动，没有积极宣传公益事业。

L2：积极培育公益精神，弘扬中华传统美德，树立服务社会，帮助他人，无私奉献的公益精神，努力做公益事业的倡导者和践行者。

L3：主动参与公益活动，知道参与公益活动的途径和方法，提升参与公益活动的技能和品质，增强公益活动效能。

L4：热心公益事业，学会策划组织公益活动，通过丰富活动内容，创新活动方式，提高活动水平，大力推广公益事业。

（六）“媒介素养”的监测标准

具备健全健康的媒介观，成为合格的媒介公民，积极应对媒介、有效利用媒介、分辨鉴别媒介信息，充分利用媒介资源完善自我、参与社会进步。

L1：对媒介的基本知识了解很少，不会使用现代媒介。

L2：了解基本的媒介知识并具备使用媒介的能力；在信息社会里，认识媒介是生存的必要条件之一，发现信息对自己或对社会的意义。

L3：学习并提高理解、选择、评估和质疑媒介信息的能力，了解媒介节目形态（新闻报道、戏剧、纪录、综艺）、信息类型（广告、新闻、娱乐、教育）。了解媒介道德规范，懂得有关信息技术使用中所产生的经济、法律和社会问题，并能在获取和使用信息中遵守公德和法律。

L4：具备高效地获取信息的能力，能够规范地利用媒介信息达到个人发展的目的。认识自己的需求，学会创造性或建设性地利用大众媒介促进自身的发展。

（七）“国际视野”的监测标准

了解、理解其他区域的文化，尊重文化差异，能与来自各种社会和文化背景的人和谐相处；对不同的观点和价值观念持开明态度并虚心回应；关注世界的现状与发展变化，具备追求人类和谐共处、共同进步的思想。国际视野绝不仅仅限于对外部世界的了解以及知识的积累，它更是一种态度、观念和思维方式及行为规则。

L1：没有关注世界的现状与发展变化，对世界主要文化了解很少，没有全球公民意识。

L2：努力学习世界各国文化知识，积极关注世界的现状与发展变化，具备较强的语言技能，掌握必需的外语及交流沟通技巧。

L3：熟悉国际礼仪，尊重各国由于宗教信仰、文化背景、生活习俗等因素的差异形成的各种风土人情和习俗。在国际交往中，对国际礼仪要“求同存异”，寻求共性、尊重个性，有较强的跨文化沟通能力。

L4：具有宽广的国际化视野和强烈的创新意识，具备良好的心理承受能力，善于处理各种复杂多变的关系，并能在竞争中与人合作，具有较好的团队协作精神。信息的获取和取舍能力、创新能力及交往能力等较强。

五、对应监测标准的典型案例

拟通过在线问卷普查，以学校为单位，组织学生在线填写调查问卷。按比例随机确定学校和学生，进行现场问卷抽查。专家在质量监测平台上核查学校填报的信息，专业机构组织专家进行综合分研判，对学生在七个监测点上的表现进行分级。

（一）“遵纪守法”的典型案例

【案例】对 A 学校随机抽取 5 名学生，让他们作答下面的问题，各学生对自己的遵纪守法表现进行自我评价，或者根据题中事件描述发表自己的看法。1－1、1－2 两个问题系统自动计分，2－1、2－2 两个问题由 A 学校的教师根据个体层面遵纪守法的等级描述，对学生的回答内容赋予四个相应的等级，然后系统再计分。

1－1　“我养成了按时到校的习惯与意识。”对此陈述，结合自己平时的行为表现，你对自己的评价是

A. 完全不符合　B. 不符合　C. 基本符合　D. 非常符合

1－2　“我能遵守学校的各项规章制度。”对此陈述，结合自己平时的行为表现，你对自己的评价是

A. 完全不符合　B. 不符合　C. 基本符合　D. 非常符合

2－1　请简单介绍一下你们班的“班规”。

回答：________________________________。

2－2　有同学认为，谁学习成绩好，谁在班级中也就最有“地位”，哪怕是他不按时打扫卫生甚至迟到也没关系。你对这种现象怎么看？

回答：________________________________。

表 4 列出 5 名学生的选择结论和教师对学生的评判结论。根据研究假设，“遵纪守法”共 10 分，1－1、1－2、2－1、2－2 各占 2.5 分，选项 A、B、C、D 的权重分别为：0.65、0.75、0.85、0.95。则学生 S1 的四个选项的对应得分即为（0.85＋0.75＋0.65＋0.75）×2.5＝7.5，故应归入 L2 等级。同样地，学生 S4 归入 L2 等级，学生 S2、S3 归入 L3 等级，学生 S5 归入 L4 等级。

表 4

内容	1－1	1－2	2－1	2－2	学生得分	"遵纪守法"层级
学生 S1	C	B	A	B	7.5	L2
学生 S2	D	D	B	C	8.75	L3
学生 S3	B	C	C	B	8.0	L3
学生 S4	A	A	C	C	7.5	L2
学生 S5	C	D	C	D	9.0	L4

（二）"遵守公德"的典型案例

【案例】对 A 学校随机抽取 5 名学生，让他们作答下面的问题，各学生对自己的遵守公德的具体表现进行自我评价。1－1、1－2 两个问题系统自动计分，2－1、2－2 两个问题由 A 学校的教师根据个体层面遵守公德的等级描述，对学生的回答内容赋予四个相应的等级，然后系统再计分。

1－1　"我养成了在公共场合不大声喧哗的习惯。"对此陈述，结合自己平时的行为表现，你对自己的评价是

A. 完全不符合　B. 不符合　C. 基本符合　D. 非常符合

1－2　"最后一个离开教室时，我会自觉地关闭电源开关和门窗。"结合自己行为，对这一描述，你认为

A. 完全不符合　B. 不符合　C. 基本符合　D. 非常符合

2－1　有个班级有如下班级公约：违反 1 次班级公约的学生，罚打扫一天的教室卫生，违反 2 次班级公约的学生，罚打扫一周的教室卫生。你对这种处罚方式有什么看法？

回答：______________________________。

2－2　中国式过马路，是网友对部分中国人集体闯红灯现象的一种调侃，即"凑够一撮人就可以走了，和红绿灯无关"。出现这种现象是大家受法不责众的"从众"心理影响，从而不顾及交通安全。你对这种现象有怎样的看法？

回答：______________________________。

表 5 列出 5 名学生对 1－1、1－2 的选择结论以及教师对学生的回答 2－1、2－2 的评判结论。根据研究假设，"遵守公德"共 10 分，1－1、1－2、2－1、2－2 各占 2.5 分，选项 A、B、C、D 的权重分别为：0.65、0.75、0.85、0.95。则学生 S1 的四个选项的对应得分即为（0.85＋0.75＋0.65＋0.75）×2.5＝7.5，故应归入 L2 等级。同样地，学生 S4 归入 L2 等级，学生 S2、S3 归入 L3 等级，学生 S5 归入 L4 等级。

表 5

内容	1－1	1－2	2－1	2－2	学生得分	“遵守公德”层级
学生 S1	C	B	A	B	7.5	L2
学生 S2	D	D	B	C	8.75	L3
学生 S3	B	C	C	B	8.0	L3
学生 S4	A	A	C	C	7.5	L2
学生 S5	C	D	C	D	9.0	L4

（三）“诚实守信”的典型案例

【案例】对 A 学校随机抽取 5 名学生，让他们作答下面的问题，各学生对自己的诚实守信的具体表现进行自我评价。1－1、1－2 两个问题系统自动计分，2－1、2－2 两个问题由 A 学校的教师根据个体层面诚实守信的等级描述，对学生的回答内容赋予四个相应的等级，然后系统再计分。

1－1　答应别人的事，你会

A. 经常做不到　B. 偶尔做到　　C. 基本做到　　D. 全部做到

1－2　“你犯了错，经老师批评和教育，你意识到了危害并答应老师改正。”结合自己行为，对结果描述

A. 经常做不到　B. 偶尔做到　　C. 基本做到　　D. 全部做到

2－1　上课时，老师讲一个问题，你没听懂怎么办？老师讲了三遍，可你还是没有听懂怎么办？

回答：____。

2－2　妈妈给你 5 元钱去买盐，在超市你遇到了一帮同学，看到他们买饮料喝，结果你也用 5 元钱买了饮料，回家你怎么和妈妈解释？

回答：____。

表 6 列出 5 名学生对 1－1、1－2 的选择结论以及教师对学生的回答 2－1、2－2 的评判结论。根据研究假设，“诚实守信”共 10 分，1－1、1－2、2－1、2－2 各占 2.5 分，选项 A、B、C、D 的权重分别为：0.65、0.75、0.85、0.95。则学生 S1 的四个选项的对应得分即为（0.85＋0.75＋0.65＋0.75）×2.5＝7.5，故应归入 L2 等级。同样地，学生 S4 归入 L2 等级，学生 S2、S3 归入 L3 等级，学生 S5 归入 L4 等级。

表6

内容	1－1	1－2	2－1	2－2	学生得分	“诚实守信”层级
学生 S1	C	B	A	B	7.5	L2
学生 S2	D	D	B	C	8.75	L3
学生 S3	B	C	C	B	8.0	L3
学生 S4	A	A	C	C	7.5	L2
学生 S5	C	D	C	D	9.0	L4

（四）“环保意识”的典型案例

【案例】对 A 学校随机抽取 5 名学生，让他们作答下面的问题，各学生对自己的环保意识表现进行自我评价，或者根据题中事件描述发表自己的看法。1－1、1－2 两个问题系统自动计分，2－1、2－2 两个问题由 A 学校的教师根据个体层面环保意识的等级描述，对学生的回答内容赋予四个相应的等级，然后系统再计分。

1－1　“我养成了垃圾分类的习惯与意识。”对此陈述，结合自己平时的行为表现，你对自己的评价是

A. 完全不符合　B. 不符合　C. 基本符合　D. 非常符合

1－2　“每天下午放学后，我会自觉主动关闭教室的电灯开关才离开学校回家。”结合自己行为，对这一描述，你认为

A. 完全不符合　B. 不符合　C. 基本符合　D. 非常符合

2－1　请简要说说水资源“循环利用”的意义，并结合自己的经历介绍水资源“循环利用”的方法。

回答：________________________________。

2－2　我们经常发现，有不少人到餐馆用餐，经常点好多自己喜欢的食品，吃不完也不打包带走。他们认为自己出钱消费，别人管不着。你对这种现象有什么看法？

回答：________________________________。

表 7 列出 5 名学生的选择结论和教师对学生的评判结论。根据研究假设，“环保意识”共 10 分，1－1、1－2、2－1、2－2 各占 2.5 分，选项 A、B、C、D 的权重分别为：0.65、0.75、0.85、0.95。则学生 S1 的四个选项的对应得分即为（0.85＋0.75＋0.65＋0.75）×2.5＝7.5，故应归入 L2 等级。同样地，学生 S4 归入 L2 等级，学生 S2、S3 归入 L3 等级，学生 S5 归入 L4 等级。

表 7

内容	1－1	1－2	2－1	2－2	学生得分	“环保意识”层级
学生 S1	C	B	A	B	7.5	L2
学生 S2	D	D	B	C	8.75	L3
学生 S3	B	C	C	B	8.0	L3
学生 S4	A	A	C	C	7.5	L2
学生 S5	C	D	C	D	9.0	L4

（五）“参与公益”的典型案例

【案例】对 A 学校随机抽取 5 名学生，让他们作答下面的问题，各学生对自己参与公益活动的表现进行自我评价，或者根据题中事件描述发表自己的看法。1－1、1－2 两个问题系统自动计分，2－1、2－2 两个问题由 A 学校的教师根据个体层面参与公益活动的等级描述，对学生的回答内容赋予四个相应的等级，然后系统再计分。

1－1　“热心帮助他人已经成为青少年的行为习惯。”对此陈述，结合自己平时的行为表现，你的评价是

A．完全不认同　B．不认同　C．基本认同　D．非常认同

1－2　“我经常利用课余时间在学习和生活上帮助有需要的同学。”对这一描述，你认为

A．完全不符合　B．不符合　C．基本符合　D．非常符合

2－1　参加“义工”活动有何意义？请介绍自己印象最深的一次参加“义工”活动的经历，并谈谈体会。

回答：______________________________。

2－2　每次“公益捐款”活动，有人踊跃捐献爱心，有人从不关心。你对这种现象有什么看法？

回答：______________________________。

表 8 列出 5 名学生的选择结论和教师对学生的评判结论。根据研究假设，“参与公益”共 10 分，1－1、1－2、2－1、2－2 各占 2.5 分，选项 A、B、C、D 的权重分别为：0.65、0.75、0.85、0.95。则学生 S1 的四个选项的对应得分即为（0.85＋0.75＋0.65＋0.75）×2.5＝7.5，故应归入 L2 等级。同样地，学生 S4 归入 L2 等级，学生 S2、S3 归入 L3 等级，学生 S5 归入 L4 等级。

表 8

内容	1－1	1－2	2－1	2－2	学生得分	“参与公益”层级
学生 S1	C	B	A	B	7.5	L2
学生 S2	D	D	B	C	8.75	L3
学生 S3	B	C	C	B	8.0	L3
学生 S4	A	A	C	C	7.5	L2
学生 S5	C	D	C	D	9.0	L4

（六）“媒介素养”的典型案例

【案例】对 A 学校随机抽取 5 名学生，让他们作答下面的问题，各学生对自己的媒介素养表现进行自我评价，或者根据题中事件描述发表自己的看法。1－1、1－2 两个问题系统自动计分，2－1、2－2 两个问题由 A 学校的教师根据个体层面媒介素养的等级描述，对学生的回答内容赋予四个相应的等级，然后系统再计分。

1－1　“我清晰地知道大众传媒具有检测环境、协调社会、传承文化、提供娱乐的社会功能。”对此陈述，你对自己的评价是

A. 完全不认同　B. 不认同　C. 基本认同　D. 非常认同

1－2　“我已经掌握现代媒体的基本使用技术。”结合自己的技术能力，对这一描述，你认为

A. 完全不符合　B. 不符合　C. 基本符合　D. 非常符合

2－1　你认为当代的中学生应该具有哪些必备的媒介素养？

回答：____。

2－2　“有同学认为，只要学习成绩好，长时间地使用手机和电脑浏览网页新闻和联机游戏也无所谓。”你对这一观点有什么看法？

回答：____。

表 9 列出 5 名学生的选择结论和教师对学生的评判结论。根据研究假设，“媒介素养”共 10 分，1－1、1－2、2－1、2－2 各占 2.5 分，选项 A、B、C、D 的权重分别为：0.65、0.75、0.85、0.95。则学生 S1 的四个选项的对应得分即为（0.85＋0.75＋0.65＋0.75）×2.5＝7.5，故应归入 L2 等级。同样地，学生 S4 归入 L2 等级，学生 S2、S3 归入 L3 等级，学生 S5 归入 L4 等级。

表9

内容	1－1	1－2	2－1	2－2	学生得分	“媒介素养”层级
学生 S1	C	B	A	B	7.5	L2
学生 S2	D	D	B	C	8.75	L3
学生 S3	B	C	C	B	8.0	L3
学生 S4	A	A	C	C	7.5	L2
学生 S5	C	D	C	D	9.0	L4

（七）“国际视野”的典型案例

【案例】对A学校随机抽取5名学生，让他们作答下面的问题，各学生对自己的国际视野的具体表现进行自我评价。1－1、1－2两个问题系统自动计分，2－1、2－2两个问题由A学校的教师根据个体层面国际视野的等级描述，对学生的回答内容赋予四个相应的等级，然后系统再计分。

1－1　“作为一名中学生，我经常关心国际时事的发展变化。”对此陈述，结合自己平时的表现，你对自己的评价是

A. 完全不符合　B. 不符合　　C. 基本符合　　D. 非常符合

1－2　“我目前掌握语言的水平已经能满足正常与外国友人的交流，文化差异对我与外国友人的沟通也不存在障碍。”结合自己的水平和认识，对这一描述，你认为

A. 完全不符合　B. 不符合　　C. 基本符合　　D. 非常符合

2－1　从学校、家庭和社会几个方面看，你认为影响我们国际视野开阔的因素主要有哪些？

回答：________________________________。

2－2　中学生模拟联合国活动，是中学生通过角色扮演，分别代表不同的国家，模拟联合国大会，对各种世界事务进行讨论的活动。很多中学生都非常积极参加这项活动，你对这种现象有怎样的看法？你自己愿意参加这项活动吗？

回答：________________________________。

表10列出5名学生对1－1、1－2的选择结论以及教师对学生的回答2－1、2－2的评判结论。根据研究假设，“国际视野”共10分，1－1、1－2、2－1、2－2各占2.5分，选项A、B、C、D的权重分别为：0.65、0.75、0.85、0.95。则学生S1的四个选项的对应得分即为（0.85＋0.75＋0.65＋

0.75）×2.5 =7.5，故应归入 L2 等级。同样地，学生 S4 归入 L2 等级，学生 S2、S3 归入 L3 等级，学生 S5 归入 L4 等级。

表 10

内容	1－1	1－2	2－1	2－2	学生得分	“国际视野”层级
学生 S1	C	B	A	B	7.5	L2
学生 S2	D	D	B	C	8.75	L3
学生 S3	B	C	C	B	8.0	L3
学生 S4	A	A	C	C	7.5	L2
学生 S5	C	D	C	D	9.0	L4

六、本指标开展监测与评价需要的佐证材料

（一）“遵纪守法”的佐证材料

学生在遵纪守法教育活动中的表现记录或者工作方案等资料。例如学校开展的法制教育、禁毒教育、入学教育等活动中学生的表现记录。

（二）“遵守公德”的佐证材料

学生在遵守公德教育活动中的记录或者成果等资料。例如学校开展的集会教育、环保教育、礼仪教育等活动中学生的表现记录。

（三）“诚实守信”的佐证材料

学生在诚实守信教育活动中的表现记录或者学习成果等资料。例如学校开展的诚信教育、考风考纪教育、公民教育等活动中学生的表现记录。

（四）“环保意识”的佐证材料

学生参与环保意识教育的记录、学习成果等资料。例如学校开展的资源环境教育、垃圾分类教育、绿色消费教育、关爱生命教育等活动的照片和学生学习成果等资源。

（五）“参与公益”的佐证材料

学生参与公益活动的记录及成果等资料。例如学校开展的中华传统美德教育、人生观教育和责任教育等活动中学生的表现记录。

（六）“媒介素养”的佐证材料

学生在媒介素养培训活动中的表现记录。学生进行媒介素养问卷调查、媒介素养自我评价等相关的信息数据。

（七）“国际视野”的佐证材料

学生在国际视野的培训和交流活动中的表现记录及学习成果。例如国际交往礼仪培训课程、国际形势报告和讲座、学校对外交流活动中的材料和照片。学生进行国际视野问卷调查、国际视野意识和能力的自我评价等相关的信息数据。

第三节　理想信念

一、指标内涵

理想信念是人们对未来的向往和追求，一旦形成，就会成为支配和左右人们活动的精神动力。崇高的理想是实现人生价值的精神力量，是人们不懈奋斗的精神支柱。根据广东省普通义务教育质量监测评价指标体系框架，确定一级指标“品德发展水平”的二级指标“理想信念”监测评价内容包括：学生在爱国情感、文化认同、社会责任、人生理想等方面的认知、态度与表现。

二、监测评价内容概要

学生在爱国情感、文化认同、社会责任、人生理想等方面的认知、态度与表现。

三、主要监测点

《教育部关于推进中小学教育质量综合评价改革的意见》（基教二〔2013〕2号）中，《中小学教育质量综合评价指标框架（试行）》的关键指标中包括“理想信念”。《中共中央国务院关于进一步加强和改进未成年人思想道德建设的若干意见》（中发〔2004〕8号）指出，“未成年人思想道德建设的主要任务是：从增强爱国情感做起，弘扬和培育以爱国主义为核心的伟大民族精神。……从确立远大志向做起，树立和培育正确的理想信念。进行中国革命、建设和改革开放的历史教育与国情教育，引导广大未成年人正确认识社会发展规律，正确认识国家的前途和命运，把个人的成长进步同中国特色社会主义伟大事业、同祖国的繁荣富强紧密联系在一起，为担负起建设祖国、振兴中华的光荣使命做好准备”，“对中学生重点是加强爱祖国、爱人民、爱劳动、爱科学、爱社会主义教育，引导他们树立正确的理想信念和世界观、人生观、价值观”。

（一）爱国情感

爱国即爱护我们的国家。爱国是人们忠诚、热爱、报效祖国的一种集思想、情感、意志和行为于一体的社会意识形态，是一个民族、国家全体公民的一种神圣美好的心理情感，是人们对祖国这个社会共同体的一种直接感受和情绪体验，蕴藏于每个公民的感情世界之中。

（二）文化认同

文化认同是一个与文化主权相关的个体的自我主观意识，是处于某一文化群体中的个体对自我自觉和自我定义的反应。文化认同是个体对某种文化的认同程度，具体是个体自己的认知态度和行为与某种文化中多数成员的认知态度和行为相同或相一致的程度，是个体对所属文化及文化群体形成归属感及内心的承诺，从而获得保持与创新自身文化属性的社会心理过程。

（三）社会责任感

社会责任感是指一个人对自己、他人、集体、社会、国家所承担的职责、任务和使命，是人们对这种责任的一种强烈的自觉意识和崇高的情感、意志，或者说是一个社会成员对自己、他人、集体、社会、国家所承担的职责、任务和使命的态度。

（四）人生理想

人生理想是对客观现实的一种反映，是人们对美好未来的想象，是一种同奋斗目标联系的、有实现可能性的向往和追求。主要指个人通过社会实践在对社会和自我现实及其发展规律认识基础上形成的对自己生活远景的构思和设计。

四、每个监测点的监测标准

很多因素都会影响到学生对理想信念的看法，学生的理想信念是变化的，这取决于学生的认知，学生从确立人生理想信念到实现的这个过程，是一个发展的动态过程。一方面，学生在成长过程中随着自己的思想品德的逐步形成和发展不断自我调节人生信念；另一方面，这种人生信念，又不断地受到外在因素的影响。每个监测点都分为四个等级。

（一）“爱国情感”的监测标准

《中共中央国务院关于进一步加强和改进未成年人思想道德建设的若干意见》（中发〔2004〕8 号）中指出：未成年人思想道德建设的主要任务之一是“从增强爱国情感做起，弘扬和培育以爱国主义为核心的伟大民族精神”。这种情感集中表现为：对养育自己成长的祖国山河、文化、历史的热爱；关心祖国的前途和命运，把个人的命运同祖国的命运紧密地联系在一起；强烈的民族自尊心和自豪感以及对祖国的无限忠诚和为祖国的独立富强而英勇献身的精神等；继承发扬和发展中华民族爱国主义的优良传统，维护祖国统一，反对民族分裂，顾全大局。设置监测标准如下：

L1：了解国家、民族的历史和基本国情；了解国家标识（国旗、国徽、国歌、人民币等）；会唱国歌，升降国旗、奏唱国歌时能立正行礼。

L2：对国家、民族有认同感和归属感；关心时事，关注国家的发展；尊重和爱护国家标识（国旗、国徽、国歌、人民币等）；愿意了解和接受中国的优秀传统文化。

L3：有强烈的民族自尊心、自信心和自豪感以及历史责任感；热爱中华优秀传统文化；愿意了解中国共产党的基本知识，积极参加共青团活动。

L4：自觉维护国家的独立、完整、统一和尊严，维护全国人民大团结；弘扬中华优秀传统文化；主动了解中国共产党的基本知识，并能正确认识中国共产党。

（二）“文化认同”的监测标准

遵从中华民族文化传统，认同并接受中华民族价值观念和生活方式，并使之内化于自身心理和人格结构中的行为模式精神结构，并以之评价事务规范行为。

L1：了解中华民族文化、社会主义核心价值观有关内容。

L2：热爱中华民族优秀文化。

L3：坚持团结统一、爱好和平、勤劳勇敢、自强不息的民族精神。

L4：自觉坚持中国特色社会主义先进文化发展方向。

（三）“社会责任感”的监测标准

遵守国家法律和社会公德，维护社会正义，自觉行使公民的权利，履行公民的义务，对自己的行为负责，具有社会责任感；保证参与党团活动、有关社团活动、公益劳动、志愿服务等的次数及持续时间，如为孤寡老人、留守儿童、残疾人等弱势群体提供无偿帮助，到福利院、医院、社会救助机构等公共场所和社会组织做无偿服务，为赛会保障、环境保护等活动做志愿者；要深入开展各种形式的志愿服务活动，搭建学生志愿服务平台。设置监测标准如下：

L1：了解公民基本权利和义务较少，不愿意参加社团活动，公益活动和志愿服务责任感不强。

L2：了解公民基本权利和义务，自愿参加义工活动、公益活动和志愿服务。能对个人行为负责，但对违背社会公德现象，不能大胆地指出。

L3：遵守公共秩序，崇尚社会公德，对违背公德现象能大胆指出；关注社会，关爱他人，积极参加社团活动、公益活动和志愿服务。

L4：关心社会发展，自觉维护社会公德，勇于承担职责、任务和使命；注册为志愿者，坚持长期参加公益活动和志愿服务。

（四）“人生理想”的监测标准

对个人未来发展有积极的预测，形成指导、规范个人行为的目标和实现它的最佳途径，通过艰难困苦的磨炼而变得坚定起来，并付诸实施。

L1：理想模糊，缺乏明确的奋斗目标和积极的行动。

L2：对未来充满向往和憧憬，并能付之于行动，但缺乏持久性和坚定性。

L3：个人奋斗目标明确，并能为达成目标坚持不懈地努力，但个人理想没有同国家前途、人民利益结合起来。

L4：有远大的人生理想、明确的奋斗目的，并脚踏实地地努力；勇于接受社会的挑战和祖国的挑选。

五、对应监测标准的典型案例

拟通过在线问卷普查，以学校为单位，组织学生在线填写调查问卷。按比例随机确定学校和学生，进行现场问卷抽查。专家在质量监测平台上核查学校填报的信息，专业机构组织专家进行综合分研判，对学生在四个监测点上的表现进行分级。

（一）“爱国情感”的典型案例

1. 中华人民共和国国旗是（　　　　），国庆日是（　　　　）。

2. 南京大屠杀死难者国家公祭日是（　　）月（　　）日。

3. 你对我国的历史文化了解的程度如何？

A. 不了解　　B. 不太了解　　C. 一般了解　　D. 比较了解

（二）“文化认同”的典型案例

1. 作为中华民族的一员，你的看法是？
A. 无所谓，不关心自己的民族身份
B. 勉强接受现实，出身无法选择
C. 感到自豪和高兴
D. 愿意为民族复兴做贡献
2. 你对于社会核心价值观的态度是？
A. 无所谓，与我无关
B. 学习过，知道这回事
C. 以它为标准评判他人的行为
D. 自觉遵守并影响身边的人

（三）“社会责任感”的典型案例

1. 你是否会闯红灯或横跨栏杆？
A. 经常　　B. 偶尔，因为车比较少
C. 偶尔，因为有要紧事　　D. 几乎没有
2. 你参加过下列哪些活动？（可以多选）
A. 为灾区捐款　　B. 义务劳动
C. 志愿者服务　　D. 其他（捐物、捐款）
E. 从不参加

（四）“人生理想”的典型案例

1. 你觉得理想对你重要吗？
A. 不重要　　B. 有时候重要　　C. 比较重要　　D. 非常重要
2. 你是否有理想？
A. 没有　　B. 时有时无　　C. 有，不坚定　　D. 有，坚定

六、本指标开展监测与评价需要的佐证材料

为如实记录学生成长过程的表现，真实反映学生的发展状况，以事实为依据，顺利实现对学生表现的评级，研究者需要获得的佐证资料。

（一）“爱国情感”的佐证材料

参加升旗仪式的考勤，参加少先队、共青团活动的证明，参加学校团校学习的证明和其他相关证明，如参加征文比赛、演讲比赛等。

（二）“文化认同”的佐证材料

各学科学习中，对民族传说、书法、戏剧、民间手工艺等的了解和掌握情况；在学校日常活动中遵守和践行社会主义核心价值观的表现证明；参加爱护及宣传民族文化遗产社会实践活动的情况，如小课题研究、社会实践成果、参观心得、游记等。

（三）“社会责任感”的佐证材料

参加公益活动和志愿服务的证明（校内外活动）、荣誉证书、捐赠证书等。

（四）“人生理想”的佐证材料

学期总结、评语（教师的、互评的、自评的）、荣誉证书（三好学生等）等。

八年级语文学业水平监测标准研究报告

根据《广东省义务教育质量监测方案（试行）》，“学业发展水平”是“广东省义务教育质量监测指标体系”的一级指标，“主要考查学生对各学科课程标准所要求的学科基本内容掌握情况，考查学生在社会实践活动中所体现出的实践能力和创新意识发展情况，包括知识技能、学科思想方法、实践能力、创新意识等关键指标”。这一指标的监测方法包括纸笔测试、问卷调查、行为观察法、情境测试、实验测试等。

八年级语文学科学业水平测试是“学业发展水平”监测的重要组成部分，主要监测方法为纸笔测试，通过科学命制的测试题来考查学生对语文学科“课程标准所要求的学科基本内容掌握情况”，考查学生在社会实践活动中运用语文“所体现出的实践能力和创新意识发展情况”。

《义务教育语文课程标准（2011 年版）》将语文学科学习内容划分为识字与写字、阅读、写作、口语交际、综合性学习五大领域，从质量监测的指标要求和纸笔测试的特点出发，八年级语文学科学业水平测试将监测内容分为语文基础、文言文阅读、现代文阅读、写作四大领域，通过参与测试的学生在这四大领域表现出的成绩来评估我省八年级学生语文学科的学业发展水平。

第一节　语文基础

语文基础领域监测标准分为古诗文积累、汉字、词语和句子四个模块，其发展水平包括识记能力、分析理解能力两个层级。

一、识记能力

识记能力包括以下内容：

（一）识记能力指标内涵

识记是对事物的现象和本质进行识别和记住，从而积累知识经验的心理过程，它通过反复感知，借以形成比较巩固的暂时联系。记忆分为识记、保持和回忆三个过程。著名心理学家布鲁姆认为识记是认知结构中其他层次的基础。识记是保持和回忆的前提，分为无意识记和有意识记两大类。有意识记又可分为机械识记和意义识记两种，学习是从识记开始的。

（二）监测评价内容概要

识记能力的培养在语文教学中有着极其重要的意义：力求在最短时间里识记较多知识，并保持长久记忆，这样才可以在需要时即时再现。同时，识记能力的高低也在很大程度上影响着其他语文能力的高低，对中学生语文知识和经验的积累起着重要作用，对中学生语文素养的形成意义重大。因此，有效地引导学生利用识记规律，增强识记能力，就成为语文教育工作者的重要任务。

对学生而言，识记能力虽然可以通过学校各种活动来表现，但基于对语文素养的考查，识记能力主要还是通过学科学习和考试情况来表现。

（三）主要监测点

识记的方式可以从不同的角度来分。除了有意识记和无意识记外，识记还可以就记忆方法分为理解识记和机械识记。语文教学应以理解识记为主，例如识记一段文言文，如果不能事先理解文段以及一些重要字词的意思，就可能对识记产生极大的负面影响。实验表明，让学生识记 80 个意义不连贯的单字比背诵一首 80 个字的诗歌要多费 9 倍的时间。因而，只有真正理解才能产生有效的识记，从而长久保持。对于字词的识记，也应将其置于一定的语境中或与相关相近的词语放在一起识记才更有效。当然，有些无意义的材料离不开机械识记，可配合理解识记进行，如识记一篇不理解的文言文，应先多读几遍，进行机械识记，逐渐可理解其意义，再进行理解识记。此外，识记还可以就记忆内容分为形象识记和抽象识记；就记忆时间分为短暂识记和长期识记。

基于识记方式和识记效果的不同，我们把识记能力分成三个层次：基础识记能力、高阶识记能力、综合识记能力。

基础识记能力和高阶识记能力主要通过初中语文学业水平考试的基础知识得分情况来反映，综合识记能力则可以通过汉字听写大赛等形式来反映，它不仅强调记忆的准确性，还要有书写规范、时间限制以及难度系数，它可以通过其他量表来进行测量。

广东省初中语文学业水平基础知识检测识记部分设定分值为100分，成绩公布采用等级分，基础知识公布成绩分为A、B、C、D四个等级。各科卷面成绩与等级分关系为：85～100分为A级，70～84分为B级，50～69分为C级，21～49分为D级，20分（含）以下不给等级并在成绩单上表达为考试成绩未达等级要求。

（四）每个监测点的监测标准

1. 基础识记能力。

L1：学业水平考试基础题得分C等率占全体参考人数60%以上，说明学生整体上基础识记能力比较差。

L2：学业水平考试基础题得分A、B、C等率达到95%以上，说明学生整体上基础识记能力达到基本要求。

L3：学业水平考试基础题得分A、B等率达到60%以上，说明学生整体上基础识记能力好。

L4：学业水平考试基础题得分A等率达到50%以上，说明学生整体上基础识记能力很好。

2. 高阶识记能力。

高阶识记能力高于基础识记能力。以八年级学业考试基础知识成绩来衡量高阶识记能力，只能考查学业考试中A级占有率。

L1：A级占有率50%以下，说明学生整体上高阶识记能力弱。

L2：A级占有率50%以上，说明学生整体上高阶识记能力尚可。

L3：A级占有率70%以上，说明学生整体上高阶识记能力较好。

L4：A级占有率90%以上，说明学生整体上高阶识记能力很好。

3. 综合识记能力。

L1：测表测试得分60%以下，综合识记能力一般。

L2：测表测试得分60%以上，综合识记能力比较活跃。

L3：测表测试得分75%以上，综合识记能力活跃。

L4：测表测试得分90%以上，综合识记能力非常活跃。

汉字应用水平测试字表可在网络上下载。

二、词句的分析理解能力

词句的分析理解能力包括以下内容：

（一）分析理解能力的内涵

分析与理解能力是人思维能力中非常重要的一种能力，也是语文考试着重考查的能力之一。一般来说，分析是以具体材料和事实为基础的，是从思维的具体到思维的抽象。从重要性上说，分析与理解能力可以使人抓住给定材料所反映的主要内容，把握问题的本质。分析理解能力也是学生独立阅读能力的核心成分，它是在阅读课文的基础上逐步发展起来的，由感性认识上升到理性认识的一种思维能力。

（二）分析理解能力内容概要

在基础知识题中，分析理解词语不仅要准确理解词的本义及其比喻义、引申义、形象义以及感情色彩和语体色彩等，还要注意语言环境，即把词语放在一篇文章的句、段、篇中去分析它的具体含义。例如：《小橘灯》中“我们大家也都好了”的“好”，在这里的意思是“过上好日子”。《我的老师》中“我用儿童狡猾的眼光察觉她爱我们”。这里“狡猾”的用法是贬词褒用，有“机灵、顽皮”的意思。《社戏》中“月色便朦胧在这水气里”，这里“朦胧”的意思不是“模糊不清”而是“笼罩”。

对词句的分析理解能力的培养是中学语文教学的重要任务之一。掌握了分析理解的方法，在教学活动中让学生反复实践，加强训练，才能有效地提高学生分析理解的能力，进而提高学生的语言文化素养，确保语文教学的质量，才能适应素质教育的需要。

（三）主要监测点

根据学生对词句分析理解能力的高低强弱，我们把分析理解能力分为三个层次：基础的分析理解能力、高阶的分析理解能力和综合的分析理解能力。

基础的分析理解能力能够把握不同词语的语义和情感色彩，能够认识某种情形下句子简单的逻辑关系。高阶的分析理解能力能够对同一词句在不同情形下的使用进行分析，能够将词句进行多重因果链接。综合的分析理解能力能够辨认出相近词语的不同语义，并对每一个词语进行详细解读，标出它们内涵与外延之间细微的区别，同时能够运用若干种思维方法将复杂的句子分解并进行分析判断。

广东省初中学业水平检测语文学科分析理解部分设定分值为100分，成绩公布采用等级分，基础知识公布成绩分为A、B、C、D四个等级。各等级与分值关系：85～100分为A级，70～84分为B级，50～69分为C级，21～49分为D级，20分（含）以下不给等级并在成绩单上表达为考试成绩未达等级要求。

（四）每个监测点的监测标准

1. 基础分析理解能力。

L1：学业水平考试基础题词语与病句得分 C 等率占全体参考人数 60%，说明学生整体上分析理解能力比较差。

L2：学业水平考试基础题词语与病句得分 A、B、C 等率达到 95% 以上，说明学生整体上分析理解能力达到基本要求。

L3：学业水平考试基础题词语与病句得分 A、B 等率达到 60% 以上，说明学生整体上分析理解能力好。

L4：学业水平考试基础题词语与病句得分 A 等率达到 50% 以上，说明学生整体上分析理解能力很好。

2. 高阶的分析理解能力。

L1：A、B 级占有率 50% 以下，说明学生整体上高阶分析理解能力弱。

L2：A、B 级占有率 50% 以上，说明学生整体上高阶分析理解能力尚可。

L3：A、B 级占有率 70% 以上，说明学生整体上高阶分析理解能力较好。

L4：A、B 级占有率 90% 以上，说明学生整体上高阶分析理解能力很好。

3. 综合的分析理解能力。

L1：A 级占有率 50% 以下，说明学生整体上综合的分析理解能力弱。

L2：A 级占有率 50% 以上，说明学生整体上综合的分析理解能力尚可。

L3：A 级占有率 70% 以上，说明学生整体上综合的分析理解能力较好。

L4：A 级占有率 90% 以上，说明学生整体上综合的分析理解能力很好。

本部分的监测点以及评价标准，充分考虑了目前初中语文教学的实际情况，把标准检测作为反映学业发展水平的一个重要指标，本监测点和检测标准的制定合情合理，便于操作。

第二节　文言文阅读

文言文阅读监测分为四个点：理解浅易文言文中常见文言词语的意思；翻译浅易文言文中的句子；理解浅易文言文的基本内容；领会浅易文言文中作者的写作意图。根据这四个监测点，本项系统分别从“词汇”“语句”“主要内容”“写作意图”四个方面对学生进行监测，旨在了解学生的文言文水平，为教师或学校调整或制订切实可行的教学方案，提供科学的依据。

一、主要监测点

1. 词汇。

词汇是语言学习的基础，能否准确理解词汇，直接关系到能否读懂作品。文言词汇比现代汉语词汇复杂，有古今异义、假借义、词类活用等特殊现象。八年级学生已经接触了文言文，但水平仍处于初始阶段。大多数情况下，他们仍需要借助字典、辞典等工具书来理解，或者根据语境判断该词的意思。鉴于此，对文言词汇的监测，有以下两个方面。

（1）借助工具书理解词汇。

就某个词在辞典中的多项解释，罗列出来，供学生选择，找出符合句意的选项。此项旨在监测学生正确使用工具书以及正确理解词语的能力。

（2）依据语境判断词意。

有时可以根据语境，判断该词语的意思，或者根据已学的词意推断该词语在本句中的含义。

上述两项属于基本能力监测。

2. 句子。

读懂语句的意思，不能仅局限于字面意思，除了要克服古汉语字词字面障碍以外，还应理解语句的本质含义。通过监测语句的理解，可以判断学生是否能读懂作品。这个层面没有障碍，说明学生的文言文阅读水平是合格的。

3. 文章主要内容。

读完一篇文章，通过对关键语句的理解和事件的叙述，能分析出人物性格特征，搞清楚主要事件，达到这个层次，表明学生阅读文言文已经没有问题了，的确读懂作品了。

4. 写作意图。

作品通过组织文字，描述人物或事件，旨在表达作者的某种意图，是批判什么，还是赞扬什么。能理解到这个层次，说明学生对作品已经完全掌握了。

二、各监测点的监测标准

每个监测点均以选择题出现，选出唯一正确项即视为合格，反之则否。

监测试题是反映监测标准的重要凭借。在试题命制上，要符合八年级学生实际，材料来源尽量体现学生阅读兴趣与阅读面，多种文体兼具，注重学生阅读过程中的感受、体验和理解，既能够监测出学生学习、掌握、运用学科基础的能力，又能够激活学生的思维，使其多角度、有创意地阅读；试题类型主客观结合，采取小切口命题原则，即一个问题考查一个知识、能力点，整套题目既有考查学生从阅读材料中捕捉有用信息的能力，又有学生对阅读材料的综合理解以及学生的情感体验和创造性的理解能力。

1. 监测点分值设置。

每篇文言文阅读材料后附四类答题，五小题，分别是：①词汇积累，②句子理解，③内容把握，④写作意图。每组题满分值为 10 分，成绩公布采用等级分，每篇公布成绩分为 A、B、C、D 四个等级。每篇卷面成绩与等级分关系：10 分为 A 级，8 分为 B 级，6 分为 C 级，4 分为 D 级，2 分（含）以下不给等级，即在成绩单上表述为考试成绩未达等级要求。

2. 每篇监测点的监测标准。

L1：学业水平考试 D 等率占全体参考人数 60% 以上，说明学生整体上文言文阅读能力比较差。

L2：学业水平考试 A、B、C 等率达到 95% 以上，说明学生整体上文言文阅读能力达到基本要求。

L3：学业水平考试 A、B 等率达到 60% 以上，说明学生整体上文言文阅读能力好。

L4：学业水平考试各科次 A 等率达到 50% 以上，说明学生整体上文言文阅读能力很好。

第三节　现代文阅读

一、现代文阅读指标内涵

现代文阅读，主要表现在对语句的品味、结构的梳理、内容的理解、情境（形象）的体验、情感的把握以及把握观点与材料之间的关系，等等，要求学生在获得技能、领悟作品内涵的基础上，有自己的情感体验，能提出自己的看法，从中初步获得对自然、社会、人生的有益启示。

八年级的评价要点是：阅读文章，能总体把握文章的基本内容，形成对文章的初步感受；能准确地概括文章的内容，把握文章表达的情感，领悟写作目的，对文章有自己的初步认识；能够区分不同文体，辨识文章的主要内容，根据需要从文章中找出相关信息；能利用文本信息和日常积累对关键词句、重要语段、写作手法、情感认识等进行合理的解释说明；对文章所写的内容能有自己的体验和思考，并进行初步的欣赏和评价，从中获得审美的体验以及对自然、社会和人生的有益启示；能借助文章提供的内容和信息解决现实实际问题，形成迁移的能力，并有所发展。

二、监测评价内容概要

语文学科学生学业水平测试框架以可测量的学生成绩指标为中心，对语文学科的教学质量做出分析。学生的学业水平取决于教师的“教”和学生的“学”，学生在监测评价中的表现，在一定程度上反映出“教”和“学”的现状。因此，对学生学业水平的评价结果，可以为各市县改进课堂教学和提高教学质量提供参照。

三、主要监测点

现代文阅读是一个相对宽泛、笼统的概念，是相对文言文阅读而言的。课标对现代文中的类别做了相对区分，大致分为文学作品、议论文和说明性文章。在语文教学习惯上，通常把现代文阅读分为文学类作品和实用类作品两大类，文学类作品通常包括散文、小说、童话、寓言、诗歌、戏剧等，实用类作品包括议论性作品和说明性作品，值得一提的是，《义务教育语文课程标准（2011 年版）》特别提出“非连续性文本”，这在阅读种类上提供了新的参考。

基于不同的文体有着各自的特点，在制定测评标准时，以文体为类别，标准有所不同。但不管哪种文体类别，主要监测点是相同的，也就是说，对现代文阅读，即便不同文体，大的考查点是相同的，不过对监测点的具体描述会有所不同。整体上出发点是：要求学生能够对文本做出整体感知；从文本中获取信息；利用文本信息，联系自己的经验，形成解释；利用阅读的结果，参照一定的价值标准，对文本的内容和形式进行欣赏评价；能借用作品中的形象、语言来丰富日常生活中的语言表达，以依托作品表达的思想情感或文章提出的观点对现实生活和人生态度产生积极的影响，达到实际运用的目的。因此，现代文阅读，主要监测点为整体感知、获取信息、形成理解、评价欣赏、实际运用五个方面。

1. 整体感知。是指阅读文章之后，对作品的整体领悟，它需要学生在把握内容整体之后，通过自己的主观认识，综合运用学过的各种语文知识和语感，对阅读材料进行宏观的理解。语文新课标强调，要让学生整体感知课文内容，对课文的整体感知应起到理解内容、明确主旨的作用，因此，“整体感知”具体监测主要集中在对作品的内容概括，对作品主旨/观点/说明对象的特征的把握，对作者的写作目的的领悟。

2. 获取信息。阅读中，通常需要获得某些特定信息，这时，学生必须将问题中的信息与文本中出现的相同或相近的信息相联系，在文本中锁定相应的位置，以获得一个或多个需要的信息。在寻找信息时，可能出现一定程度的混淆，有时需要对提供的信息进行分类，或对两种相似的信息加以辨别，也就是说要求学生不仅能够从文本中直接获取信息，还要能够在筛选、整合后获得隐含信息。

3. 形成理解。是指把文本中没有表明的意义阐释清楚，识别文本整体或部分中潜在的假设，明白言外之意。要求学生全面阅读文本，联系各个部分的相关信息，关注具体信息，对文本的上下文语境进行推理，做出自己的解释。理解可能是针对整体内容的，也可能针对具体的某一部分或某一细节。

4. 评价欣赏。主要是把在文本中找到的信息与其他知识相联系，或利用文本之外的知识、观点、态度来思考，以形成自己的感受、观点。评价欣赏要求学生具有高水平的认知能力，不仅对文章内容、观点有自己的思考，还要对文章的风格、形式提出自己的看法，要求运用已有的相关知识，并利用自己的观点，对文本进行推理、客观的分析，甚至需要辨识文本的细微差别，形成有独到见解的观点。

5. 实际运用。是借助文章提供的内容和信息或所学习的知识与技能，联系实际，并解决实际问题，形成迁移能力，并使其有所发展的能力。

四、每个监测点的监测标准

由于本次质量监测是针对八年级学生，既不是初中阶段起始年级，也不是毕业年级，所以监测标准应有别于毕业年级标准，实行监测标准水平层级制，即将每个监测点分为“合格”“良好”“优秀”三个水平层级，或缩写为“L1”“L2”“L3”。

监测试题是反映监测标准的重要凭借。在试题命制上，要符合八年级学生实际，材料来源尽量体现学生阅读兴趣与阅读面，多种文体兼具，多种类型兼备，注重学生阅读过程中的感受、体验和理解，既能够监测出学生学习、掌握、运用学科基础的能力，又能够激活学生的思维，使其多角度、有创意地阅读；试题类型主客观结合，采取小切口命题原则，即一个问题考查一个知识、能力点，整套题目既有考查学生从阅读材料中捕捉有用信息的能力，又有学生对阅读材料的综合理解以及学生的情感体验和创造性的理解能力。

基于文体不同，每种文体的侧重点也会有所不同，因此，同一监测点应体现不同文体的特点来。

（一）整体感知

表 1

测试内容		内容标准	具体描述	水平层次		
				合格	良好	优秀
文学类作品		能概括作品的主要内容，把握作品主旨，领悟作者的写作目的	1. 能概括文中叙述的事件，把握人物的形象，体会作者的思想感情	√		
			2. 能理清作者写作思路，读懂作品结构，把握作品主题		√	
			3. 能借助作品中的事件、情境或形象，领悟作品的写作意图			√
实用类作品	说明性作品	能概括作品的主要内容，把握作品说明对象的特征，领悟作者的写作目的	1. 能概括作品的主要内容，把握说明对象的特征	√		
			2. 能理清作者写作思路，读懂作品结构，把握作者的基本观点		√	
			3. 能领悟作品的写作意图或所体现的科学精神			√
	议论性作品	能概括作品的主要内容，把握作者的主要观点，领悟作者的论述目的	1. 能概括主要内容，把握作品主要观点	√		
			2. 能理清作者写作思路，读懂作品结构		√	
			3. 能区分观点与材料，发现观点与材料之间的联系			√
非连续性文本		能整合多种材料内容，领会文本的意思	1. 能整体感知多重文本所聚焦的话题	√		
			2. 能整合多重文本内容		√	
			3. 能领会多重文本所表达的意思			√

（二）获取信息

表2

测试内容		内容标准	具体描述	水平层次		
				合格	良好	优秀
文学类作品		能有意识地获取关于事件、人物或情感方面的重要信息	1. 能根据要求，获取符合条件的信息	√		
			2. 能在筛选、整合后获取作品的主要信息		√	
			3. 能根据作品中的信息进行推理，获取隐含信息			√
实用类作品	说明性作品	能有意识地获取作品信息，概括要点，读懂重要信息的含义	1. 能根据要求，从作品中直接获取符合条件的信息	√		
			2. 能筛选作品的主要信息，明白主要信息与非主要信息的关系		√	
			3. 能根据作品中的信息进行推理，获取隐含信息			√
	议论性作品	能提炼出作者的观点，能筛选出支持作者观点的信息或作者反对的信息	1. 能提炼出作者的观点	√		
			2. 能筛选出支持作者观点的主要信息，明白主要信息与非主要信息的关系		√	
			3. 能根据作品中的信息进行推理，获取隐含信息			√
非连续性文本		能从多重文本中获取符合要求的信息，并推断出隐含信息	1. 能从多重文本中的一个文本里获取一条或多条符合要求的信息	√		
			2. 能在多重文本中整合、筛选出符合要求的多条信息		√	
			3. 能推断出多重文本中重要信息的隐含意思			√

（三）形成理解

表 3

测试内容		内容标准	具体描述	水平层次		
				合格	良好	优秀
文学类作品		能理解主要内容，对重要细节做出解释，能形成自己的观点	1. 能理解作品主要内容或作者的思想感情	√		
			2. 能对作品的重要细节进行分析、推理，形成合理的、恰当的解释		√	
			3. 能分析作品的情境/情感，获得正确的判断			√
实用类作品	说明性作品	理解主要内容，对文中信息、语言等重要细节做出解释，形成自己的观点	1. 能理解作品的主要内容	√		
			2. 能对作品中的重要信息、语言等进行分析，形成合理的、恰当的解释		√	
			3. 能对作品中的重要信息、语言等进行分析、推理，形成自己的观点			√
	议论性作品	能理解作品的主要内容和观点，对重要细节做出解释，形成自己的观点	1. 能理解作品的主要内容/观点	√		
			2. 能对论点与材料之间的关系做出恰当的解释		√	
			3. 能对作品的论证过程有自己的认识，做出合理的解释			√
非连续性文本		通过联系、比较、分析、推理等方式，对文本信息或内容做出解释	1. 能在联系多重文本的基础上，对文本内的相同信息做出解释	√		
			2. 能运用比较、推理的方式对文本中的相关信息做出解释		√	
			3. 能在比较、推理或联系经验的基础上进行分析，对文本的内容做出解释			√

（四）评价欣赏

表 4

测试内容		内容标准	具体描述	水平层次		
				合格	良好	优秀
文学类作品		对作品中的情境/情感/形象/语言进行评价或欣赏，有自己的体验	1. 对作品中感人的情境或形象，能说出自己的体验	√		
			2. 能结合具体语言环境，品味作品中富于表现力的语言		√	
			3. 能评价或欣赏作品的写作特色			√
实用类作品	说明性作品	对作品中的材料/语言进行评价或欣赏	1. 能对作品中的重要信息做出合理的评价	√		
			2. 能结合具体语言环境，品味作品中科学、准确的语言		√	
			3. 能对作品的材料与观点有自己的思考，提出自己的想法			√
	议论性作品	对作品中的观点/材料/语言进行评价或欣赏	1. 对作品的内容与观点有自己的思考，提出自己的想法	√		
			2. 能结合具体语言环境，品味作品中准确、严密的语言		√	
			3. 能分析、评价作品观点或观点与材料的关系			√
非连续性文本		对多重文本的表达、信息、内容或观点进行评价或欣赏	1. 能对文本的表达、信息或单一文本的内容进行评价，提出自己的观点	√		
			2. 能对多重文本的内容或观点形成自己的看法，获得自己的体验		√	
			3. 能结合实际或相关经验，对多重文本的形式或内容做出较科学的评价			√

（五）实际运用

表5

<table>
<tr><th colspan="2" rowspan="2">测试内容</th><th rowspan="2">内容标准</th><th rowspan="2">具体描述</th><th colspan="3">水平层次</th></tr>
<tr><th>合格</th><th>良好</th><th>优秀</th></tr>
<tr><td colspan="2" rowspan="3">文学类作品</td><td rowspan="3">能借用作品中的人物、事件、语言、写法丰富日常生活中的表达</td><td>1. 能对作品中的语言有所积累并加以运用</td><td>√</td><td></td><td></td></tr>
<tr><td>2. 能对作品中的人物或事件进行扩写或缩写，或运用作品中的人物、事件进行丰富的表达</td><td></td><td>√</td><td></td></tr>
<tr><td>3. 能对作品中的写法有所借鉴，并加以运用</td><td></td><td>√</td><td></td></tr>
<tr><td rowspan="6">实用类作品</td><td rowspan="3">说明性作品</td><td rowspan="3">能运用作品中的相关信息解决生活中的问题</td><td>1. 能运用作品相关知识与方法，对生活中某些现象做出科学的解释或解决某些问题</td><td></td><td>√</td><td></td></tr>
<tr><td>2. 能结合作品内容，按要求对某一现象或问题进行多角度思考，合理分析，形成自己的观点和感悟</td><td></td><td></td><td>√</td></tr>
<tr><td>3. 能对作品的写作技巧有所借鉴，做到条理清晰地表达</td><td>√</td><td></td><td></td></tr>
<tr><td rowspan="3">议论性作品</td><td rowspan="3">联系实际，借助多角度思考，形成自己的观点和感悟，并按要求丰富地表达</td><td>1. 能借助作品的观点与材料，客观地认识事物</td><td>√</td><td></td><td></td></tr>
<tr><td>2. 能结合作品内容，按要求对某一现象或问题进行多角度思考，合理分析，形成自己的观点和感悟</td><td></td><td>√</td><td></td></tr>
<tr><td>3. 能从作品中获得对自然、社会、人生的有益启发</td><td></td><td></td><td>√</td></tr>
<tr><td colspan="2" rowspan="3">非连续性文本</td><td rowspan="3">能利用多种形式表达内容</td><td>1. 能结合图表表达内容</td><td>√</td><td></td><td></td></tr>
<tr><td>2. 能利用图表或网页等形式表达内容</td><td></td><td>√</td><td></td></tr>
<tr><td>3. 能利用图表或网页等形式准确地表达内容</td><td></td><td></td><td>√</td></tr>
</table>

第四节　写作

一、写作发展水平状况内涵

《全日制义务教育语文课程标准（实验稿）》规定，写作是“运用语言文字进行表达和交流的重要方式，是认识世界、认识自我、进行创造性表达的过程”。写作发展水平指的是在一定学段，学生在写作方面的学习质量及成效。

二、监测评价内容概要

对学生写作发展水平的监测评价就是按写作课程目标制定出相应的具体细化测量的写作评价原则、标准，对学生写作的作品进行判断与评估。

受监测条件的影响，无法全面地、持续性地考查学生各方面的写作发展水平，如写作的过程与方法是否具有写作的兴趣和良好习惯等，只能对是否掌握了实用写作和文章写作的基本方法、是否表达了真情实感、是否有创意的表达等方面的内容进行监测。

本监测将通过两套整体评价指标权衡学生在八年级学段实用写作和文章写作方面的写作质量与写作能力，为下一阶段教与学提供指导依据。

三、主要监测点

1. 实用写作，是广义的应用写作，它以实用、有用为目的，是生活中学生应掌握的主要交流手段之一。实用写作的主要监测点有以下三个。

（1）内容：能根据写作的对象和目的，有效表达有关信息。

（2）语言：通顺、连贯、得体。

（3）格式：完整、规范。

2. 文章写作，以表达对自我与世界的认识为主要目的。作为中小学的写作基本训练，首先是要指导和训练学生关注自我、关注生活、关注文化，做生活的有心人，去看、去听、去体验、去积累，并把这些内容一一如实表达出来。从这个意义上说，素材的真实性是非常重要的；但我们同样也该注重培养学生在写作中的创新能力，鼓励他们进行建立在生活真实基础上的想象，这并不是简单的编造，而是站在生活真实的角度，对诸多同一类的生活细节进行概括抽象提升，以折射和反映出更加广泛的生活及社会问题。

根据“虚构类”与“非虚构类”两类文章的主要区别制定以下主要监测点：

（1）中心内容。
（2）布局谋篇。
（3）语言运用。
（4）文字标点。
（5）素材选择（侧重于评价非虚构写作）。
（6）思考创新（侧重于评价虚构写作）。

四、每个监测点的监测标准

监测标准采用呈现形式为等级的量化评价，使用表示水平档次的文字评价，淡化甄别选拔功能，突出能力表现所呈现的等级，以达到对学生“体现水平，引领方向”、对教师“揭示问题，改进教学”的目的。

（一）实用写作

1. 内容。

优秀：能根据写作的对象和目的，准确表达有关信息，关键信息无错漏。

良好：能根据写作的对象和目的，清楚表达有关信息，关键信息只有一处错漏。

达标：能根据写作的对象和目的，表达有关信息，关键信息错漏不超过两处。

未达标：不能清楚表达有关信息，关键信息错漏超过两处。

2. 语言。

优秀：语言得体，根据写作对象恰当选用措辞。表达通顺、连贯。

良好：语言不够得体，但通顺、连贯，没有语病及错别字，标点正确。

达标：语言通顺，语病及错别字、标点错误不超过两处。

未达标：语言欠通顺，语病及错别字、标点错误较多，表意不清楚。

3. 格式。

优秀：格式完整、规范。

良好：格式完整，有一处不规范。

达标：格式基本完整，不规范及错漏不超过两处。

未达标：格式不完整，不规范及错漏超过两处。

（二）文章写作

1. 中心内容。

优秀：能确立一个准确深刻的中心主旨，结合生活经验，中心主旨健康积极。

良好：能确立一个明确的中心主旨，对中心主旨欠缺深刻思考和挖掘。

达标：基本能够表现写作中心，但中心主旨不够集中统一，或表述不够清晰。

未达标：全篇欠缺中心主旨，材料堆砌而没有体现中心，或出现套作、抄袭。

2. 布局谋篇。

优秀：全文结构严谨，思路清晰，行文有序，层次分明，过渡自然。能够根据中心主旨，合理安排详略，重点突出。

良好：全文结构完整，段落清晰自然，过渡合理。能够完整叙事，但是平均用墨，未能根据中心主旨需要，重点突出部分情节。

达标：全文结构基本完整，或出现字数已够但未完篇。文章能有分段，但详略严重失当。

未达标：结构不完整，未能完成字数要求的2/3。

3. 语言运用。

优秀：注意句式的变化和用词的多样性，能灵活运用修辞手法，语言流畅、生动、富有表现力。全文不超过1个病句。

良好：语言表达自然流畅，词语搭配准确，能表达自己的情感。全文不多于2个病句。

达标：语言基本通顺，能够表达自己的想法。全文不多于4处病句。

未达标：词不达意，出现4处以上的病句。

4. 书写标点。

优秀：书写工整规范，卷面美观整洁。标点运用正确，几乎没有错别字或错别字不多于2个，涂改不多于3处。

良好：书写工整规范，卷面整洁。标点运用较正确，出现不多于3个错别字和3处标点错误。

达标：书写工整但字体结构欠佳，标点运用基本正确。出现不多于5个错别字和5处标点错误。

未达标：书写潦草，字迹难辨。未能正确运用标点，出现多于5个错别字和5处标点错误。卷面涂改超过全文1/3。

5. 素材选择（侧重于评价非虚构写作）。

优秀：能选择真实、个性化、具体的素材。素材紧扣中心。

良好：素材选择真实，偏于大众化，欠缺个性，但能够体现中心。

达标：有真实素材，但未能直接与中心主旨有紧密关系。

未达标：编造素材或素材堆砌，完全不能体现中心。

6. 思考创新（侧重于评价虚构写作）。

优秀：想象新颖，合乎情理，用符合生活真实的虚构来反映现实生活及社会的发展。

良好：想象合理但欠缺新意，能反映现实生活。

达标：想象较合理但偏于流水账，有一定中心，但未能体现对生活的思考。

未达标：缺少有目的的合理想象，想象的各部分之间缺乏逻辑关系，较零乱。

五、对应监测标准的典型案例

（一）实用写作评价抽样

抽查对象：八年级学生

抽查数量：10 人

抽查形式：随机

实用写作・样题一

阅读下面的文字，按要求完成写作。

上周六校运会期间，你在校园大榕树下落下了一件蓝色校服外套。外套口袋里有一串钥匙、一个钱包和 60 元钱。

根据相关信息，请你拟写一则寻物启事。

一号卷：

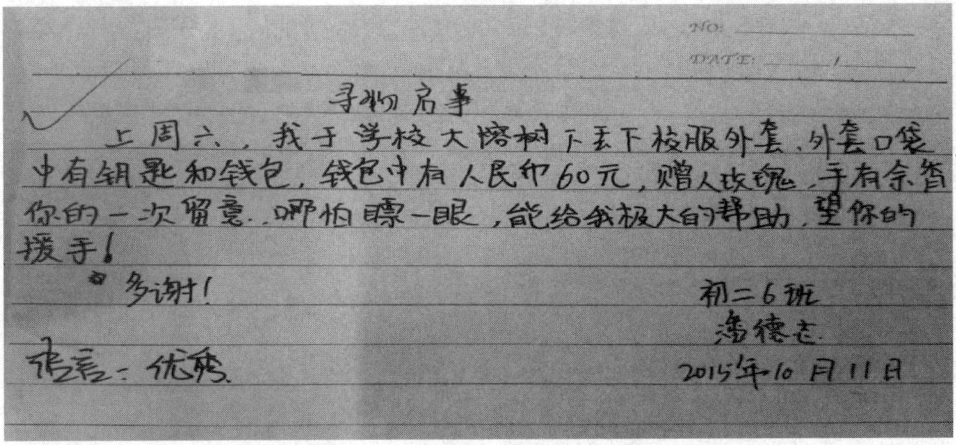
NO:
DATE: /

寻物启事

上周六，我于学校大榕树下丢下校服外套，外套口袋中有钥匙和钱包，钱包中有人民币60元，赠人玫瑰，手有余香你的一次留意，哪怕瞟一眼，能给我极大的帮助，望你的援手！

多谢！

初二6班

潘德志

2015年10月11日

评语：优秀

内容评价：优秀。准确表达信息，关键信息无遗漏。

语言评价：优秀。语言得体，通顺、连贯。

格式评价：优秀。格式完整规范。

二号卷：

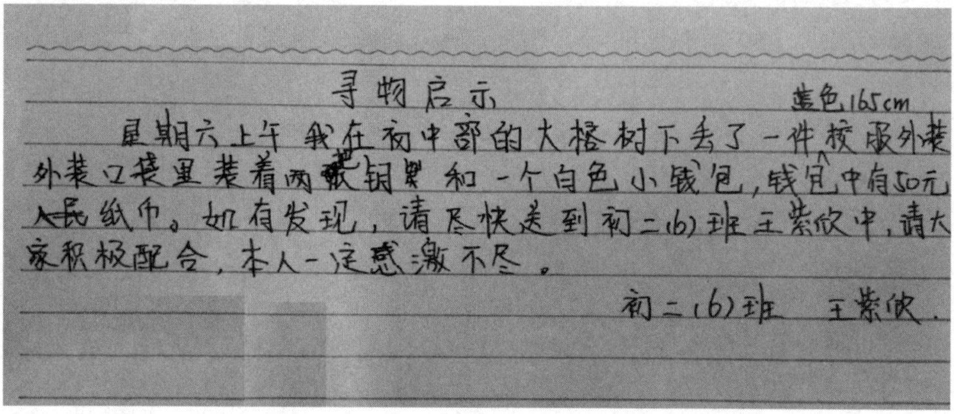
寻物启示　蓝色 165cm

星期六上午我在初中部的大榕树下丢了一件校服外套，外套口袋里装着两串钥匙和一个白色小钱包，钱包中有50元人民纸币。如有发现，请尽快送到初二(6)班王紫欣中，请大家积极配合，本人一定感激不尽。

初二(6)班　王紫欣.

内容评价：良好。关键信息有一处错误（钱包中应有60元）。

语言评价：未达标。语言有一处不够得体［请尽快送到初二（6）班王紫欣中，请大家积极配合］。出现两处别字，“启示”应为“启事”，“钥匙”的“匙”字未写对。

格式评价：良好。欠发启事的时间。

三号卷：

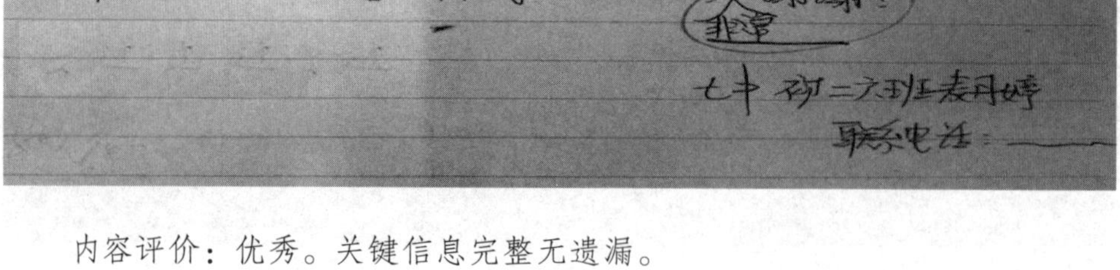
No:
DATE:

寻物启示

上周六，大榕树下有一件校服外套，但由于校运会，现场较混乱，外套被其他人拿去，如有见到望归还于我。（注：蓝色外套170的，另口袋里有六十块钱和两张卡。）非常谢谢！

七中 初二六班袁丹婷

联系电话：

内容评价：优秀。关键信息完整无遗漏。

语言评价：未达标。语言有一处不得体（外套被他人拿去），一处语病（非常谢谢），两个错别字："由于"写成了"犹于"，"启事"写成了"启示"。

格式评价：良好。出现一处遗漏（时间）。

四号卷：

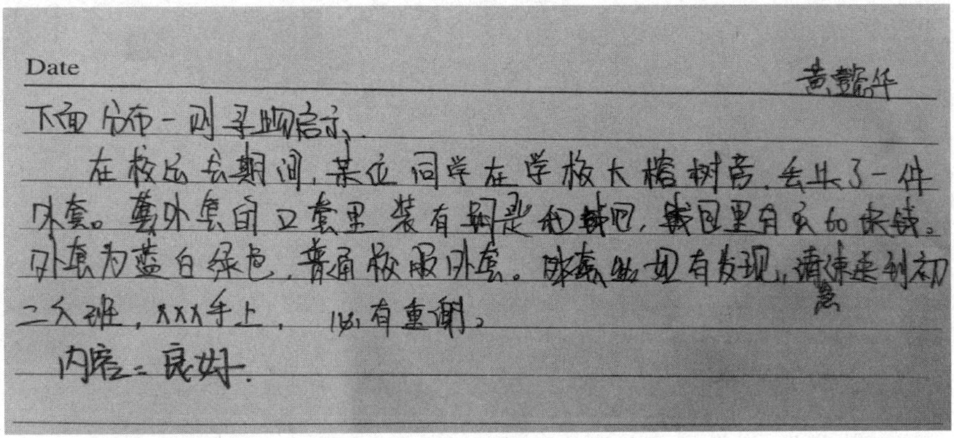
Date

下面发布一则寻物启示。

在校运会期间，某位同学在学校大榕树旁丢失了一件外套。外套的口袋里装有钥匙和钱包，钱包里有60块钱。外套为蓝白绿色，普通校服外套。如有发现，请急速送到初二六班，xxx手上。必有重谢。

内容：良好。

内容评价：良好。关键信息点有一处遗漏（失物时间）。

语言评价：达标。语言出现一处不得体（如有发现，请急速送到初二六班）。出现一处别字，"启示"应为"启事"。

格式评价：未达标。出现三处不规范（寻物启事抬头、落款、时间）。

五号卷：

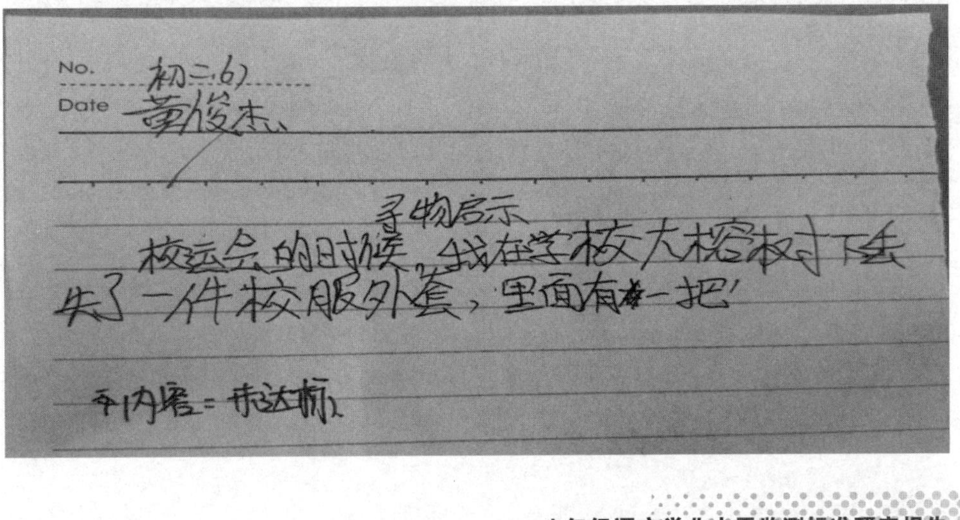
No. 初二(6)

Date 黄俊杰

寻物启示

校运会的时候，我在学校大榕树下丢失了一件校服外套，里面有一把

内容：未达标。

内容评价：未达标。信息点出现多处遗漏且未完卷。
语言评价：未达标。
格式评价：未达标。

六号卷：

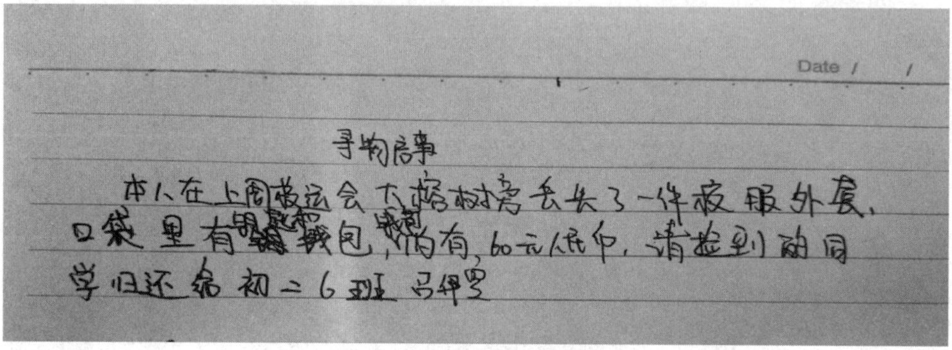
寻物启事
本人在上周运动会上操场丢失了一件校服外套，口袋里有钥匙钱包，内有60元人民币，请捡到的同学归还给初二6班 马伊思

内容评价：优秀。
语言评价：良好。语言欠得体。
格式评价：达标。出现两处遗漏（落款人、时间）。

七号卷：

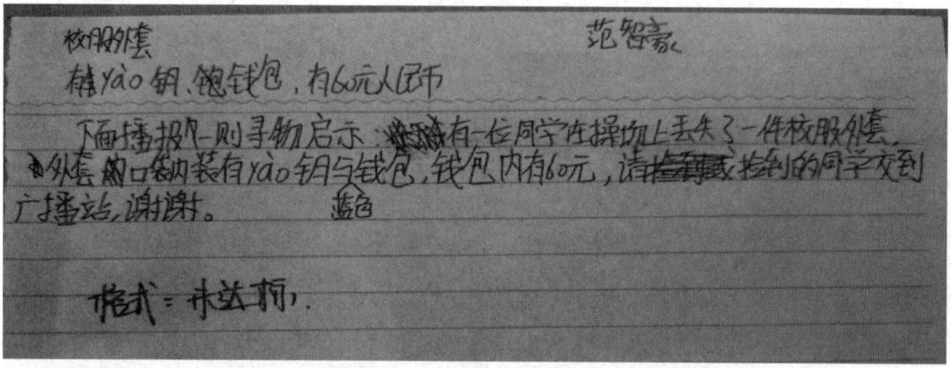
校服外套 范智豪
有yào钥、钱包，有60元人民币
下面播报一则寻物启示：有一位同学在操场上丢失了一件校服外套，外套的口袋内装有yào钥与钱包，钱包内有60元，请捡到的同学交到广播站，谢谢。 蓝色
格式：未达标。

内容评价：未达标。信息遗漏三处（地点、时间、联系人）。

语言评价：达标。出现两处错别字。“启示”应为“启事”，“钥匙”的“钥”字没有写出来。

格式评价：未达标。把寻物启事当作广播稿，出现两处遗漏（落款、时间）。

八号卷：

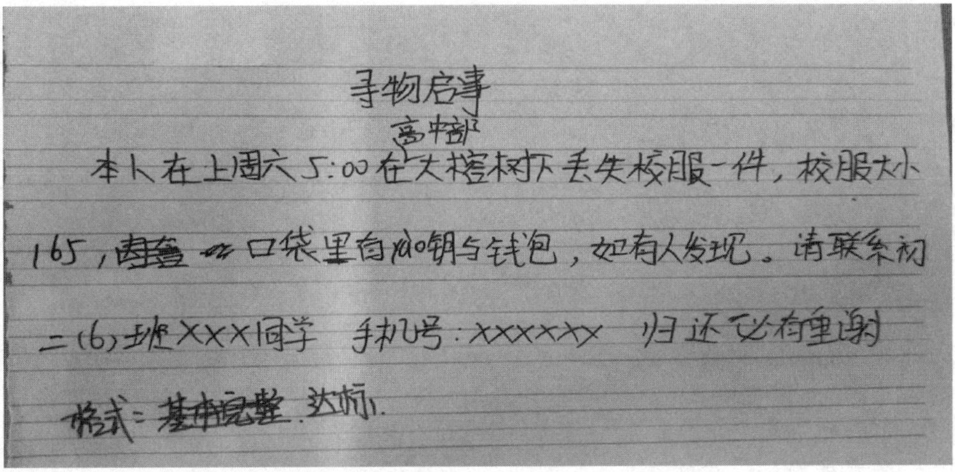

内容评价：优秀。关键信息准确完整。

语言评价：未达标。出现拼音，多处未落标点。

格式评价：达标。出现两处遗漏（落款、时间）。

九号卷：

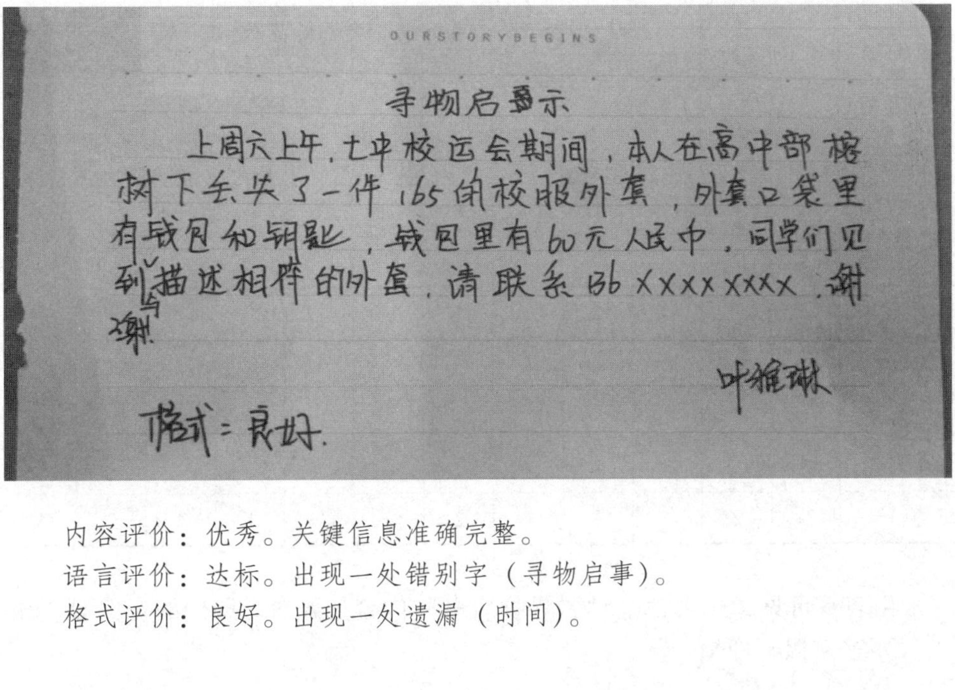

内容评价：优秀。关键信息准确完整。

语言评价：达标。出现一处错别字（寻物启事）。

格式评价：良好。出现一处遗漏（时间）。

十号卷：

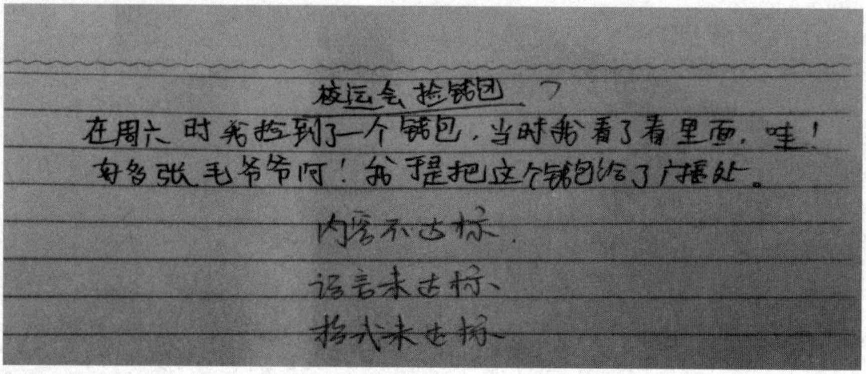
校运会捡钱包
在周六时我捡到了一个钱包，当时我看了看里面，哇！
有多张毛爷爷阿！我提把这个钱包给了广播处。
内容不达标。
语言未达标、
格式未达标

内容评价：未达标。
语言评价：未达标。
格式评价：未达标。

表 6　调查统计表

卷样	内容				语言				格式			
	优	良	达	未	优	良	达	未	优	良	达	未
一号卷	1				1				1			
二号卷		1						1		1		
三号卷	1							1		1		
四号卷		1					1					1
五号卷				1				1				1
六号卷	1					1					1	
七号卷				1		1						1
八号卷	1							1			1	
九号卷	1						1			1		
十号卷				1				1				1
总计	5	2		3	1	2	2	5	1	3	2	4

由表 6 可见，过半学生对“寻物启事”内容的要求是明确的，但对“格式”要求掌握不理想。

实用写作·样题二

阅读下面的文字，按要求完成写作。

中秋节将近，初二（8）班的家长委员会召开了会议。会上，家委们一致认为开展集体活动有利于增强集体凝集力和家校师生的感情，决定组织一次珠江夜游活动。经联系后确定，9 月 26 日晚上将租用“信息时报号”游船，18：30 从天字码头出发，全程近两小时。预计活动于 20：30 结束。船上提供讲解和自助餐。本次活动邀请全班同学、家长以及全体科任教师参加。

请以班委的名义，给全班同学发一则通知，告知本次活动相关事宜并呼吁同学们积极参与。

一号卷：

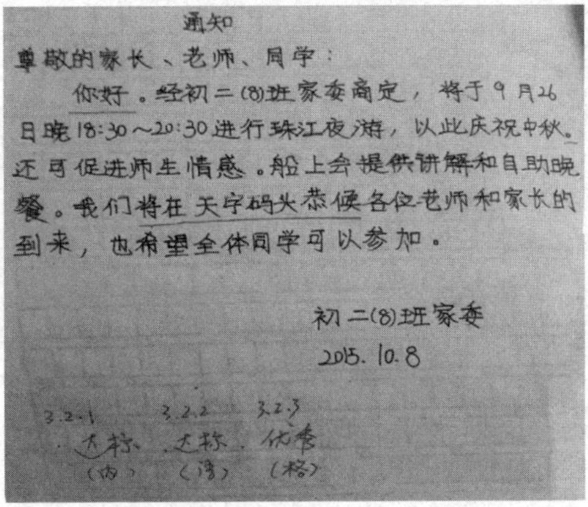
通知

尊敬的家长、老师、同学：

你好。经初二(8)班家委商定，将于9月26日晚18:30～20:30进行珠江夜游，以此庆祝中秋。还可促进师生情感。船上会提供讲解和自助晚餐。我们将在天字码头恭侯各位老师和家长的到来，也希望全体同学可以参加。

初二(8)班家委

2015.10.8

3.2.1 达标（内） 3.2.2 达标（语） 3.2.3 优秀（格）

内容评价：达标。信息出现两处错误（抬头、落款）。

语言评价：达标。语言不得体，出现多于两处语病。

格式评价：优秀。格式完整、规范。

二号卷：

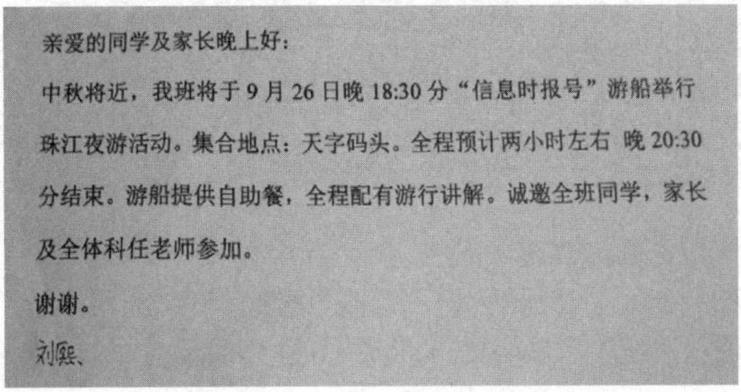
亲爱的同学及家长晚上好：

中秋将近，我班将于9月26日晚18:30分“信息时报号”游船举行珠江夜游活动。集合地点：天字码头。全程预计两小时左右 晚20:30分结束。游船提供自助餐，全程配有游行讲解。诚邀全班同学，家长及全体科任老师参加。

谢谢。

刘熙、

内容评价：良好。抬头出现错误。
语言评价：优秀。语言得体、通顺、连贯。
格式评价：未达标。出现多处不规范及错误。

三号卷：

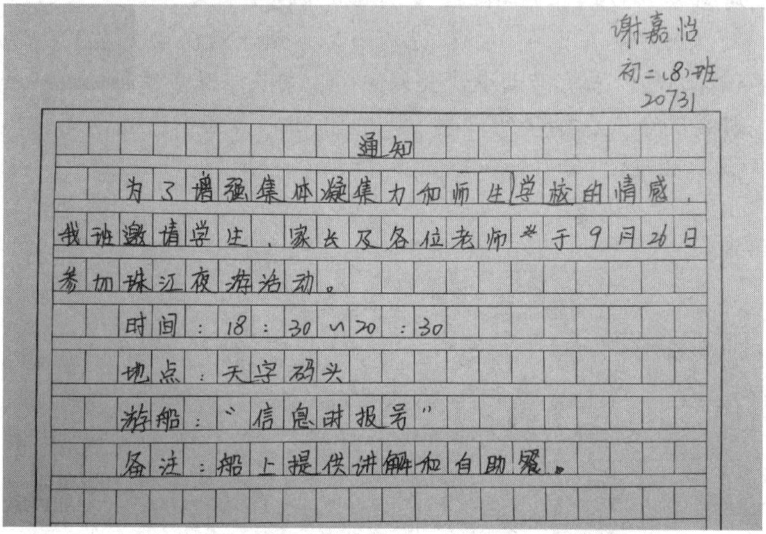
谢嘉怡
初二(8)班
20731
通知
为了增强集体凝集力加师生学校的情感，
我班邀请学生、家长及各位老师于9月26日
参加珠江夜游活动。
时间：18:30～20:30
地点：天字码头
游船："信息时报号"
备注：船上提供讲解和自助餐。

内容评价：优秀。信息准确完整。
语言评价：达标。语言欠连贯。
格式评价：未达标。出现三处遗漏（抬头、落款、时间）。

四号卷：

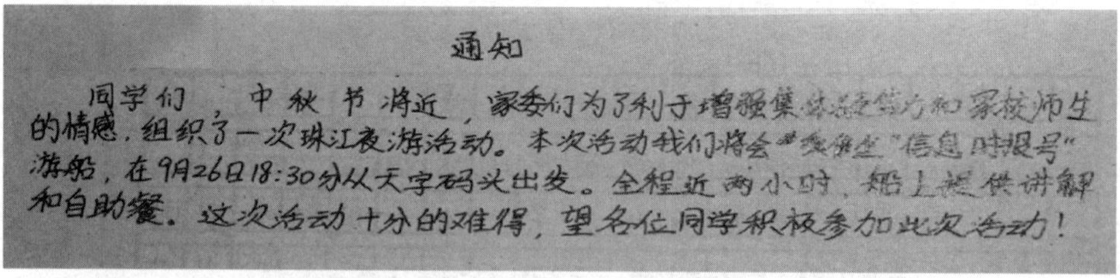
通知
同学们，中秋节将近，家委们为了利于增强集体凝聚力和家校师生的情感，组织了一次珠江夜游活动。本次活动我们将会乘坐"信息时报号"游船，在9月26日18:30分从天字码头出发。全程近两小时，船上提供讲解和自助餐。这次活动十分的难得，望各位同学积极参加此次活动！

内容评价：优秀。信息准确完整。
语言评价：优秀。语言得体、通顺、连贯。
格式评价：未达标。出现三处遗漏（抬头、落款、时间）。

五号卷：

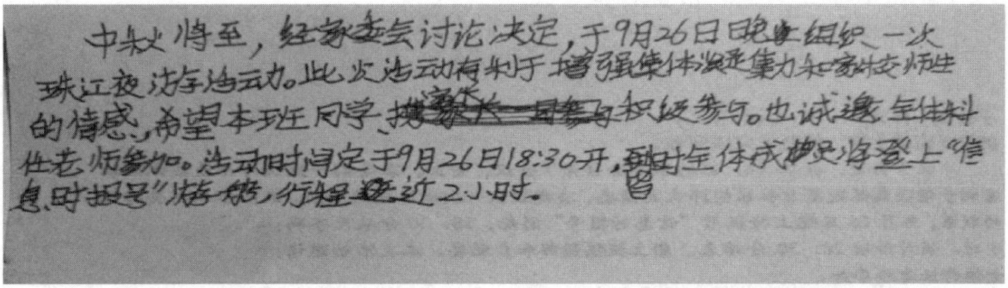
中秋将至，经家委会讨论决定，于9月26日晚上组织一次珠江夜游活动。此次活动有利于增强集体凝聚力和家长与师生的情感，希望本班同学、家长积极参与。也诚邀全体科任老师参加。活动时间定于9月26日18:30开，到时全体成员将登上“信息时报号”游船，行程将近2小时。

内容评价：达标。出现两处信息点遗漏（出发地点、提供服务）。

语言评价：未达标。语言表达欠条理，出现语病及错别字。

格式评价：未达标。出现四处遗漏（欠“通知”、抬头、落款、时间）。

六号卷：

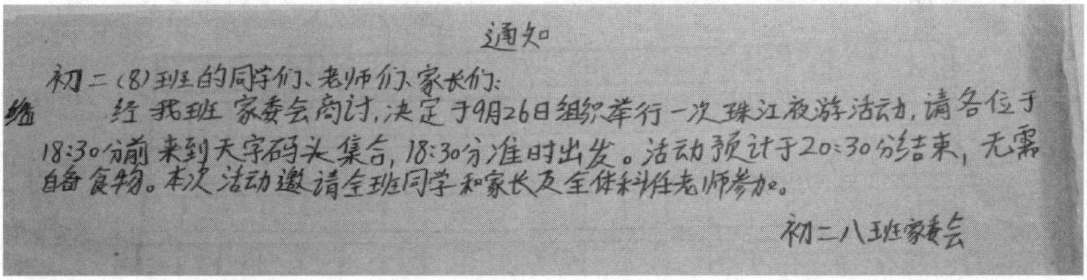
通知

初二(8)班的同学们、老师们、家长们：

经我班家委会商讨，决定于9月26日组织举行一次珠江夜游活动，请各位于18:30分前来到天字码头集合，18:30分准时出发。活动预计于20:30分结束，无需自备食物。本次活动邀请全班同学和家长及全体科任老师参加。

初二八班家委会

内容评价：未达标。出现三处信息错误（抬头、无须自备食物、落款）。

语言评价：优秀。语言得体、通顺、连贯。

格式评价：良好。出现一处遗漏（时间）。

七号卷：

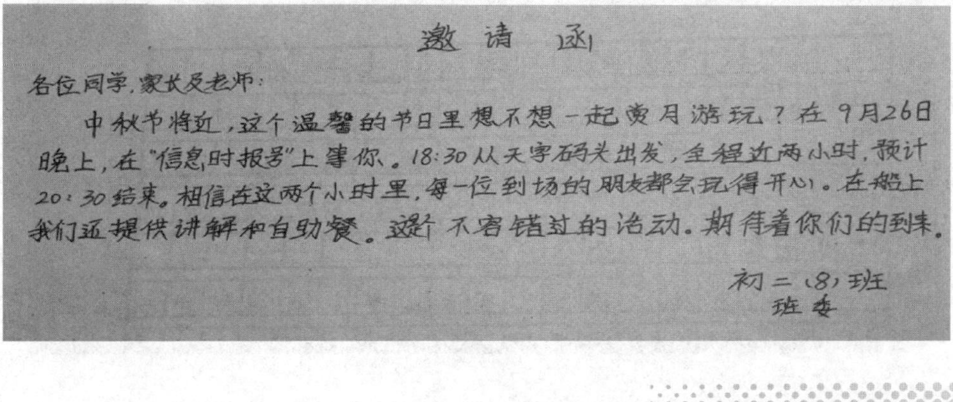
邀请函

各位同学、家长及老师：

中秋节将近，这个温馨的节日里想不想一起赏月游玩？在9月26日晚上，在“信息时报号”上等你。18:30从天字码头出发，全程近两小时，预计20:30结束。相信在这两个小时里，每一位到场的朋友都会玩得开心。在船上我们还提供讲解和自助餐。这个不容错过的活动，期待着你们的到来。

初二(8)班

班委

内容评价：良好。出现一处错误（抬头）。
语言评价：优秀。语言得体、通顺、连贯。
格式评价：达标。出现一处错误（邀请函），一处遗漏（时间）。

八号卷：

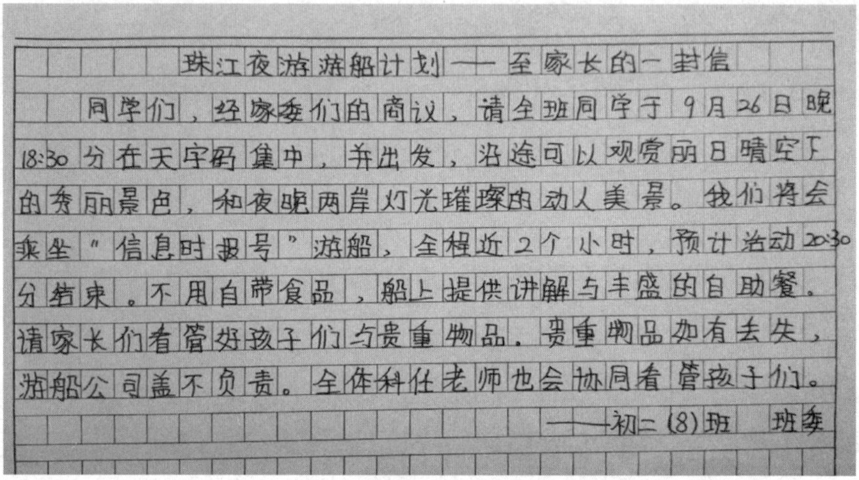

珠江夜游游船计划——至家长的一封信

同学们，经家委们的商议，请全班同学于9月26日晚18:30分在天字码集中，并出发，沿途可以观赏丽日晴空下的秀丽景色，和夜晚两岸灯光璀璨的动人美景。我们将会乘坐“信息时报号”游船，全程近2个小时，预计活动20:30分结束。不用自带食品，船上提供讲解与丰盛的自助餐。请家长们看管好孩子们与贵重物品。贵重物品如有丢失，游船公司盖不负责。全体科任老师也会协同看管孩子们。

——初二(8)班　班委

内容评价：未达标。写作对象错误。
语言评价：达标。出现两处错误。
格式评价：未达标。

九号卷：

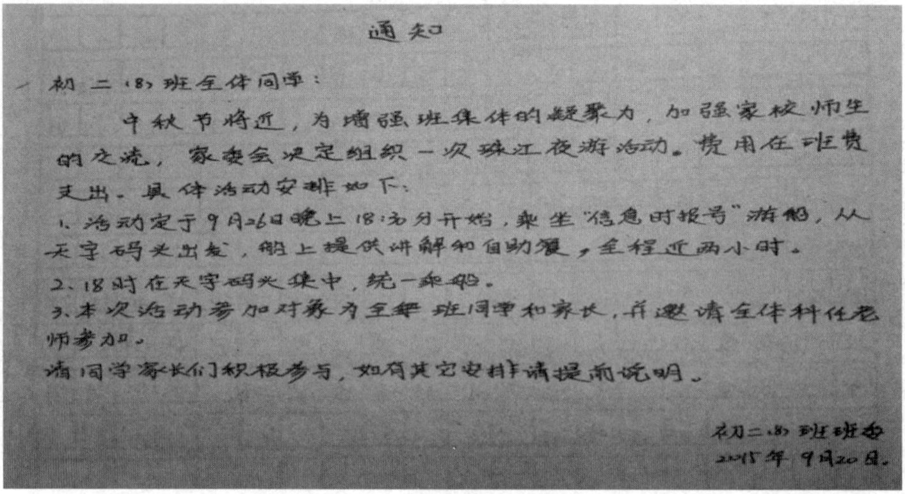

通知

初二(8)班全体同学：

中秋节将近，为增强班集体的凝聚力，加强家校师生的交流，家委会决定组织一次珠江夜游活动。费用在班费支出。具体活动安排如下：

1、活动定于9月26日晚上18:30分开始，乘坐“信息时报号”游船，从天字码头出发，船上提供讲解和自助餐，全程近两小时。

2、18时在天字码头集中，统一乘船。

3、本次活动参加对象为全年班同学和家长，并邀请全体科任老师参加。

请同学家长们积极参与，如有其它安排请提前说明。

初二(8)班班委
2015年9月20日。

内容评价：优秀。信息准确完整。
语言评价：优秀。语言得体、通顺、连贯。
格式评价：优秀。格式完整、规范。

十号卷：

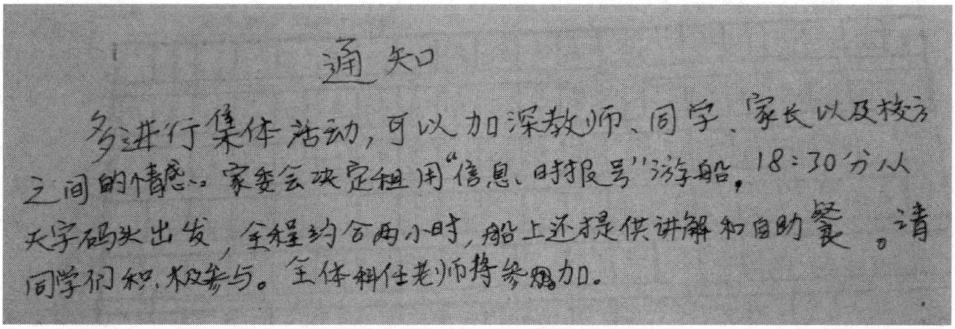

通知

多进行集体活动，可以加深教师、同学、家长以及校方之间的情感。家委会决定租用"信息、时报号"游船，18：30分从天字码头出发，全程约合两小时，船上还提供讲解和自助餐。请同学们积极参与。全体科任老师将参加。

内容评价：良好。出现一处遗漏（活动时间）。
语言评价：优秀。语言得体、通顺、连贯。
格式评价：未达标。出现三处遗漏（抬头、落款、时间）。

表7 调查统计表

卷样	内容				语言				格式			
	优	良	达	未	优	良	达	未	优	良	达	未
一号卷			1				1		1			
二号卷		1			1							1
三号卷	1						1					1
四号卷	1				1							1
五号卷			1					1				1
六号卷				1	1					1		
七号卷		1			1						1	
八号卷				1			1					1
九号卷	1				1				1			
十号卷		1			1							1
总计	3	3	2	2	6	0	3	1	2	1	1	6

由表7可见，大多数学生对"通知"应发布的内容不清晰，对格式的要求不明确。语言基本流畅。

（二）文章写作评价抽样

抽查对象：八年级学生

抽查数量：10 人

抽查形式：随机

文章写作（虚构）·样题

阅读下面材料，按要求完成写作。

2015 年 5 月 30 日，61 岁的重庆知名儿童文学作家杜虹去世。按照其生前意愿，美国冷冻人体机构 Alcor 将她遗体的头部分离，保存在 –196℃的液氮环境特殊容器中，计划冷冻 50 年，等待科学技术进步带来的生命复活。

设想 50 年后杜虹成功复活。当她睁开双眼后，将会看到怎样的世界？面对已经 78 岁的女儿，她将会有什么感受？……请想象你就是复活的杜虹，根据开头完成文章，题目自拟。

题目：____________________

一阵雷鸣般的掌声唤醒了我，我徐徐地睁开了眼睛。

一号卷：

第三部分 写作（60分） 50年后

题目：平行世界

耳边响起了雷鸣般的掌声，随着一丝朦胧的光线，我徐徐地睁开了眼睛。

一个年轻貌美的女孩子冲上来抱住了我，激动地哽咽道：“妈妈……您终于活过来了！”

眼前景象渐渐清晰了，周围皆是穿白褂的医生。我脑海中开始出现一组组画面……我的记忆开始复苏。

一位年轻的医生走过来握住我的手：“恭喜您，杜虹女士。科学完成了您生前遗愿。现在是2065年5月30日。”

我震惊无比，五十年，我在黑暗中沉睡了五十年！现在终于可以重见光明，再见我女儿了吗？

我转向女儿，她是那样年轻美丽！我抱紧了女儿，母女两高兴了好久好久。

接受了一周治疗后，女儿和我离开了医科院。面对这个崭新的世界，我迫不及待想要认识认识。

“妈，您跟我来，”女儿亲昵地拉着我的手带我来到了一个科研所。她办理了一个手续，一个白衣人便领我们进入一个房间。

“妈，您不要害怕，我们要从虫洞穿越到另一个平行世界。”女儿指着地下出现的一个七彩光圈。我非常惊讶，暗叹人类科学技术已如此发达，竟然找到了平行世界。

光圈很快将我们包围了，我眼前一黑，跌进一个柔软之中。

“妈，快醒醒。”我睁开眼，发现我们躺在一块软垫上。女儿将我扶起，笑道：“这就是我们人类的另一个家。”

我环顾四周，不觉惊呆了：绿树环抱着一栋栋高楼大厦，小溪萦绕着一户户人家，油柏路蜿蜒曲折，消失在密林深处。无烟汽车行驶在路上，竟听不到发动机的轰鸣。这是一个新的生态系统，自然与城市的完美结合。

路人们见我们母女两，先是一怔，继而欢呼起来：“杜虹女士！”

我向他们微笑示意，他们热情地邀请我去吃饭。我随他们进到绿树掩映间一个木屋里。屋内装修简朴不失雅致。我们吃喝玩乐，

(20*20=400)

内容：优秀 语言：优秀 ？
结构：良好 书写：优秀 创新：优秀

度过了美妙的一天。

晚上，我全身尽是狂欢后的疲累。但我一点也不想休息。女儿看出我的心思，微笑道："妈妈，我们去坐游览车吧。"

我们租了一辆游览车。一见车我不免惊呼：这车圆滚滚且全透明，像一个大玻璃球。女儿走近"玻璃球"，一只脚直接穿透了外层，接着整身都进了内部。我效仿女儿，坐进车里。

"玻璃球"无声地前进着。夜晚的平行世界静谧神秘。隔着"玻璃球"，我还能听见溪水潺潺细流声，轻风簌簌声，以及孩子们纯真的欢笑声。这里月光格外明亮，婆娑树影下月中月光斑斓。我沉浸在这样的美景中，不能自拔。

忽然"玻璃球"飞了起来，遥望下面，竟然闪烁着点点流萤，照亮了树冠。我不禁感慨："50年后，人类社会竟发生了这么大的改变！"

女儿笑道："若不是亲眼看着这个历程，我也会十分惊讶。"

我凝视我的女儿。恬静的月光照在她年轻的脸庞上，显得格外清丽动人。

"对了，女儿——"我疑惑道，"你今年……应该七十八岁了吧？"

"是的。"她狡黠一笑，"我注射了新型科研产品——抗细胞衰老剂，它可以去除自由基，维持细胞活力，使之永不衰老。"

"这么说，你永远都不会死？"我惊讶地问。

"人固有一死，或重于泰山，或轻于鸿毛。"女儿忽然认真地说。

"那也不错啊，快带老娘去打一针。"我笑道。

女儿向游览车发出一条指令，游览车立即向"科学医院"飞去。透明的"玻璃球"穿过晴朗的夜空，穿梭在棉絮一般的云层里，向绿树拥簇中的摩登大楼飞去……

中心内容评价：优秀。能确立准确深刻的主旨，中心健康积极。

布局谋篇评价：良好。全文结构完整，过渡自然，但平均用墨，详略不当。

语言运用评价：优秀。语言流畅，富有表现力。

书写标点评价：优秀。书写工整规范，卷面美观整洁，标点运用正确。

思考创新评价：优秀。想象新颖，合乎情理，通过虚构反映现实生活。

二号卷：

第三部分 写作（60分）

题目： 50年后

耳边响起了雷鸣般的掌声，随着一丝朦胧的光线，我徐徐地睁开了眼睛……

看着眼前满满的都是人，黑压压的一大片，瞬间愣住了。回忆了一下往事，才明白为什么眼前全是人的原因，不由得感叹一下，技术越来越发达了啊！

"妈！"一位78岁的女子喊到道。看着她——我的女儿，心中五味杂陈，如今的我比自己的女儿还年轻啊！看着女儿的苍老，不禁有些悔恨，自己可是错过了女儿50年的光阴，在如今这年过半百时才重新归席。

不知过了多久，人群终于散去。在家人的簇拥下回家。看在车上，看着窗外的云景，想到昔日要坐上飞机才能奔上蓝天，如今简简单单的汽车也能做到，这50年中的变化可真大啊！

回到家中，看着空荡荡的屋子，我又愣了，平时他们是怎么生活的呀！想找张椅子都……突然，屋子中间凭空出现了张椅子，把我吓了一跳。原来屋中的一切都可以靠脑中的想法与意念控制，这科技进步可真是一日千里。

虽然家人一直在教导我该如何适应这样的生活，该如何去过这样的生活，但我的记忆一直停留在50年前，要生活方式要一下子突然改变，又谈何容易。真感觉自己现在就是一个十足的"土包子"。

时代与时俱进，50年已足够让一个世界变得完全不同，不知我该用多长时间来学会重新生活呢？

内容：良好

语言：良好

结构：良好

书写：优秀

创新：良好

(20*20=400)

中心内容评价：良好。能确立一个明确的中心主旨，但对中心缺乏深刻思考。

布局谋篇评价：良好。全文结构完整，但重点不突出。

语言运用评价：良好。表达流畅自然，能通过语言表达自己的情感。

书写标点评价：优秀。书写工整规范，卷面美观整洁，没有错别字。

思考创新评价：良好。想象合理但缺乏新意。

三号卷：

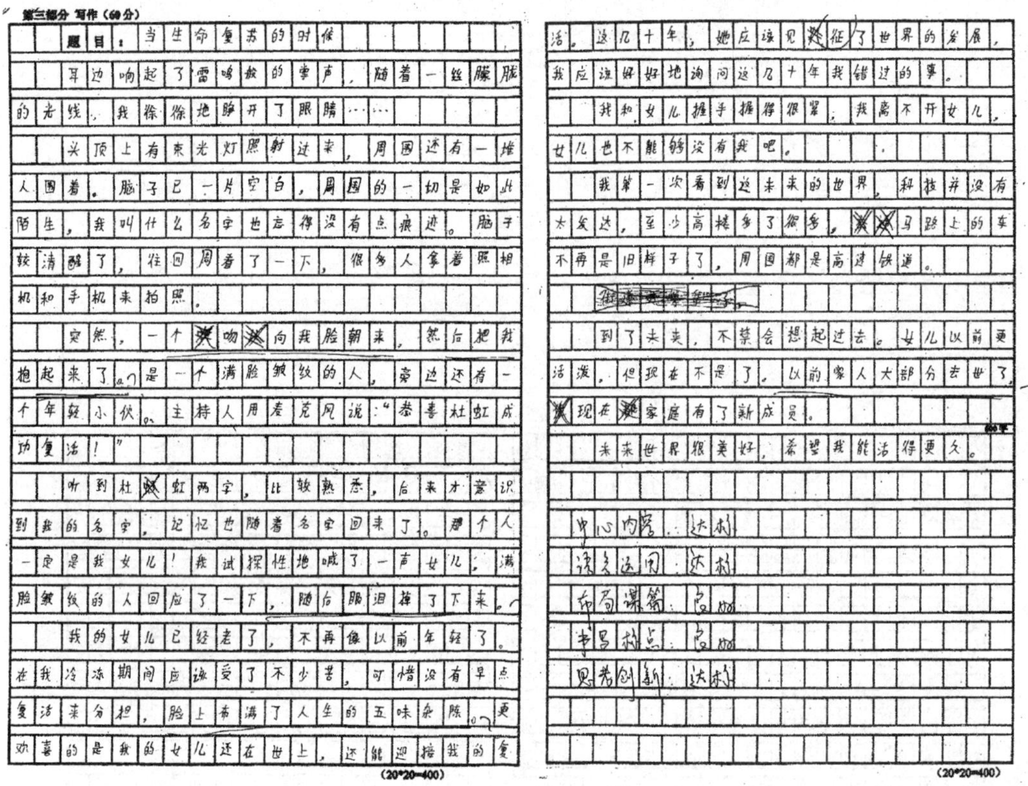
第三部分 写作（60分）

题目：当生命复苏的时候

耳边响起了雷鸣般的掌声，随着一丝朦胧的光线，我徐徐地睁开了眼睛……

头顶上有束光灯照射过来，周围还有一堆人围着。脑子已一片空白，周围的一切是如此陌生，我叫什么名字也忘得没有点痕迹。脑子较清醒了，往四周看了一下，很多人拿着照相机和手机来拍照。

突然，一个吻向我脸朝来，然后把我抱起来了。是一个满脸皱纹的人，旁边还有一个年轻小伙。主持人用麦克风说：“恭喜杜虹成功复活！”

听到杜虹两字，比较熟悉，后来才意识到我的名字，记忆也随着名字回来了。那个人一定是我女儿！我试探性地喊了一声女儿，满脸皱纹的人回应了一下，随后眼泪掉了下来。

我的女儿已经老了，不再像以前年轻了。在我冷冻期间应该受了不少苦，可惜没有早点复活来分担，脸上布满了人生的五味杂陈。更欢喜的是我的女儿还在世上，还能迎接我的复活。这几十年，她应该见证了世界的发展，我应该好好地询问这几十年我错过的事。

我和女儿握手握得很紧，我离不开女儿，女儿也不能够没有我吧。

我第一次看到这未来的世界，科技并没有太发达，至少高楼多了很多，马路上的车不再是旧样子了，周围都是高速铁道。

到了夫夹，不禁会想起过去。女儿以前更活泼，但现在不是了。以前家人大部分去世了，现在家庭有了新成员。

未来世界很美好，希望我能活得更久。

中心内容：达标
语言运用：达标
布局谋篇：良好
书写标点：良好
思考创新：达标

(20*20=400)

中心内容评价：达标。基本能够表达中心，但中心主旨不集中统一。

布局谋篇评价：良好。全文结构完整，但重点不突出，详略不当。

语言运用评价：达标。语言基本流畅，全文有4处病句。

书写标点评价：良好。书写工整，标点运用正确，全文有不多于3个错别字。

思考创新评价：达标。想象较合理，但偏于流水账，有一定中心，但不能体现对生活的思考。

四号卷：

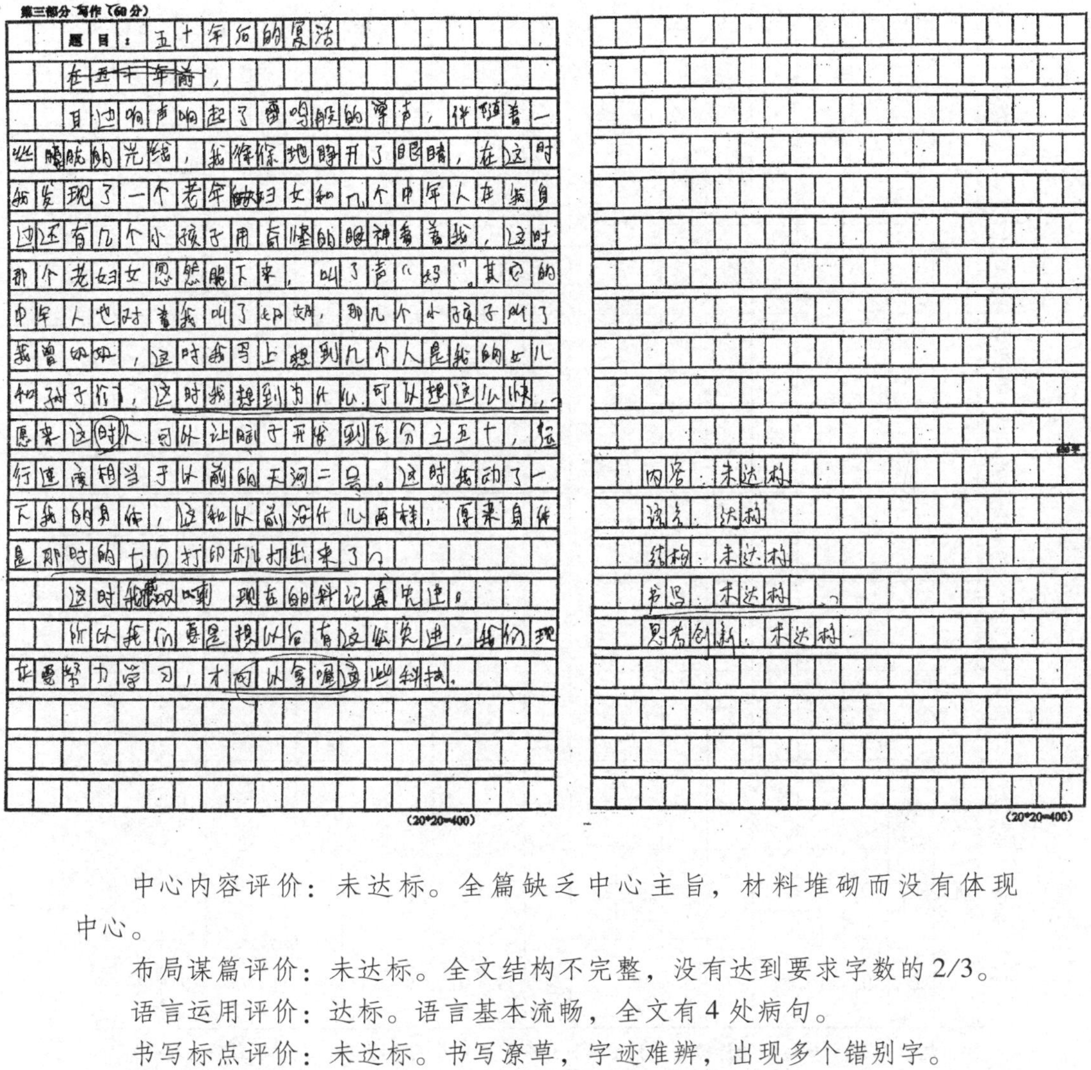

第三部分 写作（60分）

题目：五十年后的生活

~~在五十年前~~，

耳边响声响起了雷鸣般的掌声，伴随着一些朦胧的光线，我徐徐地睁开了眼睛，在这时我发现了一个老年妇女和几个中年人在我身边还有几个小孩子用奇怪的眼神看着我，这时那个老妇女忽然跪下来，叫了声“妈”。其它的中年人也对着我叫了妈妈，那几个小孩子叫了我曾奶奶，这时我马上想到几个人是我的女儿和孙子们，这时我想到为什么可以想这么快，原来这时人可以让脑子开发到百分之五十，运行速度相当于以前的天河二号。这时我动了一下我的身体，这和以前没什么两样，原来身体是那时的打印机打出来了。

这时我感叹现在的科技真先进。

所以我们要是想以后有这么先进，我们现在要努力学习，才可以掌握这些科技。

（20*20=400）

内容：未达标

语言：达标

结构：未达标

书写：未达标

思考创新：未达标

（20*20=400）

中心内容评价：未达标。全篇缺乏中心主旨，材料堆砌而没有体现中心。

布局谋篇评价：未达标。全文结构不完整，没有达到要求字数的2/3。

语言运用评价：达标。语言基本流畅，全文有4处病句。

书写标点评价：未达标。书写潦草，字迹难辨，出现多个错别字。

思考创新评价：未达标。缺乏有目的性的合理想象，逻辑混乱。

表8　调查统计表

卷样	中心内容				布局谋篇				语言运用				书写标点				思考创新			
	优	良	达	未	优	良	达	未	优	良	达	未	优	良	达	未	优	良	达	未
一号卷	1					1			1				1				1			
二号卷		1				1				1			1					1		
三号卷			1			1					1			1					1	
四号卷				1				1			1					1				1
五号卷			1			1				1					1					1
六号卷	1					1			1				1				1			
七号卷			1				1				1			1						1
八号卷		1				1				1			1				1			
九号卷	1					1				1				1				1		
十号卷	1				1				1				1				1			
总计	4	2	3	1	1	7	1	1	3	4	3	0	5	3	1	1	4	2	1	3

注：此表为10分样卷的统计数据，其中第五号至第十号卷的卷面资料因篇幅所限未录入此书。

小范围抽样调查（如表8所示）显示，学生的语言表达与书写都比较理想，作为虚构类文章，亦可大胆想象，表达中心，但欠缺布局谋篇的佳作，驾驭文章的水平有待提高。

文章写作（非虚构）·样题

中国的传统节日有春节、元宵、清明、端午、七夕、中秋、重阳等，这些从远古先民时期发展而来的节日，记录着中华民族丰富多彩的社会生活。在这些节日里，你和你的家人（族人）会做些什么呢？你从中感受到什么？引发了你怎样的思考？

请选择一个节日，写一篇不少于500字的文章，题目自拟。

一号卷：

第三部分 写作（60分）

题目：年夜饭的珍贵

这几年过年吃年夜饭都是爷爷亲自下厨，尤其是主菜"麻辣鸡"。我不太吃辣，每次都是用水涮过的，也就不太出那麻和香，只是吃了后，感觉暖暖的。

每次看爷爷做麻辣鸡，时间总是很长，如何调酱料，如何炼汤汁，每一次爷爷都忙得满头大汗。爷爷总说："这菜是我教你奶奶做的，要是后来我能再多给她做几次就好了。"

奶奶前些年就去世了，印象里小时候都是奶奶来做年夜饭，爷爷是不太管事的。奶奶的动作总是很麻利，一个人做年夜饭还能料理家务。奶奶怎么做年夜饭的，我已经记不清了，也不见她怎么忙。也许就是因为太过劳累，所以就去世了。

多年从未走进厨房的爷爷再次掌勺，爸爸妈妈都在一边打下手，而我也就当了个"运输大队长"。人多，厨房很热，炉台上一股股袅袅升起的白烟，"呼呼呼——"抽油烟机转个不停。爷爷似乎却不觉得累，我已经多年没有看过爷爷如此能干了。

吃年饭，爸爸和爷爷都要喝点酒，品尝品尝自己做的菜，我和妈妈会喝点饮料，一家人聚在一起，共尽晚餐。

以前有些难理解爷爷突然走进厨房的转变，仔细想了想爷爷的话，爷爷也许觉得自己能掌勺做年饭的机会不多了，顶多十几次，未能多给奶奶做饭已是遗憾，还是要珍惜如今能亲自下厨做年饭的机会。

时光总是过得很快，不会定格在青春，不会定格在快乐，眨眼间就溜走了。若不曾珍惜，等到回头时都过了。与家人团聚的机会并不多，若只是玩手机，看电脑，等到后悔时，一切都晚了。

好好珍惜现在，珍惜能与家人在一起的时光，珍惜了就不要后悔。

中心：优秀 布局：良好 语言：优 书写：优

（20*20=400）

中心内容评价：优秀。能确立准确深刻的主旨，结合生活经验，中心健康积极。

布局谋篇评价：良好。全文结构完整，过渡自然，但平均用墨，详略不当。

语言运用评价：优秀。语言流畅，富有表现力。

书写标点评价：优秀。书写工整规范，卷面美观整洁，标点运用正确。

素材选择评价：优秀。选材紧扣中心，选择真实、个性化的素材。

二号卷：

第三部分 写作（60分）

题目：中秋之夜

天上圆得惊人的月亮乘着微凉的秋声悬挂在波澜起伏的珠江之上。路灯闪烁着微弱地光茫，映照出每个人的幸福的笑容。

此时是中秋之夜，在这一晚，我和家人来到珠江旁赏月。一轮皎月已经迫不及待地从云层中跳出，高高挂在天上，它淡淡地泛着黄光使周围的云有了一丝光泽一丝生气。

珠江上有一艘夜轮缓缓经过，上面还有一只米黄的玉兔，加重了中秋的味道。

"你要吃月饼吗？五仁的。"

"呃，不用了谢谢。"

"不吃我就收起来了哦。"

微风扶起了我的刘海，风渐渐大了起来，我并没仔细听妈妈再说什么，只是自顾自地看天，看那轮圆月，小时候总以为月饼是来喂玉兔的，要想变成玉兔一定要吃月饼，少年无知的我爱上了吃月饼。可随着时间，过去的便不能再回了，也只把小时的事当成一个笑料来看

夜深了，我感有些冷只好坐了下来，双手搓了搓。天上的云已经散去了，身后的大树的枝蔓延到了头顶，郁葱的叶子之间有一个小口，正好可以看到月亮。中秋是月亮离地球最近的时候，这样看月亮，仿佛一伸手就可以摘下。

爸爸和爷爷奶奶闲聊着，似乎有讲不完的东西。江边人渐多了，大概都是来赏月，手里纷纷都提着一盒月饼。寂静的江边，一下子热闹了起来。

中秋赏月吃月饼一向是人们的习俗，我低头有意无意地望了眼妈妈。

她身边，静静地躺着一块月饼，在月光照耀下仿佛在发光。我突然猛地抬头看月，月间好像有一个影子在跳动着……

中心：达标

语言：优秀

布局：良好

书写：未达标

素材：良好

（20*20=400）

中心内容评价：达标。基本能表现写作中心，但中心主旨不够集中。

布局谋篇评价：良好。全文结构完整，但重点不突出。

语言运用评价：优秀。语言流畅，富有表现力。

书写标点评价：未达标。书写工整规范，卷面美观整洁，但有多于5个错别字。

素材选择评价：良好。选材真实，但偏于大众化，欠缺个性。

三号卷：

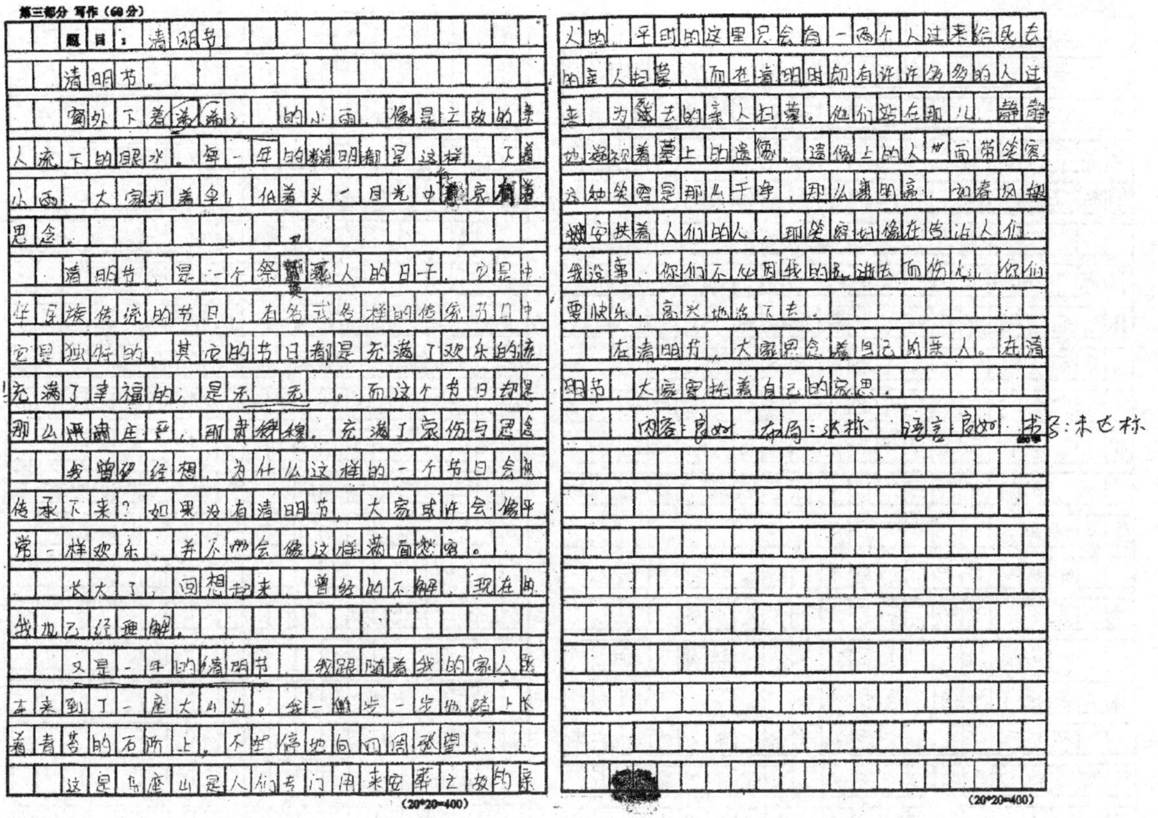
第三部分 写作（60分）

题目：清明节

清明节。

窗外下着淅淅沥沥的小雨，像是亡故的亲人流下的眼水。每一年的清明都是这样，下着小雨，大家打着伞，低着头，目光中有着思念。

清明节，是一个祭奠亲人的日子，它是中华民族传统的节日，在各式各样的传统节日中它是独特的，其它的节日都是充满了欢乐的，充满了幸福的，是无忧无虑的。而这个节日却是那么严肃庄严，那么肃穆，充满了哀伤与思念。

我曾经想，为什么这样的一个节日会被传承下来？如果没有清明节，大家或许会像平常一样欢乐，并不会像这样满面愁容。

长大了，回想起来，曾经的不解，现在的我也已经理解。

又是一年的清明节，我跟随着我的家人来来到了一座大山边。我一步一步地踏上长着青苔的石阶上，不停地向四周张望。

这是一座山是人们专门用来安葬亡故的亲人的。平时的这里只会有一两个人过来给死去的亲人扫墓，而在清明时却有许许多多的人过来，为逝去的亲人扫墓。他们站在那儿，静静地凝视着墓上的遗像。遗像上的人都面带笑容，这种笑容是那么干净，那么明亮，如春风般安扶着人们的心，那笑容好像在告诉人们：我没事，你们不必因我的逝去而伤心，你们要快乐，高兴地活下去。

在清明节，大家思念着自己的亲人。在清明节，大家寄托着自己的哀思。

内容：良好　布局：达标　语言：良好　书写：未达标

（20*20=400）　（20*20=400）

中心内容评价：良好。能确立一个明确中心，但缺乏深刻的思考和挖掘。

布局谋篇评价：达标。结构基本完整，但详略严重失当。

语言运用评价：良好。语言流畅，但有2处病句。

书写标点评价：未达标。书写工整规范，卷面整洁，有多于5个错别字。

素材选择评价：达标。有真实素材，但未能与中心紧密相连。

四号卷：

第三部分 写作（60分）

题目：春节

春节，象征着旧一年的过去，新一年的到来。这个节日，也是一个团圆的节日。所以每年春节，我们都会回一次老家。去年春节，我们就飞回安徽，与我的亲人们团聚。

“怎么还没到？！”我在飞机上心烦意乱地想着。飞机上的三个小时，对于急性子的我来说，简直是度日如年。我等啊等，无聊透顶。身在机上，心早已飞到了亲人身边。

经过了三个小时的心理磨炼，我终于下飞机了。我的脸上不动声色，但心中却已是开心无比。到了机场大厅，又出了机场，坐上车向外婆家奔去。

到了外婆家中，见到了她。外婆很高兴，也在感叹：“我的孙子又长高了不少啊”

我在那还见到了我的弟弟、舅舅。我们大家又聚在了一起，开开心心。

我们首先去了合肥科技馆。里面有许多好玩的小把戏、各种有趣的小实验。我先去玩了镜子迷宫。这座迷宫的不同之处在于，它的墙壁全都是镜子构成的，所以玩起来很有难度。我与表弟决定一起来闯闯这个迷宫，看看谁更快闯过这个迷宫。我们开心地在这个有趣的迷宫里跑来跑去，最后一起冲出了迷宫。我们又在科学馆里玩了许多游戏。

到了晚上，外婆精心准备了一大桌子的菜我尝了一下，味道可口，朴素，食材都是普通的。我们给外婆夹菜，互相夹菜，一大桌子的人其乐融融，谈笑风生。我们就是一个大家庭。外婆看上去兴高采烈。很明显，这是她快乐的日子。

我喜悦陪伴我的亲人，这样会让我们一家人开开心心。

中心：达标

布局：达标

语言：良好

书写：优秀

素材：达标

（20*20=400）

中心内容评价：达标。基本能表现写作中心，但中心主旨不够集中。

布局谋篇评价：达标。结构基本完整，但详略严重失当。

语言运用评价：良好。语言流畅，但有2处病句。

书写标点评价：优秀。书写工整规范，卷面美观整洁。

素材选择评价：达标。有真实素材，但未能与中心紧密相连。

表 9　调查统计表

卷样	中心内容				布局谋篇				语言运用				书写标点				素材选择			
	优	良	达	未	优	良	达	未	优	良	达	未	优	良	达	未	优	良	达	未
一号卷	1					1			1				1				1			
二号卷			1			1			1							1		1		
三号卷		1					1			1						1			1	
四号卷			1				1			1			1						1	
五号卷	1					1			1				1				1			
六号卷			1			1				1			1					1		
七号卷			1			1				1				1					1	
八号卷		1			1				1				1				1			
九号卷		1					1			1				1					1	
十号卷			1				1				1				1				1	
总计	2	3	5	0	1	5	4	0	4	5	1	0	5	2	1	2	3	2	5	0

注：此表为 10 分样卷的统计数据，其中第五号至第十号卷的卷面资料因篇幅所限未录入此书。

小范围抽样调查（如表 9 所示）显示，相对于“语言运用”“书写标点”，“中心内容”和“素材选择”得分不太理想，布局谋篇的能力可以作为学习重点加以提高。

八年级语文学业水平测试题型示例

第一部分 基础

一、字音

1. 课堂上，老师要求同学们朗读自己的课后摘抄，小明摇头晃脑地读起来，却连连出错。请选出下列读音正确的一项（　　）

A. 被侵略者掠夺过的土地，变成了一堆瓦砾。（瓦砾 wǎ lè）

B. 他一手拿着布，一手攥着钱，滞笨地转过身子。（滞笨 dài bèn）

C. 春天来了，草地上萌发出新的嫩芽。（萌发 méng fā）

D. 媒体对最新的这个伎俩的报道在网上掀起了对骗子的一片声讨。（伎俩 zhī liǎng）

答　　案：C

内容领域：语文基础 · 汉字

内容标准：读准常用汉字的字音；读准常用的形近字、多音字和音近字的字音

预估难度：易

2. 早读时，听着全班同学齐读黑板上的词语，老师忍俊不禁。下列读音中，完全正确的一组是（　　）

A. 迸射（bìng shè）　　酷肖（kù xiào）

B. 尴尬（jiān jiè）　　干涸（gān gù）

C. 裸露（luǒ lù）　　狼藉（láng jí）

D. 馈赠（guì zēng）　　缄默（jiān mò）

答　　案：C

内容领域：语文基础 · 汉字

内容标准：读准常用汉字的字音；读准常用的形近字、多音字和音近字的字音

预估难度：中

3. 班上“白字先生”不少，语文老师出了几组形似词，以增强同学们的辨别能力。括号中的字音相同的一项是（　　）

A. 执（拗）　（黝）黑　　　　B.（憔）悴　（焦）急

C. 愧（怍）　写（作）　　　　D.（蹒）跚　（满）意

答　　案：C

内容领域：语文基础·汉字

内容标准：读准常用汉字的字音；读准常用的形近字、多音字和音近字的字音

预估难度：中

二、字形

1. 2013 年，以“××宝”为代表的互联网金融快速发展。与任何新生事物一样，互联网金融一方面赢得了鲜花和掌声，一方面也受到审视和质疑。下列评论中，哪一项字形正确（　　）

A. 某普通民众：不用怎么打理，每天都有利息到账，比存银行获得的利息多，感觉自己就是上蒂。（上蒂）

B. 某银行业从业人员：我们也要推出类似的产品，与之组成商界“并蒂莲”。（并蒂莲）

C. 某政治老师：存在的便是合理的，这是真啼。（真啼）

D. 某财经评论员：互联网金融抬高了社会融资成本，干扰了货币市场秩序，且存在许多未知的风险，应该取谛。（取谛）

答　　案：B

内容领域：语文基础·汉字

内容标准：认清常用汉字的字形

预估难度：中

2. 小明是错别字大王，下列句子都出自他的作文。请选出加点字字形正确的一项（　　）

A. 大街上表演吸引了多人注足观看。

B. 门突然开了，一个老太婆柱着拐棍儿，摇摇摆摆地走出来。

C. 这根拄子要断了，必须换根新的。

D. 为了防止蛀牙，我们应该减少进食的次数。

答　　案：D

内容领域：语文基础·汉字

内容标准：认清常用汉字的字形

预估难度：易

3. 小明正在做几道选字填空题，“劈”“癖”“僻”“避”，这几个字可把他难住了。他做对的是哪一项（　　）

A. 天灰蒙蒙的，霎时间，下起了暴雨，路上的行人纷纷躲劈起来。

B. 这钓鱼竿是用避开的竹子做的。

C. 我们准备把这个荒僻的地方改造成为城市。

D. 人的壁好五花八门，读书是其中之一。

答　　案：C

内容领域：语文基础·汉字

内容标准：认清常用汉字的字形

预估难度：难

三、理解性默写

1. “中华民族的明天，可以说是‘长风破浪会有时，直挂云帆济沧海’。现在，我们比历史上任何时期都更接近中华民族伟大复兴的目标，比历史上任何时期都更有信心、有能力实现这个目标。”下列与讲话稿中所引诗句哲理最接近的是（　　）

A. 谁道人生无再少？门前流水尚能西！

B. 落红不是无情物，化作春泥更护花。

C. 千里不辞行路远，时光早晚到天涯。

D. 横看成岭侧成峰，远近高低各不同。

答　　案：C

内容领域：语文基础·古诗

内容标准：理解古诗的句义

预估难度：难

2. “天下黄河富宁夏”，来到塞上江南银川，你可以充分感受到“大漠孤烟直，长河落日圆”的雄浑、开阔。下列写景诗句中，哪一选项也表现了雄浑、开阔的意境（　　）

A. 种豆南山下，草盛豆苗稀。

B. 气蒸云梦泽，波撼岳阳城。

C. 国破山河在，城春草木深。

D. 采菊东篱下，悠然见南山。

答　　案：B

内容领域：语文基础·古诗
内容标准：理解古诗的句义
预估难度：中

3. 老李年轻时像许多热血青年一样，为了梦想背井离乡在外打拼，数年后当他回到故乡，想要寻找昔日的好友，来到以前的故居，却发现人去楼空，物是人非。下列诗句中，哪一项最能体现老李的感伤（　　）

A. 夜阑卧听风吹雨，铁马冰河入梦来。

B. 晴空一鹤排云上，便引诗情到碧霄。

C. 山重水复疑无路，柳暗花明又一村。

D. 黄鹤一去不复返，白云千载空悠悠。

答　　案：D
内容领域：语文基础·古诗
内容标准：理解古诗的句义
预估难度：中

四、词语运用

1. 下列语段中，加点词语运用不恰当的一项是（　　）

阳春三月，和煦的春风和沁人的花香相得益彰……，广州处处春意盎然，美不胜收。无论是增城的白水寨、南沙的百万葵园，还是市内的流花湖公园、云台花园，到处都是碧草连天、花团锦簇，一派生机勃勃。在这美好的时节，与同学一起畅游花海，尽情享受天伦之乐，真是人生一大乐事。

A. 相得益彰　　B. 美不胜收　　C. 花团锦簇　　D. 天伦之乐

答　　案：D
内容领域：语文基础·词语
内容标准：理解词语
预估难度：中

2. 下列句中加点词语的运用，正确的一项是（　　）

A. 国宝级画家黄永玉大师在北京家中把一幅漫画赠予罗洗河，画上的人物憨态可掬，惟妙惟肖，跃然纸上，与罗洗河颇有几分神似。

B. “神舟十号”返航，王亚平家乡放鞭炮欢迎航天员凯旋而归。

C. “限购令”这一地方细则的出台将会使房地产投资的投机行为销声匿迹，对促进房地产市场健康有序发展起到积极的作用。

D. 这种采用纳米技术制成的彩棉内衣，图案精美，做工精巧，针脚细密，天衣无缝，穿在身上舒服极了。

答　　案：A

测试内容：语文基础·词语
内容标准：理解词语
预估难度：中

五、病句题

1. 晓佳修改了作文里的几个病句，可老师发现有一句没有修改正确，应该是下列选项中的哪一项（　　）

A. “为了避免不再发生浪费水资源的现象，我们应该在班里做好节约用水的宣传。”，“不再”改为“再次”。

B. “一般而言，良好的身体素质，很大程度上取决于我们平时是否注重锻炼。”，“良好的身体素质”改为“身体素质的好坏”。

C. “《三国演义》这部古典小说出色地塑造了汉末刘备、关羽、张飞等人的英雄事迹。”，“事迹”应为“形象”。

D. “她向我描绘了除夕农民包饺子，守岁守到深夜，初一清晨吃饺子，放鞭炮。”“描绘”改为“叙述”。

答　　案：D
测试内容：语文基础·病句
内容标准：辨认并修改病句
预估难度：中

2. 某报纸编辑小李刊登了一则勘误声明，对昨日报纸上的一个病句做了更正。你认为声明的内容应为下列哪个选项（　　）

A. “广州反电信诈骗电话专线开通才 8 个月，已经通过直接劝阻汇款、协助拦截诈骗转账资金等，为 1 508 名市民挽回损失 8 320 万元。”，“劝阻汇款”应为“劝阻不要汇款”。

B. “2015 年，中国网络购物者总数达到 4.1 亿人，比 2010 年翻了差不多近三倍。”应删去“差不多”。

C. “2015 年广东省高速公路通车总里程达 7 018 公里，达到‘县县通’目标。”“达到”应为“完成”。

D. “作为最大的发展中国家和碳排放大国，中国的选择不仅决定着世界的未来，而且决定着未来自身的核心竞争力。”应改为：“作为最大的发展中国家和碳排放大国，中国的选择不仅决定着未来自身的核心竞争力，而且决定着世界的未来。”

答　　案：B
测试内容：语文基础·病句
内容标准：辨认并修改病句
预估难度：中

六、修辞手法

1. 当北京遇上了雾霾天，“严重污染，PM2.5爆表……”不管云卷云舒，花开花落，雾霾就是赖着不走，北京的伙伴们无语了，于是戴口罩的戴口罩，闭关的就去好好闭关，做好了长期抗战的准备。下列哪一个选项与此句画线句子所运用的修辞手法是相同的（　　）

A. 大家都说他的心只有针眼那么大，芝麻豆之类的小事都斤斤计较。

B. 沙尘暴来了，雾霾被吹走了，大家很开心。沙尘暴不是一种灾害天气吗？为什么反倒变成好事了？这是因为和沙尘暴相比，雾霾的危害更不好防治。

C. 立春过后，大地渐渐从沉睡中苏醒过来。冰雪融化，草木萌发，各种花次第开放。

D. 老头子浑身没有多少肉，干瘦得像老了的鱼鹰。可是那晒得干黑的脸，短短的花白胡子却特别精神，那一对深陷的眼睛却特别明亮。

答　　案：C

内容领域：语文基础·修辞

内容标准：理解修辞方法

预估难度：易

2. 从修辞效果看，下列横线上所填的语句，最恰当的一句是（　　）

自从地球印下人类的足迹以来，地球容颜逐渐由美变丑了。特别是迈入工业社会之后，人类在向大自然索取大量财富的同时，也排放大量废气、废水和废渣，污染着自己赖以生存的空气、水源和土壤，地球伤痕累累，公害频频发生，________，人们感到生活在一个缺乏安全的环境中。

A. “三废”的阴影像阴云在世界各地飘荡

B. “三废”的阴影像幽灵在世界各地游荡

C. “三废”的阴影像强盗在世界各地横行

D. “三废”的阴影像虎豹在世界各地肆虐

答　　案：B（“三废”的阴影喻指“三废”潜在的、随时可能发生的危害，与“强盗横行”“虎豹肆虐”没有相似点。与“幽灵”搭配更能表现人们“缺乏安全”的恐惧心理。）

内容领域：语文基础·修辞

内容标准：理解修辞方法

预估难度：难

七、仿写题

1. 林洋酷爱阅读，曾在日记上这样写道：“读书是一个奇妙的过程，可以使软弱的性格变得坚强，可以使卑微的生命变得高尚。”现在，他又有了新的阅读体验，打算补写一句，并使之与“可以使软弱的性格变得坚强，可以使卑微的生命变得高尚”形成排比。下列四句中哪句最合适？

A. 可以使心态不再浮躁，变得平和。

B. 内心变得平静，不再躁动。

C. 可以使浮躁的心态变得平和。

D. 可以使躁动的心变得平静。

答　　案：C

内容领域：语文基础 · 仿写

内容标准：仿照例句的句式另写句子

预估难度：易

2. 在学校举行的成人礼上，高三的师兄师姐们正在表演朗诵：“人生如一支歌，应该多一些激昂的旋律，少一些萎靡的音符；人生如一首诗，应该多一些热烈的抒情，少一些愁苦的叹息……”下面有一个句子也是他们朗诵的诗句，最有可能的是（　　）

A. 人生如画，应该多一些亮丽的色彩，少一些灰暗的色调。

B. 人生如一幅画，应该多一些亮丽的色彩，少一些灰暗的色调。

C. 人生如一幅画，应该多一些色彩的亮丽，少一些色调的灰暗。

D. 人生如一幅画卷，应该多一些色彩的亮丽，少一些色调的灰暗。

答　　案：B

内容领域：语文基础 · 仿写

内容标准：仿照例句的句式、修辞另写句子

预估难度：中

第二部分　文言文阅读

一、课内文言文

示例（一）

阅读下面的文言文，完成后面的题目。

【A】山不在高，有仙则名。水不在深，有龙则灵。斯是陋室，惟吾德馨。(1) ________，________。谈笑有鸿儒，往来无白丁。可以调素琴，阅金经。无丝竹之乱耳，无案牍之劳形。南阳诸葛庐，西蜀子云亭。孔子云："何陋之有？"

【B】水陆草木之花，可爱者甚蕃。晋陶渊明独爱菊。自李唐来，世人盛爱牡丹。予独爱莲之出淤泥而不染，濯清涟而不妖，中通外直，不蔓不枝，(2) ________，________，可远观而不可亵玩焉。

予谓菊，花之隐逸者也；牡丹，花之富贵者也；莲，花之君子者也。噫！菊之爱，陶后鲜有闻。莲之爱，同予者何人？牡丹之爱，宜乎众矣。

1. 默写出文中空缺处的句子。

(1) ____

(2) ____

答　　案：(1) 苔痕上阶绿　草色入帘青

(2) 香远益清　亭亭净植

测试内容：整体感知

内容标准：能识记课内文言文中的重要语句

预估难度：易

2. 下列句子中解释加点词语的意思不正确的一项是（　　）

A. 有仙则名（出名，著名）

B. 无案牍之劳形（使……劳累）

C. 世人盛爱牡丹（众，多）

D. 牡丹之爱，宜乎众矣（实在，的确）

答　　案：D（应当）

测试内容：形成理解

内容标准：能理解作品中的重要词语，用现代汉语翻译

预估难度：中

3. 用现代汉语翻译下列句子不正确的一项是（　　）

A. 斯是陋室，惟吾德馨。(译文：这是间简陋的屋子，只是主人的品德好就不觉得简陋了。)

B. 谈笑有鸿儒，往来无白丁。(译文：说说笑笑的是学问渊博者，来来往往的是没有品德卑劣的人。)

C. 予独爱莲之出淤泥而不染。(译文：我唯独喜爱莲——它从淤泥里生长出来，却不受沾染。)

D. 莲之爱，同予者何人？（译文：对于莲的喜爱，像我一样的还有谁呢？)

答　　案：B（白丁是粗鄙的人。不涉及品德。）

测试内容：形成理解

内容标准：能理解作品中的重要语句，用现代汉语翻译

预估难度：中

4. 对于课文内容的理解不正确的一项是（　　）

A.《陋室铭》一文紧扣“德馨”这个中心词，从室外景、往来人和室中事三个角度突出了“陋室不陋”。

B. 两文都提及了古代名贤，意在以古代名贤自比，委婉地表明自己高洁傲岸的志趣。

C.《爱莲说》一文从不同方面描绘了莲的美好形象，其实目的在于以莲自喻，突出自己的“君子”风范。

D.《爱莲说》一文中写菊花和牡丹的目的在于从正、反两方面衬托莲的美好形象。

答　　案：B（不都是以古贤自比）

测试内容：形成理解

内容标准：能理解作品中的主要内容

预估难度：难

5. 用课文中的语句填空。

从领导岗位上退休回来的爷爷整天乐呵呵的，经常一脸惬意地说：“《陋室铭》里说‘________，________’，我现在真正尝到了‘无官一身轻’的滋味了！”

答　　案：无丝竹之乱耳，无案牍之劳形

测试内容：实际运用

内容标准：能借用作品中的语言丰富日常生活中的表达

预估难度：中

示例（二）

阅读下面的文言文，完成后面的题目。

与朱元思书

吴　均

风烟俱净，天山共色。从流飘荡，任意东西。自富阳至桐庐一百许里，奇山异水，天下独绝。

水皆缥碧，千丈见底。游鱼细石，直视无碍。急湍甚箭，猛浪若奔。夹岸高山，皆生寒树。

负势竞上，互相轩邈；争高直指，千百成峰。泉水激石，泠泠作响；好鸟相鸣，嘤嘤成韵。蝉则千转不穷，猿则百叫无绝。鸢飞戾天者，望峰息

心；经纶世务者，窥谷忘反。横柯上蔽，在昼犹昏；疏条交映，有时见日。

1. 下列各句中加点词语意思相同的一项是（　　）

A. 猛浪若奔／虽乘奔御风不以疾也　B. 负势竞上／忍辱负重

C. 在昼犹昏／困兽犹斗　　　　　　D. 蝉则千转不穷／回心转意

答　案：A（飞奔的马）【B. 依仗，凭借/承担；C. 如同/尚且，还；D. 通“啭”，鸣叫/转变】

测试内容：形成理解

内容标准：能理解作品中的重要词语，用现代汉语翻译

预估难度：中

2. 用现代汉语翻译下面句子不正确的一项是（　　）

A. 从流飘荡，任意东西。（译文：我的小船随着江流飘飘荡荡，随心所欲地从东到西。）

B. 急湍甚箭，猛浪若奔。（译文：湍急的江流比箭还快，那惊涛骇浪势若奔马。）

C. 鸢飞戾天者，望峰息心。（译文：看到这些雄奇的山峰，那些极力攀高的人就平息了自己热衷于功名利禄的心。）

D. 横柯上蔽，在昼犹昏。（译文：树枝纵横交错挡住了上面的天空，虽在白昼，林间仍显得昏暗。）

答　　案：A（“任意东西”意思是时而偏东，时而偏西）

测试内容：形成理解

内容标准：能理解作品中的重要句子，用现代汉语翻译

预估难度：中

3. 高度概括作者对富春江美景感情的总起句是“__________，__________”；“__________，__________”表现了作者从容出游，怡然自得。

答　　案：奇山异水　天下独绝　从流飘荡　任意东西

测试内容：形成理解

内容标准：能识记作品中的重要语句

预估难度：易

4. 下列对于文意理解不正确的一项是（　　）

A. “急湍甚箭，猛浪若奔”一句运用了对比和比喻的手法突出江水的湍急。

B. 第二段动静结合地显示出富春江水特有的秀美、壮观，突出了一个“异”字。

C. 山本是静止的，但在作者笔下，却生发出无穷的奋发向上的生命力。

D. 第三段主要从山势险峻、山中音响、游者感受和树形山色四方面表现富春江沿岸山中景致的“奇”。

答　　案：A（对比应为对偶）

测试内容：内容理解

内容标准：能理解作品中的主要内容；品味作品中富于表现力的词语、句子

预估难度：难

示例（三）

阅读下面的文言文，完成后面的题目。

桃花源记

陶渊明

晋太元中，武陵人捕鱼为业。缘溪行，忘路之远近。忽逢桃花林，夹岸数百步，中无杂树，芳草鲜美，落英缤纷，渔人甚异之。复前行，欲穷其林。

林尽水源，便得一山，山有小口，仿佛若有光。便舍船，从口入。初极狭，才通人。复行数十步，豁然开朗。土地平旷，屋舍俨然，有良田美池桑竹之属。阡陌交通，鸡犬相闻。其中往来种作，男女衣着，悉如外人。黄发垂髫，并怡然自乐。

见渔人，乃大惊，问所从来。具答之。便要还家，设酒杀鸡作食。村中闻有此人，咸来问讯。自云先世避秦时乱，率妻子邑人来此绝境，不复出焉，遂与外人间隔。问今是何世，乃不知有汉，无论魏晋。此人一一为具言所闻，皆叹惋。余人各复延至其家，皆出酒食。停数日，辞去。此中人语云：“不足为外人道也。”

既出，得其船，便扶向路，处处志之。及郡下，诣太守，说如此。太守即遣人随其往，寻向所志，遂迷，不复得路。

南阳刘子骥，高尚士也，闻之，欣然规往。未果，寻病终，后遂无问津者。

1. 下列加点字，前后含义相同的是（　　）

A. 芳草鲜美，落英缤纷/群英荟萃　　B. 寻病终/寻向所志

C. 皆出酒食/既出，得其船，便扶向路　　D. 咸来问讯/问今是何世

答　　案：D（询问）【A. 花/英雄；B. 不久/寻找；C. 拿出/走出来】

测试内容：形成理解

内容标准：能理解作品中的重要词语

预估难度：易

2. “见渔人，乃大惊，问所从来。”这句话的意思是（　　）

A. 渔人看到了，很害怕，问厕所在哪里。

B. 他们看到渔人，非常害怕，问渔人从哪里来。

C. 他们看到渔人，感到很吃惊，问渔人从哪里来。

D. 渔人看到了，很吃惊，问他们从哪里来。

答　　案：C

测试内容：形成理解

内容标准：能理解作品中的重要语句，用现代汉语翻译

预估难度：中

3. 依据文意，选出叙述正确的选项（　　）

A. 渔人和刘子骥一起去划船，渔人看到了桃花，刘子骥没有看到。

B. 渔人无意中发现了一群人，他们生活的环境非常优美，非常热情地接待了渔人。

C. 桃花林是山洞里的人种的，桃花盛开时，景色迷人。

D. 桃花源里的人衣着和外人相似，但头发都是黄的，跟外人不同。

答　　案：B

测试内容：形成理解

内容标准：能理解作品的主要内容

预估难度：中

4. 依据文意，选出叙述正确的选项（　　）

A. 作者写这篇文章，目的是要赞美桃花源奇异的风景。

B. 作者告诉我们一个道理，好的东西不能告诉别人，否则就会失去。

C. 世外桃源是一个幻想的地方，表达了作者对理想生活的向往。

D. 桃花源里的人非常友好，但他们不肯和外人交往。

答　　案：C

测试内容：形成理解

内容标准：能理解作者的创作意图

预估难度：难

二、课外文言文

示例（一）

阅读下面的文言文，完成后面的题目。

猴　弈

周敦颐

西番有二仙弈于山中树下，一老猴于树上日窥其运子之法，因得其玄

秘。国人闻而往观，仙者遁去，猴即与人弈，遍国中莫能胜。国人奇之，献于中国。上诏征能弈者与之较，皆不敌。又求四方有高手者敌之，皆败。或言杨靖善弈，时杨靖以事系于狱，诏释出之。靖请以盘贮桃，置于猴前。猴心牵于桃无心弈遂连败诏棰杀之。

1. 下列解释加点词语的意思不正确的一项是（　　）

A. 国人闻而往观（观看）　　B. 国人奇之（觉得……很奇怪）

C. 诏释出之（解释）　　D. 又求四方有高手者敌之（对抗，抵挡）

答　　案：C（释放）

测试内容：形成理解

内容标准：能理解作品中的重要词语，用现代汉语翻译

预估难度：中

2. 下列给文中画线句断句，正确的一项是（　　）

A. 猴心牵｜于桃无心｜弈遂连败｜诏棰杀之

B. 猴心牵于桃｜无心｜弈遂连败诏｜棰杀之

C. 猴心牵｜于桃无心弈｜遂连败诏棰｜杀之

D. 猴心牵于桃｜无心弈｜遂连败｜诏棰杀之

答　　案：D

测试内容：形成理解

内容标准：能理解重点句子的意思，并根据句意正确断句

预估难度：中

3. 对于选文内容的理解正确的一项是（　　）

A. 这只老猴子在树上偷看两位仙人下棋，从中悟得高超的棋艺。

B. 这只老猴子和人们围观仙人下棋，老猴子的收获比其他人都大。

C. 这只老猴子的棋艺当世无双，中国皇帝得到它如获至宝。

D. 杨靖从监狱逃脱后趁着这只老猴子吃桃子时杀死了它。

答　　案：A

测试内容：形成理解

内容标准：能理解作品主要内容

预估难度：中

4. 对作者创作意图的理解最恰当的一项是（　　）

A. 启发读者要想建立出类拔萃的功绩，必须像杨靖那样经过艰难困苦的磨炼。

B. 告诫人们做任何事情都不能三心二意，否则再有才能也会导致失败。

C. 启示人们要善于动脑，要根据万物的天性，找到发扬其潜能的好办法。

D. 揭示了统治者总是不能容忍才能超强的人才，甚至摧残迫害人才的残酷现实。

答　　案：B

测试内容：形成理解

内容标准：能理解作品主要内容、思想感情，或作者的创作意图

预估难度：难

示例（二）

阅读下面的文言文，完成后面的题目。

日　喻

苏　轼

郑君左拇指有疹焉，隆起而粟。君疑之，以示人，人大笑，以为不足患。既三日，聚而如钱。忧之滋甚，又以示人，笑者如初。又三日，拇指大盈握，近拇之指皆为之痛，肢体心膂无不病者。惧而谋诸医，医视之，惊曰：“此疾之奇者虽病在指其实一身病也不速治且能伤身……”君从其言，日服汤剂，而傅以善药，果至二月而后瘳，三月而神色始复。

余因是思之：天下之事，常发于至微，而终为大患。当其易也，惜旦夕之力，忽之而不顾；及其既成也，积岁月，疲思虑，而仅克之，如此指者多矣。

1. 下列各组句子中解释加点词语的意思不相同的一项是（　　）

A. 拇指大盈握/ 而计其长曾不盈寸　　B. 日服汤剂/吾日三省吾身

C. 忽之而不顾/ 元方入门不顾　　D. 及其既成也/及鲁肃过寻阳

答　　案：C（顾忌，考虑）

测试内容：形成理解

内容标准：能理解作品中的重要词语，用现代汉语翻译

预估难度：中

2. 下列给文中画线句断句，正确的一项是（　　）

A. 此疾之奇者虽病 | 在指其实 | 一身病也 | 不速治且 | 能伤身

B. 此疾之奇者 | 虽病在指 | 其实一身病也 | 不速治 | 且能伤身

C. 此疾之奇者 | 虽病在指其实一身病也 | 不速治且 | 能伤身

D. 此疾之奇者虽病 | 在指其实一身 | 病也不速治 | 且能伤身

答　　案：B

测试内容：形成理解

内容标准：能理解重点句子的意思，并根据句意正确断句

预估难度：中

3. 对于选文故事内容的理解正确的一项是（　　）

A. 郑君的左拇指上长了个疹斑，六天后就有指头那么大，连脑袋都感到疼痛不已。

B. 周围人觉得拇指上的疹斑由米粒大小长到铜钱大小，确实应该去看看医生了。

C. 医生对郑君拇指上疹斑的变化感到震惊，决定以内服外敷的方法对症下药。

D. 郑君听从医生的建议接受治疗，两个月后病情得到控制，三个月后病情才痊愈。

答　　案：C

测试内容：形成理解

内容标准：能理解作品主要内容

预估难度：中

4. 对作者创作意图的理解最恰当的一项是（　　）

A. 告诫人们一旦身体有疾病就要及时医治，否则后果不堪设想。

B. 警示人们当我们想做一件事情时，不要受旁人的意见的影响，否则后果严重。

C. 警示人们灾祸常常因为人们先前的疏忽而愈演愈烈，应当防微杜渐。

D. 揭露了危害国家者总是积小恶为大恶，直至给国家造成了难以弥补的大灾难。

答　　案：C

测试内容：形成理解

内容标准：能理解作品主要内容、思想感情，或作者的创作意图

预估难度：难

示例（三）

阅读下面的文言文，完成后面的题目。

石崇与王恺争豪

刘义庆

石崇与王恺争豪，并穷绮丽，以饰舆服。武帝，恺之甥也，每助恺。尝以一珊瑚树高二尺许赐恺，枝柯扶疏，世罕其比。恺以示崇。崇视讫，以铁如意击之，应手而碎。恺既惋惜，以为疾己之宝，声色甚厉。崇曰："不足恨，今还卿。"乃命左右悉取珊瑚树，有三尺、四尺、条干绝世，光彩溢目者六七枚，如恺许比，甚众。恺惘然自失。

1. 根据上下文语境，“不足恨，今还卿”中的“恨”应该理解为（　　）

A. 怀恨在心，怨恨　　　　B. 遗憾，后悔

C. 悔恨，怨恨　　　　D. 违逆，不听从。通“很”

答　　案：B

测试内容：形成理解

内容标准：能理解作品中的重要词语，用现代汉语翻译

预估难度：中

2. “以铁如意击之，应手而碎。”这句话的意思是（　　）

A. 用铁如意打，手被打碎了。

B. 以为铁如意能打珊瑚，结果铁如意碎了。

C. 用铁如意打珊瑚，手一挥，珊瑚就碎了。

D. 以为如果用铁打珊瑚，珊瑚会在手里碎掉。

答　　案：C

测试内容：形成理解

内容标准：能理解作品中的重要句子，用现代汉语翻译

预估难度：中

3. 王恺“声色甚厉”，是因为（　　）

A. 以为疾己之宝。　　　　B. 恺既惋惜。

C. 并穷绮丽，以饰舆服。　　　　D. 恺惘然自失。

答　　案：A

测试内容：形成理解

内容标准：能理解作品中的重要句子；能筛选、整合后获取作品的主要信息

预估难度：中

4. 关于本篇故事内容，叙述正确的选项是（　　）

A. 武帝的外甥经常帮助王恺。

B. 石崇看了王恺的珊瑚很生气，把王恺的珊瑚打碎了。

C. 石崇的手下，有三尺、四尺高的珊瑚。

D. 石崇家有六七枚非常漂亮的珊瑚，王恺看了自叹不如。

答　　案：D

测试内容：形成理解

内容标准：能理解作品主要内容

预估难度：中

第三部分 现代文阅读

文学作品阅读·样题

阅读下文，然后回答问题。

①我也没有忘记一个孩子——一个漂亮而不幸的小姑娘。十五年前的那个下午，我第一次到这园子里来就看见了她，那时她大约三岁，蹲在斋宫西边的小路上捡树上掉落的“小灯笼”。那儿有几棵大栾树，春天开一簇簇细小而稠密的黄花，花落了便结出无数如同三片叶子合抱的小灯笼，小灯笼先是绿色，继而转白，再变黄，成熟了掉落得满地都是。小灯笼精巧得令人爱惜，成年人也不免捡了一个还要捡一个。小姑娘咿咿呀呀地跟自己说着话，一边捡小灯笼；她的嗓音很好，不是她那个年龄所常有的那般尖细，而是很圆润甚或是厚重，也许是因为那个下午园子里太安静了。我奇怪这么小的孩子怎么一个人跑来这园子里？我问她住在哪儿？她随便指一下，就喊她的哥哥，沿墙根一带的茂草之中便站起一个七八岁的男孩，朝我望望，看我不像坏人便对他的妹妹说：“我在这儿呢”，又伏下身去，他在捉什么虫子。他捉到螳螂、蚂蚱、知了和蜻蜓，来取悦他的妹妹。有那么两三年，我经常在那几棵大栾树下见到他们，兄妹俩总是在一起玩，玩得和睦融洽，都渐渐长大了些。之后有很多年没见到他们。我想他们都在学校里吧，小姑娘也到了上学的年龄，必是告别了孩提时光，没有很多机会来这儿玩了。这事很正常，没理由太搁在心上，若不是有一年我又在园中见到他们，肯定就会慢慢把他们忘记。

②那是个礼拜日的上午。那是个晴朗而令人心碎的上午，时隔多年，我竟发现那个漂亮的小姑娘原来是个弱智的孩子。我摇着车到那几棵大栾树下去，恰又是遍地落满了小灯笼的季节。我刚刚把车停下，就见前面不远处有几个人在戏耍一个少女，做出怪样子来吓她，又喊又笑地追逐她拦截她，少女在几棵大树间惊惶地东跑西躲，却不松手揪卷在怀里的裙裾，两条腿袒露着也似毫无察觉。我看出少女的智力是有些缺陷，却还没看出她是谁。我正要驱车上前为少女解围，就见远处飞快地骑车来了个小伙子，于是那几个戏耍少女的家伙望风而逃。小伙子把自行车支在少女近旁，怒目望着那几个四散逃窜的家伙，一声不吭喘着粗气。脸色如暴雨前的天空一样一会比一会苍白。这时我认出了他们，小伙子和少女就是当年那对小兄妹。我几乎是在心里惊叫了一声，或者是哀号。世上的事常常使上帝的居心变得可疑。小伙子

向他的妹妹走去。少女松开了手，裙裾随之垂落了下来，很多很多她捡的小灯笼便洒落了一地，铺散在她脚下。她仍然算得漂亮，但双眸迟滞没有光彩。她呆呆地望那群跑散的家伙，望着极目之处的空寂，凭她的智力绝不可能把这个世界想明白吧？大树下，破碎的阳光星星点点，风把遍地的小灯笼吹得滚动，仿佛喑哑地响着无数小铃铛。哥哥把妹妹扶上自行车后座，带着她无言地回家去了。

（节选自史铁生的《我与地坛》）

1. 第①段第一句中破折号的作用是（　　）

A. 表示意思的转折　　B. 是对前面句子的解说

C. 表示说话中断　　D. 强调被引出的下文

答　　案：B

测试内容：形成理解

内容标准：能对作品的重要细节进行分析、推理，形成合理的、恰当的解释

预估难度：中

2. 第①段中画波浪线语句运用了（　　）记叙顺序？

A. 顺叙　　B. 倒叙　　C. 插叙　　D. 补叙

答　　案：B

测试内容：形成理解

内容标准：能对作品的重要细节进行分析、推理，形成合理的、恰当的解释

预估难度：中

3. 全文的中心句是（　　）

A. 我也没有忘记一个孩子——一个漂亮而不幸的小姑娘。

B. 那是个礼拜日的上午。那是个晴朗而令人心碎的上午，时隔多年，我竟发现那个漂亮的小姑娘原来是个弱智的孩子。

C. 世上的事常常使上帝的居心变得可疑。

D. 哥哥把妹妹扶上自行车后座，带着她无言地回家去了。

答　　案：A

测试内容：获取信息

内容标准：能根据要求，获取符合条件的信息

预估难度：易

4. “小灯笼”在文中的作用是（　　）

A. 衬托小姑娘的漂亮

B. 是文中环境的一部分

C. 是文中的线索

D. 刚好是作者去园子里看见的小花朵

答　　案：C

测试内容：获取信息

内容标准：能根据作品中的信息进行推理，获取隐含信息

预估难度：难

5. 在这两段文字中，作者运用对比手法写小姑娘捡小灯笼的不同遭遇，请结合原文简要分析你的理解。

答　　案：在第一段中作者写小姑娘捡小灯笼时用了“玩得和睦融洽”，第二段中用了“戏耍”。小姑娘作为社会中的一个弱小者的代表，反映出亲人与非亲人对她的不同态度，引起人们的思考。

测试内容：形成理解

内容标准：能分析作品的情境/情感，获得正确的判断

预估难度：难

6. 请分析“哥哥把妹妹扶上自行车后座，带着她无言地回家去了”中“无言”的内涵。

答　　案：表现出哥哥对残疾的妹妹被人欺负却不能宣泄，没能很好地保护她的一种无奈之举。

测试内容：评价欣赏

内容标准：能结合具体语言环境，品味作品中富于表现力的语言

预估难度：中

7. 在这两段文字中，作者所表现出的感情有所不同，请结合全文，分析作者的情感变化。

答　　案：在第一段中，作者的情感比较平淡、平常；第二段中作者用了“心碎”“惊叫”“哀号”等感情色彩比较浓的词语，表现出作者对小姑娘的不幸深感惋惜。

测试内容：形成理解

内容标准：能分析作品的情境/情感，获得正确的判断

预估难度：难

实用文阅读·样题

阅读下面的文章，按要求回答问题。

①北京有多少胡同呢？据文献记载，在明代就多达 1 000 条，其中内城有 900 多条，外城 300 多条。清代发展到 1 800 多条，民国时有 1 900 多条。新中国成立初统计有 2 550 多条。后来合并了一些旧名，新命名了一些；改

革开放以来，随着经济和城市建设的发展，又拆迁改造了一些，发展至今，北京市有街巷名称的4 000 多个。

②胡同是元朝的产物，蒙古人把元大都的街巷叫作胡同——据说这蒙古语的意思是指水井。莫非那时候每条胡同都挖有一眼水井，供居住的军民饮用？想一想也可以理解，来自沙漠与草原的游牧民族，是很重视水源的。

③当年水井可是深宅大院的居民抬头不见低头见、摩肩接踵的社交场所，在井边与左邻右舍谈天说地、嘘寒问暖，恰恰可以弥补四合院的封闭性所带来的不足——既保护了每个家庭的隐秘空间，又为邻里之间提供了交流的机会。

④胡同与四合院的完美组合，体现出元大都统治者在城市建设与管理方面的聪明之处。胡同横平竖直，四合院错落有致，怎么看都像是军事化管理的结果。有了胡同的分割与疏通，北京城便成了一座由游牧民族安营扎寨的大军营。难怪汪曾祺要赞叹：“北京城像一块大豆腐，四方四正。城里有大街，有胡同。大街、胡同都是正南正北，正东正西。北京人的方位意识极强。”方位感强恐怕也是蒙古人的遗传，他们在一望无际的大草原上游牧时，一般都要根据日出日落来辨认方向，才不至于迷路。

⑤北京人是讲究走路的。因为老北京城无论大街小巷，多是横平竖直，所以北京人走路无法取巧，无论选择什么都是拐硬弯儿，比较比较也还是一样长短。即使是这样，北京人走路依然是有选择的。走大街，干净倒是干净，就是乱，搅和得你不得安生。穿胡同，鞋子容易吃土，但似乎更安全，你不愿意见的人或事儿，多绕一下也就“躲过去”了。老北京的地名生活化，不像其他城市的胡同街道，总喜欢用城市名称来命名——比如“南京路”“广州路”什么的。北京的“扁担胡同”有11条，“井儿胡同”有10条。既然人们开门就有七件事，所以北京也就有了柴棒胡同、米市胡同、油坊胡同、盐店胡同、酱坊胡同、醋章胡同和茶儿胡同；既然人在生活中经常要接触金、银、铜、铁、锡这五种金属，于是又有了金丝胡同、银丝胡同、铜铁厂胡同、铁门胡同和锡拉胡同。走在这类名字的胡同里，人觉得踏实。

1. 关于北京的胡同，下列说法不正确的一项是（　　）

A. 拆迁使胡同越来越少。　　B. 胡同称谓来自蒙古语。

C. 胡同的方位横平竖直。　　D. 胡同的命名很生活化。

答　　案：A

测试内容：整体感知

内容标准：能概括作品的主要内容，把握说明对象的特征

预估难度：易

2. 如果让你证明胡同是元朝的产物，以下哪个选项你不会选用作为证据（　　）

A. 胡同在蒙古语中指水井。　　B. 胡同有分割疏通功能。

C. 老北京的方位感极强。　　D. 老北京的地名生活化。

答　　案：D

测试内容：获取信息

内容标准：能筛选作品的主要信息，明白主要信息与非主要信息的关系

预估难度：中

3. 第⑤段中，作者列举了“柴棒胡同、米市胡同、油坊胡同、盐店胡同、酱坊胡同”等十余个胡同名，目的是什么（　　）

A. 为了告诉读者北京的胡同很多。

B. 解释新中国成立后重命名的原因。

C. 为了告诉读者北京胡同命名的特点。

D. 为了证明北京的胡同多么让人踏实。

答　　案：C

测试内容：获取信息

内容标准：能根据作品中的信息进行推理，获取隐含信息

预估难度：难

4. 对这篇短文，你认为下面哪一项评价不正确（　　）

A. 较具体地介绍了北京的胡同。

B. 对胡同来历的分析很有说服力。

C. 较多使用口语让短文读来亲切。

D. 按照时间顺序介绍北京的胡同。

答　　案：D

测试内容：评价欣赏

内容标准：能对作品中的重要信息做出合理的评价

预估难度：易

非连续文本·样题

阅读下面的文章，按要求回答问题。

① 国庆小长假期间，青岛一家“海鲜烧烤店”火了。有网友在微博爆料称“一盘虾吃了 1 520 元，点菜时就问清楚了，虾是不是 38 元一份？老板说是，结账时居然告诉我们是 38 元一只”，让人咂舌。随后，“青岛大排档天价大虾事件”成为热议头条。

②事件发生后，@青岛市旅游局官方微博马上以“吃在青岛”为话题发

布的一条“鲁菜馆子，口味蛮地道，捞拌乌贝，烤羊肉，海鲜荟，烧杂鱼，小豆腐，大爱芝麻烧饼”宣传微博引发了网友疯狂吐槽，评论中各种段子层出不穷。

③以下是部分网友的神评论，你可以感受一下：

我的ID一串乱码：你先说清楚是按个卖还是按份卖？

木有精神的小猫咪：芝麻大饼，麻烦只要饼，不要芝麻。

甲壳虫：大家还是不要因为一两例个别现象误解了青岛的餐饮业。我开车去吃了一盘虾，挺好吃的，服务也周到，就是吃完后散步溜达着回家了。

一颗大冰糖：马云王健林青岛会面共商发展大计，餐后双双资产清零意外破产。

Freeclown：炫个富，我敢点芝麻饼。

杰克船长：屠呦呦女士的那点奖金别说北京的半个客厅了，就是你们的一个烧饼也买不起呀！

漫山鲜花：给大家来个段子，我到青岛要喝青岛啤酒，点一盘花生米下酒，完了买单，边数瓶子边起身，“老板，三瓶啤酒多少钱?”老板答：“我们青岛人好客，啤酒不要钱白送，我们来数一下花生米。”

④青岛天价大虾事件之所以引爆网络舆论潮，引得网友们巨量吐槽，不外乎是大家都感同身受不吐不快罢了。谁在外出旅游办事没有上过当、受过骗、被宰过？这个比例和概率都不低吧！舆论潮的实质是对国内各地宰客欺诈、职能部门监管不力的集中批判。

1. “海鲜烧烤店”火了是因为（　　）

A. 吃一盘大虾要1 520元。

B. 大虾论只卖，一只38元。

C. 点菜结账过程中存在宰客欺诈行为。

D. 这件事成为网络热议的头条。

答　　案：C

测试内容：获取信息

内容标准：能从多重文本中的一个文本里获取一条或多条符合要求的信息

预估难度：易

2. 对网友吐槽的内容，以下哪一种评价不合理（　　）

A. 深刻，有理有据。

B. 调侃，幽默风趣。

C. 网友抓住“大虾论只卖”，选取“芝麻烧饼”为对象吐槽。

D. 网友选取马云、王健林等说事，是为了吐槽大虾的“天价”。

答　　案：A

测试内容：评价欣赏

内容标准：能对多重文本的内容或观点形成自己的看法，获得自己的体验

预估难度：难

3. 对甲壳虫的吐槽，以下哪个选项的分析合理（　　）

A. 他认为不能以偏概全，误解青岛的餐饮业。

B. 他列举自己的事例，让人相信自己的观点。

C. 他的观点和其他网友的明显不同。

D. 他的吐槽用了抑扬手法，很巧妙。

答　　案：D

测试内容：形成理解

内容标准：能运用比较、推理的方式对文本中的相关信息做出解释

预估难度：中

4. "青岛大排档天价大虾事件"成为网络热点后，下面哪件事不可能发生（　　）

A. 网友纷纷吐槽自己上当受骗经历。

B. 网友质疑青岛职能部门监管不力。

C. 事件对青岛旅游形象影响不大。

D. 游客纷纷前往事发地拍照留念。

答　　案：C

内容领域：阅读·泛读

内容标准：能结合实际或相关经验，对多重文本的形式或内容做出较科学的评价

预估难度：难

第四部分　写作

文章写作（非虚构）·样题一

中国的传统节日有春节、元宵、清明、端午、七夕、中秋、重阳等，这些从远古先民时期发展而来的节日，记录着中华民族丰富多彩的社会生活。在这些节日里，你和你的家人（族人）会做些什么呢？你从中感受到什么？引发了你怎样的思考？

请选择一个节日，写一篇不少于500字的文章，题目自拟。

文章写作（非虚构）·样题二

你的眼睛，
像远方淡蓝的大海，
那永恒的痛苦，像尘土，
隐没在你的眼中。
你的眼睛是清泉，
它的希望的光照着我，
通过流水的闪烁，
宛如水底的珍珠。
——弗兰克（乌克兰）

我们接触过许许多多的人，见过许多不一样的眼睛：隐埋着痛苦的、闪烁着快乐的、总能发现美好的、充满坚定信念的、流露出期待与憧憬的……一定有一双眼睛让我们心动，让我们愿意用笔为之记录。

请用“那双眼睛”为题，写一篇作文。

文章写作（非虚构）·样题三

龙应台在《中国人，你为什么不生气》中说：在一个法制上轨道的社会里，人是有权生气的……你今天不生气，不站出来说话，明天你——还有我，还有你我的下一代，就要成为沉默的牺牲者、受害人！如果你有种、有良心，你现在就去告诉你的公仆立法委员会、告诉卫生署、告诉环保局：你受够了，你很生气！

你是否也有对生活中某些现象感到不满？请以“我生气”为题写一篇作文。

文章写作（虚构）·样题一

阅读下面材料，按要求完成写作。

2015年5月30日，61岁的重庆知名儿童文学作家杜虹去世。按照其生前意愿，美国冷冻人体机构Alcor将她遗体的头部分离，保存在－196 ℃的液氮环境特殊容器中，计划冷冻50年，等待科学技术进步带来的生命复活。

设想50年后杜虹成功复活。当她睁开双眼后，将会看到怎样的世界？面对已经78岁的女儿，她将会有什么感受？……请想象你就是复活的杜虹，根据开头完成文章，题目自拟。

题目：____________________

一阵雷鸣般的掌声唤醒了我，我徐徐地睁开了眼睛。

文章写作（虚构）·样题二

阅读材料，按要求完成写作。

3 月 15 日晚间，全球瞩目的汉诺威消费电子、信息及通信博览会在德国开幕。马云在开幕式上，向德国总理默克尔与中国副总理马凯演示了蚂蚁金服的 Smile to Pay 扫脸技术，为嘉宾从淘宝网上购买了 1948 年汉诺威纪念邮票。这项崭新的支付认证技术的亮点，在于购物后的支付认证阶段通过扫脸取代传统密码。人脸支付技术来了！“刷脸”消费时代来了！

当刷脸代替了输入支付密码，我们会有什么特别的体验和感受呢？你认为这项科技可能会存在哪些漏洞或不足吗？请发挥想象，写一个故事，体现你对这一技术的思考，不少于 500 字，题目自拟。

文章写作（虚构）·样题三

翻开八年级语文书，当童年时就已认识的那只丑小鸭又出现在我们的面前，当我们通过课文再次见证了它的转变，我们也一定会有些新的感动或感触：要勇敢地跟自己不满意的生活说再见，要不懈地去追求美，要看到自己的长处（不要在别人的标准下妄自菲薄呀），要跟暂时的困境努力抗争（否则怎能迎来自己生命中的春暖花开），素质决定命运（没有一颗“好的心”，就算是天鹅，也不是“最美的”）……

原来，一则优秀的童话可以带给我们如此丰富的感悟！

可是，不是所有的丑小鸭都能变成天鹅；世界之所以诱人，恰在于它的未知和不可预计！

如果，让你当一次“鸭上帝”，你会设计出怎样的“鸭生”来表达你对人生的思考呢？

请以“丑二鸭”为题，根据开头续写故事。

丑　二　鸭

养鸭场里又迎来了一窝新生命！在一群热热闹闹叽叽喳喳的毛茸茸中，有一只小鸭很抢眼，他的体积太庞大，显得那么丑！虽然鸭妈妈总是把他搂在怀里，轻轻拍着他，慈爱地说：“我的宝贝呀，妈妈就爱你的丑！”可是……当这只小鸭（我们就叫他“丑二鸭”吧）听过《丑小鸭》的故事后，他就再也不能安然地享受妈妈怀抱的温暖啦：你不是我的妈妈！我是一只——天——鹅！

有一天，把妈妈悲伤的目光抛在身后，丑二鸭大摇大摆地走出了养鸭场……

实用写作·样题一

阅读下面的文字，按要求完成写作。

中秋节将近，初二（8）班的家长委员会召开了会议。会上，家委们一致认为开展集体活动有利于增强集体凝集力和家校师生的情感，决定组织一次珠江夜游活动。经联系后确定，9 月 26 日晚上将租用“信息时报号”游船，18：30 从天字码头出发，全程近两小时。预计活动于 20：30 结束。船上提供讲解和自助餐。本次活动邀请全班同学和家长及全体科任教师参加。

请以班委的名义，给全班同学发一则通知，告知本次活动相关事宜并呼吁同学积极参与。

实用写作·样题二

阅读下面的文字，按要求完成写作。

上周六校运会期间，你在校园大榕树下落下了一件蓝色校服外套。外套口袋里有一串钥匙、一个黑白花纹的钱包和 60 元钱。

根据相关信息，请你拟写一则寻物启事。

实用写作·样题三

阅读下面的文字，按要求完成写作。

体育老师为了提高同学们的身体素质，每节课都安排了长跑训练内容。李明在上节课的训练中摔倒，经医院拍片诊断为左脚骨折，一个月内不能下地走动。

根据相关信息，请你替李明给体育老师写一张请假条。

实用写作·样题四

阅读下面的文字，按要求完成写作。

语文课进行堂上小测，李明发现自己的同桌偷偷打开书在抽屉里翻看。下课和同学聊天的时候，才知道原来在政治测验、英语测验中都有同学夹带纸条抄袭或者旁窥。对此，李明觉得很惊讶。

根据相关信息，请你替李明给班主任写一封信，反映班内的这些现象并提出一些建议。

实用写作·样题五

阅读下面的文字，按要求完成写作。

2015 年 10 月 4 日，有网友在网站论坛爆料称，在青岛市一家“海鲜烧烤家常菜”吃饭时遇到宰客事件，该网友称点菜时已向老板确认过“海捕大虾”是 38 元一份，结果结账时变成是 38 元一只，一盘虾要价 1 500 多元。游客报警。派出所说，这家饭店前一天晚上也发生了两起价格纠纷，建议游客打工商部门电话，他们没有执法权。说完警官就走了。游客又致电物价局，但物价局说已经下班了，让游客打“110”报警。游客再次报警，一直折腾到夜里 12 点多，经警察协调，最终买单 1 300 多元。

事件在网上曝光后的第二天，相关部门对该店下达罚款 9 万元、责令停业整顿并吊销营业执照的行政处罚，涉事的烧烤店也已经关停。

此事在网上引发热议，国内外媒体也纷纷报道。以下是部分网友在论坛上的留言，请你用书面语言，写一个跟帖，自选角度，有理有据地表达你对该事件的看法。

网友 A：青岛作为一个旅游城市，出了这次“大虾”事件，我觉得会对青岛的城市形象有所影响，38 元钱一只的大虾实在惊人，在短期内，我暂时不考虑选择青岛作为旅游目的地。

网友 B：事情要两面看，如果这个虾真的是海捕大虾，海鲜就是按时价定价的。而且作为一个旅游城市，商品的价格本身就要看供需要求，多人需要购买，价格自然就高。

你：

身心发展水平监测标准研究报告

为深入贯彻落实党的十八大精神和教育规划纲要，教育部于 2013 年提出了推进中小学教育质量综合评价改革的意见。该意见的指导思想是全面贯彻党的教育方针，落实立德树人根本任务，遵循学生身心发展规律和教育教学规律，坚持科学的教育质量观，充分发挥评价的正确导向作用，推动形成良好的育人环境，促进素质教育深入实施。

纲要的总体目标是基本建立体现素质教育要求、以学生发展为核心、以科学多元的中小学教育质量评价制度，切实扭转单纯以学生学业考试成绩和学校升学率评价中小学教育质量的倾向，促进学生全面发展、健康成长。

本课题是在落实国家、省教育规划纲要精神的基础上，旨在建成实现国家目标、体现广东特色、具有国际水平、反映未来可持续发展的“广东省中小学教育质量监测之‘身心发展水平监测’”的评价体系。

本子课题“身心发展水平”的监测内容包括：身体形态机能、健康生活方式、审美修养、情绪行为调控和人际沟通五大方面，监测对象是广东省初中二年级学生，目的在于通过调查他们的身体、生活习惯、心理发展状况和影响其身心发展的艺术修养，综合了解当前中小学生身心发展特点。

第一节　身体形态机能

一、身体形态机能内涵

身体形态机能包括身体形态、机能和运动中表现出的素质三部分。

二、身体形态机能内容概要

本子课题采用《国家学生体质健康标准（2014 年修订版）》中关于身体形态机能的指标监测我省初中二年级学生的身体形态机能，并根据我省学生的身体状况及当前中学体育教学特点增加篮球测试一项。根据《国家学生体质健康标准（2014 年修订版）》的规定，学生身体形态机能的学年总分由标准分与附加分之和构成，满分为 120 分。标准分由各单项指标得分与权重乘积之和组成，满分为 100 分。

三、主要监测点

身体形态主要是身体的高矮胖瘦状况，是通过身高和体重反映出来的。身高是反映骨骼生长发育状况的重要指标。体重增长除与骨的增长关系密切以外，还与肌肉、脂肪等的增长有关系，是反映人体营养状况和肌肉发育程度的重要指标。

身体机能是人体整体及其各组织、器官和系统所表现出的生命活动现象，其水平的高低直接关系到儿童青少年生长发育整体水平的高低（叶广俊，1999）。

身体素质主要体现在身体运动能力上，体质的重要组成部分，是人体在运动中所表现出的力量、速度、耐力等身体基本状态和功能能力。监测初中二年级学生的身体运动能力主要通过监测 50 米跑、坐位体前屈、引体向上（男）/1 分钟仰卧起坐（女）、立定跳远、1 000 米跑（男）/800 米跑（女）来进行。50 米跑成绩可综合反映神经过程的灵活性、身体的协调性、关节和肌肉的柔韧性以及肌肉的力量和耐力。“坐位体前屈”可反映人体关节、韧带和肌肉的伸展性和弹性能力。立定跳远是一项需要下肢爆发力与肌肉速度相结合的测试项目。由于女生这两部分肌肉的力量和耐力与其某些生理功能有密切的联系，因此将仰卧起坐单独列为女生的一个选测项目（王清泽等，2014）。引体向上是发展上肢、肩背肌群力量的有效训练手段之一，是评估机体上肢屈肌力量的重要科目，比较适合测男生。男生 1 000 米和女生 800 米是测试大学生耐力素质的运动项目，可以反映长时间坚持有氧运动的能力。

四、每个监测点的监测标准

（一）身体形态

本子课题依据《国家学生体质健康标准（2014 年修订版）》的内容，对身体形态的监测主要考查学生的体重指数（BMI）。BMI 指数是用体重（kg）除以身高（m）数平方得出的数字，是国际上常用的衡量人体胖瘦程度及是否健康的一个标准。

身体形态的监测分为两个层面，一是针对学生个体的微观评判，即监测到个体；二是针对学校学生的整体评估，即进行整体评判。

1．个体层面。

本子课题先测量学生的身高和体重，得到原始数据，然后再计算 BMI，得出学生个体身体形态的数据。评分表（如表 1 所示）参考《国家学生体质健康标准（2014 年修订版）》，分为四个等级。学生学年总分评定等级为：90.0 分及以上为优秀，80.0～89.9 分为良好，60.0～79.9 分为及格，59.9 分及以下为不及格。BMI 得分算入总分时的权重是 15。

表 1　初中二年级学生体重指数（BMI）单项评分表

（单位：千克/米²）

等级		单项得分	男生	女生
L4	正常	100	15.7～22.5	15.3～22.2
L3 L2	低体重 超重	80	≤15.6 22.6～25.2	≤15.2 22.3～24.8
L1	肥胖	60	≥25.3	≥24.9

2．整体层面。

针对学校整体的评估，依据全校学生平均水平来确定，系统自动生成评价结果。结果呈现与个体层面的评分标准一样。

（二）身体机能

身体机能指标可以通过肺活量测试得出（叶广俊，1999）。肺活量是指人体尽全力深吸气后，再尽力呼出的气体总量，是呼吸动态过程中的一部分（冯浩，2015）。肺活量测试评价具有直观性，评价与实测数成正比，肺活量越高，即评价越高，能够有效地激励和引导学生认真对待（冯浩，2015）。

身体机能的监测分为两个层面：一是针对学生个体的微观评判，即监测到个体；二是针对学校学生的整体评估，即进行整体评判。

1．个体层面。

学校体育教师和专家对学生进行体测。通过体测得出数据，然后划分等级。评分表（如表 2 所示）参考《国家学生体质健康标准（2014 年修订版）》。根据性别，各分为四个等级。学生学年总分评定等级为：90.0 分及以上为优秀，80.0～89.9 分为良好，60.0～79.9 分为及格，59.9 分及以下为不及格。肺活量得分算入总分时的权重是 15。

表2　初中二年级学生肺活量单项评分表

（单位：毫升）

等级		单项得分	男生	女生
L1	优秀	100	3 940	2 900
		95	3 820	2 850
		90	3 700	2 800
L2	良好	85	3 450	2 650
		80	3 200	2 500
L3	及格	78	3 080	2 400
		76	2 960	2 300
		74	2 840	2 200
		72	2 720	2 100
		70	2 600	2 000
		68	2 480	1 900
		66	2 360	1 800
		64	2 240	1 700
		62	2 120	1 600
		60	2 000	1 500
L4	不及格	50	1 890	1 460
		40	1 780	1 420
		30	1 670	1 380
		20	1 560	1 340
		10	1 450	1 300

2. 整体层面。

针对学校整体的评估，依据全校学生平均水平来确定，系统自动生成评价结果。结果呈现与个体层面的评分标准一样。

（三）身体素质

监测初中二年级学生的身体素质主要通过监测50米跑、坐位体前屈、引体向上（男）/1分钟仰卧起坐（女）、立定跳远、1 000米跑（男）/800米跑（女）来进行。其中坐位体前屈自2002年成为我国《国家学生体质健康标准（2014年修订版）》规定柔韧素质的测试方法，且一直沿用至今。该方法的测试步骤：受试者面向仪器，坐在垫子上，两腿向前伸直，脚跟并拢，脚掌平蹬测试板，两脚尖自然分开，取上体直立为开始姿势，以保证初始角度的一致；受试者双手并拢，上体前屈，双手指尖缓慢地向前推动游标，直到双手指尖可以推到的最远处，此时仪器显示结果即为测试值。测试两次，读取较好成绩为最终成绩。

分为两个层面：一是针对学生个体的微观评判，即监测到个体；二是针对学校学生的整体评估，即进行整体评判。

1．个体层面。

学校体育教师和专家对学生进行体测。通过体测得出数据，然后划分等级。评分表（如表3至表7所示）参考《国家学生体质健康标准（2014年修订版）》。各个监测点再根据性别，各分为四个等级。学生学年总分评定等级为：90.0分及以上为优秀，80.0～89.9分为良好，60.0～79.9分为及格，59.9分及以下为不及格。50米跑的权重是20，坐位体前屈的权重是10，立定跳远的权重是10，1分钟引体向上（男）/仰卧起坐（女）的权重是10，1 000米跑（男）/800米跑（女）的权重是20。另外，本指标设有附加分。附加分根据实测成绩确定，即对成绩超过100分的加分指标进行加分，满分为20分；初二的加分指标为男生引体向上和1 000米跑，女生1分钟仰卧起坐和800米跑，各指标加分幅度均为10分。BMI得分算入总分时的权重是15。

表3　初中二年级学生50米跑单项评分表

（单位：秒）

等级		单项得分	男生	女生
L1	优秀	100	7.5	8.0
		95	7.6	8.1
		90	7.7	8.2
L2	良好	85	7.8	8.5
		80	7.9	8.8
L3	及格	78	8.1	9.0
		76	8.3	9.2
		74	8.5	9.4
		72	8.7	9.6
		70	8.9	9.8
		68	9.1	10.0
		66	9.3	10.2
		64	9.5	10.4
		62	9.7	10.6
		60	9.9	10.8

续上表

等级		单项得分	男生	女生
L4	不及格	50	10. 1	11. 0
		40	10. 3	11. 2
		30	10. 5	11. 4
		20	10. 7	11. 6
		10	10. 9	11. 8

表 4　初中二年级学生坐位体前屈单项评分表

（单位：厘米）

等级		单项得分	男生	女生
L1	优秀	100	19. 6	22. 7
		95	17. 7	21. 0
		90	15. 8	19. 3
L2	良好	85	13. 7	17. 6
		80	11. 6	15. 9
L3	及格	78	10. 3	14. 6
		76	9. 0	13. 3
		74	7. 7	12. 0
		72	6. 4	10. 7
		70	5. 1	9. 4
		68	3. 8	8. 1
		66	2. 5	6. 8
		64	1. 2	5. 5
		62	-0. 1	4. 2
		60	-1. 4	2. 9
L4	不及格	50	-2. 6	2. 1
		40	-3. 8	1. 3
		30	-5. 0	0. 5
		20	-6. 2	-0. 3
		10	-7. 4	-1. 1

表5　初中二年级学生立定跳远单项评分表

（单位：厘米）

等级		单项得分	男生	女生
L1	优秀	100	240	200
		95	233	194
		90	226	188
L2	良好	85	218	181
		80	210	174
L3	及格	78	206	171
		76	202	168
		74	198	165
		72	194	162
		70	190	159
		68	186	156
		66	182	153
		64	178	150
		62	174	147
		60	170	144
L4	不及格	50	165	139
		40	160	134
		30	155	129
		20	150	124
		10	145	119

表6　初中二年级学生1分钟引体向上、仰卧起坐单项评分表

（单位：次）

等级		单项得分	男生	女生
L1	优秀	100	14	51
		95	13	49
		90	12	47
L2	良好	85	11	44
		80	10	41

续上表

等级		单项得分	男生	女生
L3	及格	78		39
		76	9	37
		74		35
		72	8	33
		70		31
		68	7	29
		66		27
		64	6	25
		62		23
		60	5	21
L4	不及格	50	4	19
		40	3	17
		30	2	15
		20	1	13
		10		11

注：男生为 1 分钟引体向上；女生为 1 分钟仰卧起坐。

表 7　初中二年级学生耐力跑单项评分表

（单位：分 · 秒）

等级		单项得分	男生	女生
L1	优秀	100	3′50″	3′30″
		95	3′55″	3′37″
		90	4′00″	3′44″
L2	良好	85	4′07″	3′52″
		80	4′15″	4′00″
L3	及格	78	4′20″	4′05″
		76	4′25″	4′10″
		74	4′30″	4′15″
		72	4′35″	4′20″
		70	4′40″	4′25″
		68	4′45″	4′30″
		66	4′50″	4′35″
		64	4′55″	4′40″
		62	5′00″	4′45″
		60	5′05″	4′50″

续上表

等级		单项得分	男生	女生
L4	不及格	50	5′25″	5′00″
		40	5′45″	5′10″
		30	6′05″	5′20″
		20	6′25″	5′30″
		10	6′45″	11

注：男生 1 000 米跑，女生 800 米跑。

其中男生的 1 分钟引体向上，女生的 1 分钟仰卧起坐（如表 8 所示），男女生的耐力跑（如表 9 所示）都设有加分项目。

表 8　初中二年级学生 1 分钟引体向上、仰卧起坐单项评分加分表

（单位：次）

加分	男生	女生
10	10	13
9	9	12
8	8	11
7	7	10
6	6	9
5	5	8
4	4	7
3	3	6
2	2	4
1	1	2

注：男生的 1 分钟引体向上、女生的 1 分钟仰卧起坐均为高优指标，学生成绩超过单项评分 100 分后，以超过的次数所对应的分数进行加分。

表 9　初中二年级学生耐力跑单项评分加分表

（单位：分 · 秒）

加分	男生	女生
10	-35″	-50″
9	-32″	-45″
8	-29″	-40″

续上表

加分	男生	女生
7	-26″	-35″
6	-23″	-30″
5	-20″	-25″
4	-16″	-20″
3	-12″	-15″
2	-8″	-10″
1	-4″	-5″

注：男生1 000米跑，女生800米跑。1 000米跑、800米跑均为低优指标，学生成绩低于单项评分100分后，以减少的秒数所对应的分数进行加分。

2. 整体层面。

针对学校整体的评估，依据全校学生平均水平来确定，系统自动生成评价结果。结果呈现与个体层面的评分标准一样。

五、对应监测标准的典型案例

【背景】对某校初二（1）班进行身体形态技能监测，其中A同学（男）和B同学（女）的各项结果如表10、表11所示。

表10　A和B在各监测项目上的得分

监测项目	A	B
体重指数（BMI）（单位：千克/米^2）	22.7	15.3
肺活量（单位：毫升）	3 450	2 800
50米跑（单位：秒）	7.8	8.2
坐位体前屈（单位：厘米）	15.8	17.6
立定跳远（单位：厘米）	206	174
1分钟引体向上（男）/仰卧起坐（女）（单位：次）	10	41
1 000米跑（男）/800米跑（女）（单位：分·秒）	4′07″	4′00″

表 11　指标及其对应的权重

四级指标	权重/%
体重指数（BMI）	15
肺活量	15
50 米跑	20
坐位体前屈	10
立定跳远	10
1 分钟引体向上（男）/仰卧起坐（女）	10
1 000 米跑（男）/800 米跑（女）	20

根据评价标准和指标权数，A 同学（男）和 B 同学（女）的各项得分如表 12 所示。

表 12　A 同学（男）和 B 同学（女）的各项得分

监测项目	A		B	
	原始分	权重分	原始分	权重分
体重指数（BMI）（单位：千克/米^2）	80	12	100	15
肺活量（单位：毫升）	85	12.75	90	13.5
50 米跑（单位：秒）	85	17	90	18
坐位体前屈（单位：厘米）	90	9	85	8.5
立定跳远（单位：厘米）	78	7.8	80	8
1 分钟引体向上（男）/仰卧起坐（女）（单位：次）	80	8	80	8
1 000 米跑（男）/800 米跑（女）（单位：分・秒）	85	17	80	16
总分		83.55		87

根据全校学生身体形态机能状况，确定学校该项目的层级。

六、本指标开展监测与评价需要的佐证材料

本部分的佐证材料是体育教师提供的每学期体育测试结果，通过比较监测结果和学期体育测试结果，了解学生身体形态和机能发展的综合状况。

第二节　健康生活方式

一、健康生活方式内涵

健康生活方式是根据自身条件和可利用资源，制定有利于身心健康和谐发展的各项活动，包括体育锻炼、适当的营养、改变不良习惯和保持心理健康（于浩，2003）。健康生活方式是一个复杂多维的行为模式，包括认知、情感或情绪、行为或活动等成分（王璐等，2015）。

二、监测评价内容概要

结合当前关于健康生活方式的理论框架，我们调整和修改了《中小学健康教育指导纲要》和《中小学学生预防近视眼基本知识与要求》中关于初中二年级学生健康生活方式的维度和指标部分考查要点。健康生活方式下设五个三级指标，即健康生活、生活卫生习惯、不良嗜好、珍爱生命、课外文娱与体育活动。

三、主要监测点

1. “健康生活”是有益于健康的习惯化的行为方式。调查中发现，大多数教师把学生合理搭配膳食、规律作息作为保证健康的基本要求（王璐等，2015）。基于此，本四级指标主要考查学生基本的健康生活知识和行为，重点考查其饮食和睡眠状况。

2. “生活卫生习惯”主要关注学生生活中的卫生状况，特别是日常清洁、口腔卫生、用眼卫生、青春期卫生、食品卫生和安全、与卫生有关的疾病预防。

3. “不良嗜好”主要指不仅会伤害青少年的身体，更对青少年的心灵毒害颇大的行为，包括吸烟、吸毒和酗酒，手机、电子游戏和上网成瘾。

4. “珍爱生命”主要考查与学生生命安全有关的内容，虽然中学生中有吸烟、吸毒和酗酒等涉及生命安全的问题，但是主要还是处于预防阶段。

5. “课外文娱和体育活动”与“身体形态机能”和“审美修养”有一定的重叠之处，所以此处主要监测学生参加课外文娱和体育活动的态度，及他们对课外文娱和体育活动益处的认知。

四、每个监测点的监测标准

（一）“健康生活”的监测标准

健康生活的监测分为两个层面：一是针对学生个体的微观评判，即监测到个体；二是针对学校整体的评估，即进行整体评判。

1. 个体层面。

健康生活的监测，主要从健康和营养的知识、膳食、睡眠三个侧面进行测评。首先提供给学生围绕这三个侧面的科学量表，让学生进行自我评价。采用李克特7分量表对每一项目打分，健康生活最高为7分，最低为1分。健康生活的得分由三个分量表得分之和的平均得到。首先提供给学生围绕这三个侧面的科学量表，让学生进行自我评价，然后由专家进行描述性统计分析和相关分析，并进一步简单抽查，结合相关的佐证材料进行专业分析和评判。健康生活的监测分为以下四个级别。

L1：三个分量表之和的平均分为2分及以下，表示对健康和营养的知识不关注；严重挑食、偏食、节食和暴饮暴食；睡眠远低于4小时。

L2：三个分量表之和的平均分为2.1～3.9分，表示对健康和营养知识较不关注；较倾向于挑食、偏食、节食和暴饮暴食；睡眠介于4.1～6小时。

L3：三个分量表之和的平均分为4～5.9分，表示对健康和营养知识较关注；基本不挑食、偏食、节食和暴饮暴食；睡眠介于6.1～8小时。

L4：三个分量表之和的平均分为6分及以上，表示对健康和营养知识非常关注，且知识面非常广；膳食平衡，睡眠可达9小时。

2. 整体层面。

针对学校整体的评估，依据全校学生平均水平来确定，系统自动生成评价结果。

L1：全校学生平均分在2分及以下，其健康生活评估达到L1层级。

L2：全校学生平均分在2.1～3.9分之间，其健康生活评估达到L2层级。

L3：全校学生平均分在4～5.9分之间，其健康生活评估达到L3层级。

L4：全校学生平均分在6分及以上，其健康生活评估达到L4层级。

（二）“生活卫生习惯”的监测标准

生活习惯的监测分为两个层面：一是针对学生个体的微观评判，主要由教师执行；二是针对学校整体的评估，依据全校学生平均水平确定。

1. 个体层面。

生活卫生习惯的监测，主要从手卫生、口腔卫生、用眼卫生、青春期的卫生、食品卫生和安全、与卫生有关的常见呼吸道传染病和肠道传染病六个侧面进行监测。采用李克特7分量表对每一项目打分，生活卫生习惯最高为7分，最低为1分。生活卫生习惯的得分由六个分量表得分之和的平均得到。首先提供给学生围绕这六个侧面的科学量表，让学生进行自我评价。然后由专家进行描述性统计分析和相关分析，并进一步简单抽查，结合相关的佐证材料进行专业分析和评判。生活卫生习惯的监测分为以下四个等级测量。

L1：六个分量表之和的平均分为2分及以下，表示不关注也无法保持手、口腔、用眼、青春期和食品卫生及食品安全，不知道这些方面的卫生与安全会导致呼吸道传染病和肠道传染病。

L2：六个分量表之和的平均分为2.1～3.9分，表示较不关注、不太能够保持手、口腔、用眼、青春期和食品卫生及食品安全，基本不知道这些方面的卫生与安全会导致呼吸道传染病和肠道传染病。

L3：六个分量表之和的平均分为4～5.9分，表示比较关注，并且可以保持手、口腔、用眼、青春期和食品卫生及食品安全，基本知道这些方面的卫生与安全会导致呼吸道传染病和肠道传染病。

L4：六个分量表之和的平均分为6分及以上，表示非常关注，并且经常保持手、口腔、用眼、青春期和食品卫生及食品安全，知道这些方面的卫生与安全会导致呼吸道传染病和肠道传染病。

2. 整体层面。

针对学校整体的评估，依据全校学生平均水平来确定，系统自动生成评价结果。

L1：全校学生平均分在2分及以下，其生活卫生习惯评估达到L1层级。

L2：全校学生平均分在2.1～3.9分之间，其生活卫生习惯评估达到L2层级。

L3：全校学生平均分在4～5.9分之间，其生活卫生习惯评估达到L3层级。

L4：全校学生平均分在6分及以上，其生活卫生习惯评估达到L4层级。

（三）“不良嗜好”的监测标准

不良嗜好的监测分为两个层面：一是针对学生个体的微观评判，即监测到个体；二是针对学校整体的评估，即进行整体评判。

1. 个体层面。

不良嗜好的监测，主要从吸烟、饮酒、吸毒、网络、手机和电子游戏成瘾六个侧面进行。采用李克特 7 分量表对每一项目打分，无不良嗜好的最高为 7 分，最低为 1 分。不良习惯的得分由六个分量表得分之和的平均得到。首先提供给学生围绕这六个侧面的科学量表，让学生进行自我评价，然后由专家进行描述性统计分析和相关分析。不良嗜好的监测分为以下四个等级测量。

L1：六个分量表之和的平均分为 2 分及以下，表示完全不知道吸烟、饮酒、吸毒、网络、手机和电子游戏成瘾的危害，频繁吸烟、饮酒，吸毒，使用网络、手机和电子游戏成瘾者。

L2：六个分量表之和的平均分为 2.1 ~ 3.9 分，表示不太了解吸烟、饮酒、吸毒、网络、手机和电子游戏成瘾的危害，较频繁地吸烟、饮酒，使用网络、手机和电子游戏较为成瘾者。

L3：六个分量表之和的平均分为 4 ~ 5.9 分，表示比较了解吸烟、饮酒、吸毒、网络、手机和电子游戏成瘾的危害，偶尔吸烟、饮酒，使用网络、手机和电子游戏较不成瘾者。

L4：六个分量表之和的平均分为 6 分及以上，表示完全了解吸烟、饮酒、吸毒、网络、手机和电子游戏成瘾的危害，不吸烟、饮酒，合理使用网络、手机，不玩电子游戏。

2. 整体层面。

针对学校整体的评估，依据全校学生平均水平来确定，系统自动生成评价结果。

L1：全校学生平均分在 2 分及以下，其不良嗜好评估达到 L1 层级。

L2：全校学生平均分在 2.1 ~ 3.9 分之间，其不良嗜好评估达到 L2 层级。

L3：全校学生平均分在 4 ~ 5.9 分之间，其不良嗜好评估达到 L3 层级。

L4：全校学生平均分在 6 分及以上，其不良嗜好评估达到 L4 层级。

（四）“珍爱生命”的监测标准

珍爱生命的监测分为两个层面：一是针对学生个体的微观评判，即监测到个体；二是针对学校整体的评估，即进行整体评判。

1. 个体层面。

珍爱生命的监测，主要从对自我的生命态度和保护、对他人的生命态度和保护、应对外界环境的生命保护能力、乙肝的预防、艾滋病的预防五个侧面进行。具体每个侧面的信息见量表。采用李克特 7 分量表对每一项目打分，珍爱生命的最高为 7 分，最低为 1 分。珍爱生命的得分由五个分量表得分之和的平均得到。首先提供给学生围绕这五个侧面的科学量表，让学生进行自我评价，然后由专家进行描述性统计分析和相关分析，并进一步简单抽查，结合相关的佐证材料进行专业分析和评判。珍爱生命的监测分为以下四个等级测量。

L1：五个分量表之和的平均分为2分及以下，表示不能对自己和他人的生命持积极的态度，缺乏保护自我和他人生命及应对外界灾害的知识和技能，完全不了解乙肝和艾滋病及其预防的知识和技能，歧视乙肝和艾滋病病毒携带者。

L2：五个分量表之和的平均分为2.1～3.9分，表示较不能对自己和他人的生命持积极的态度，较缺乏保护自我和他人生命及应对外界灾害的知识和技能，较缺乏乙肝和艾滋病及其预防的知识和技能，较歧视乙肝和艾滋病病毒携带者。

L3：五个分量表之和的平均分为4～5.9分，表示较可以对自己和他人的生命持积极的态度，较可以保护自我和他人生命及应对外界灾害的知识和技能，较掌握乙肝和艾滋病及其预防的知识和技能，较不歧视乙肝和艾滋病病毒携带者。

L4：五个分量表之和的平均分为6分及以上，表示可以对自己和他人的生命持积极的态度，可以保护自我和他人生命及应对外界灾害的知识和技能，掌握乙肝和艾滋病及其预防的知识和技能，不歧视乙肝和艾滋病病毒携带者。

2. 整体层面。

针对学校整体的评估，依据全校学生平均水平来确定，系统自动生成评价结果。

L1：全校学生平均分在2分及以下，其珍爱生命评估达到L1层级。

L2：全校学生平均分在2.1～3.9分之间，其珍爱生命评估达到L2层级。

L3：全校学生平均分在4～5.9分之间，其珍爱生命评估达到L3层级。

L4：全校学生平均分在6分及以上，其珍爱生命评估达到L4层级。

（五）“课外文娱和体育活动”的监测标准

本部分与身体形态机能和审美修养有重叠之处，不单独设立监测题。

五、对应监测标准的典型案例

（一）“健康生活”的典型案例

【背景】假设A学校初二年级有10个班，共500名学生。由各班班主任组织学生填写下列的健康生活的部分调查量表（如表13所示）。

表 13

序号	下述各题在多大程度上与你的实际情况相符（请在每行后面的一个方框内打✓）	非常不符合			一般			非常符合
1	不吃“三无食品”	1□	2□	3□	4□	5□	6□	7□
2	早餐吃好，午餐吃饱，晚餐适量	1□	2□	3□	4□	5□	6□	7□
3	每天保证 9 小时睡眠	1□	2□	3□	4□	5□	6□	7□
4	不挑食，不偏食	1□	2□	3□	4□	5□	6□	7□

【个体与总体监测方法】

学生个体监测结果评价：

生活非常不健康评价为 L1，计 2 分及以下。生活较为不健康评价为 L2，计 2.1～3.9 分。生活较健康评价为 L3，计 4～5.9 分。生活非常健康评价为 L4，计 6 分及以上。

根据全校 500 名学生健康生活的平均值，确定学校该项目的层级。

（二）“生活卫生习惯”的典型案例

【背景】假设 A 学校初二年级有 10 个班，共 500 名学生。由各班班主任组织学生填写下面的生活卫生习惯的部分调查量表（如表 14 所示）。

表 14

序号	下述各题在多大程度上与你的实际情况相符（请在每行后面的一个方框内打✓）	非常不符合			一般			非常符合
1	饭前便后都会洗手	1□	2□	3□	4□	5□	6□	7□
2	发烧和咳嗽时戴口罩	1□	2□	3□	4□	5□	6□	7□
3	不在过亮、过暗的光线下读写	1□	2□	3□	4□	5□	6□	7□
4	早晚刷牙，饭后漱口	1□	2□	3□	4□	5□	6□	7□
5	知道月经和遗精是正常现象	1□	2□	3□	4□	5□	6□	7□

【个体与总体监测方法】

学生个体监测结果评价：

非常不注重生活卫生习惯评价为 L1，计 2 分及以下。较为不注重生活卫生习惯评价为 L2，计 2.1～3.9 分。较注重生活卫生习惯评价为 L3，计 4～5.9 分。注重生活卫生习惯评价为 L4，计 6 分及以上。

根据全校500名学生生活卫生习惯的平均值，确定学校该项目的层级。

（三）“不良嗜好”的典型案例

【背景】假设A学校初二年级有10个班，共500名学生。由各班班主任组织学生填写下面的不良嗜好部分调查量表（如表15所示）。

表15

序号	下述各题在多大程度上与你的实际情况相符（请在每行后面的一个方框内打✓）	非常不符合			一般			非常符合
1	知道吸烟、酗酒、吸毒、沉迷网络、手机和电子游戏都是不良嗜好	1□	2□	3□	4□	5□	6□	7□
2	不吸烟（口腔卫生）	1□	2□	3□	4□	5□	6□	7□
3	不吸毒	1□	2□	3□	4□	5□	6□	7□
4	网络只是查找资料和做作业的工具	1□	2□	3□	4□	5□	6□	7□
5	没有网络、手机和电子游戏时，不会觉得无聊	1□	2□	3□	4□	5□	6□	7□

【个体与总体监测方法】

学生个体监测结果评价：

不良嗜好非常严重者评价为L1，计2分及以下。不良嗜好较为严重者评价为L2，计2.1～3.9分。较少有不良嗜好者评价为L3，计4～5.9分。无不良嗜好者评价为L4，计6分及以上。

根据全校500名学生不良嗜好的平均值，确定学校该项目的层级。

（四）“珍爱生命”的典型案例

【背景】假设A学校初二年级有10个班，共500名学生。由各班班主任组织学生填写下面的珍爱生命部分调查量表（如表16所示）。

表16

序号	下述各题在多大程度上与你的实际情况相符（请在每行后面的一个方框内打✓）	非常不符合			一般			非常符合
1	知道如何避免他人的伤害	1□	2□	3□	4□	5□	6□	7□

续上表

序号	下述各题在多大程度上与你的实际情况相符 （请在每行后面的一个方框内打✓）	非常不符合			一般			非常符合
2	有病及时就医，根据医嘱服药	1□	2□	3□	4□	5□	6□	7□
3	不歧视肝炎和艾滋病患者	1□	2□	3□	4□	5□	6□	7□
4	掌握危险发生时（火灾、地震、洪水、抢劫）的逃生技能	1□	2□	3□	4□	5□	6□	7□

【个体与总体监测方法】

学生个体监测结果评价：

非常不珍爱生命者评价为L1，计2分及以下。较不珍爱生命者评价为L2，计2.1～3.9分。较珍爱生命者评价为L3，计4～5.9分。珍爱生命者评价为L4，计6分及以上。

根据全校500名学生珍爱生命的平均值，确定学校该项目的层级。

六、本指标开展监测与评价需要的佐证材料

（一）“健康生活”的佐证材料

学生饮食和睡眠记录表，主要记录学生每顿饭时间、食物种类、睡眠时间、睡眠状况。

（二）“生活卫生习惯”的佐证材料

班级纪律记录表，主要用来分析学生用手卫生状况，爱护环境卫生状况、眼保健操的表现。

（三）“珍爱生命”的佐证材料

班级纪律记录表，主要用来分析学生是否存在打架斗殴等伤害其他人生命的行为。

（四）“课外文娱和体育活动”的佐证材料

1. 反映学生参加课外文娱和体育活动频率、态度和表现的关键行为与典型记录（如教师的活动记录、班级纪律报告、班报和活动报告）。

2. 学生参加课外文娱和体育活动的自我介绍（学生可以借助综合素质

测评成绩、代表性作品、教师评价、同伴评价、家长评价、获奖证书等多种渠道与方式，来展示自我特长）。

第三节 审美修养

一、审美修养内涵

《中国百科大辞典》对“审美修养”的概念定义是：主体在审美活动中必备的基本条件，包括丰富的科学文化知识、独特的审美感受能力和一定的艺术创造才能（袁世全等，2005）。

二、监测评价内容概要

本子课题综合《中小学生艺术素质测评指标体系》和《义务教育艺术课程标准（2011 年版）》两份文件确定本子课题的监测内容。这两个标准关于审美修养的规定是互相补充的，前者提供了总体评价方向，提出要关注学生在课内、课外和校外三个时空的艺术活动、艺术作品和艺术技能三个维度的体现，后者则划定了三个时空和三个维度的具体内容，包括生活、情感、文化分别在知识、技能、反思和评价上的体现。由于《中小学生艺术素质测评指标体系》中“音乐、美术等艺术课程学习的出勤率、参与度和学习任务完成情况”并不能体现出审美修养，且对初中生而言音乐和美术是必修课，他们必须要出勤，所以本课题不调查这方面的内容。

三、主要监测点

本子课题以艺术活动、艺术作品和艺术技能为三级指标，围绕艺术与生活、艺术与情感、艺术与文化、艺术与科技四个主题及学生在审美修养上的知识、技能、体验、情感确定四级指标。

艺术活动的目的在于：对学生进行美育教育；丰富学生的文化生活，陶冶情操，提高文化素养；培养和发挥学生的艺术兴趣和才能。艺术活动带有普及性，可以吸收大批有兴趣、有特长的学生参加；既可以由学校、年级举办大型活动，也可以组织经常性的小组，在教师指导下有计划地活动（林崇德等，1990）。艺术活动包括诗歌朗诵会、音乐欣赏会、文艺会演、各种晚会、各种文化知识讲座，以及书法、篆刻、绘画展览等（林崇德等，1990）。

《中国百科大辞典》对艺术作品和艺术技能的定义如下：

艺术作品是艺术家通过艺术构思和艺术创作，将头脑中形成的主客体统一的审美意象物态化，创造出的审美鉴赏的对象。艺术作品的内容是指艺术作品的题材、主题、细节、情节、情感等要素的总和。

艺术技能是艺术家在艺术创作中对社会生活的观察、体验和审美认识的技能才能。

四、每个监测点的监测标准

(一)“艺术活动”的监测标准

艺术活动的监测分为两个层面：一是针对学生个体的微观评判，即监测到个体；二是针对学校整体的评估，即进行整体评判。

1. 个体层面。

艺术活动的监测，主要从组织和个人两个维度，考查学生在校内和校外参加艺术活动（社团）的情况。首先提供给学生围绕这六个侧面的科学量表，让学生进行自我评价。然后由专家进行描述性统计分析和相关分析，并进一步简单抽查，结合相关的佐证材料进行专业分析和评判。艺术活动的监测分为以下四个等级测量。

L1：不参加学校/班级在校内/校外组织的艺术活动（社团），不自主地寻找机会参加校内/校外的艺术活动（社团）。计2分及以下。

L2：较少参加学校/班级在校内/校外组织的艺术活动（社团），较少自主地寻找机会参加校内/校外的艺术活动（社团）。计2.1~3.9分。

L3：较多参加学校/班级在校内/校外组织的艺术活动（社团），较自主地寻找机会参加校内/校外的艺术活动（社团）。计4~5.9分。

L4：经常参加学校/班级在校内/校外组织的艺术活动（社团），非常自主地寻找机会参加校内/校外的艺术活动（社团）。计6分及以上。

2. 整体层面。

针对学校整体的评估，依据全校学生平均水平确定，系统自动生成评价结果。

L1：全校学生平均分在2分及以下，其艺术活动评估达到L1层级。

L2：全校学生平均分在2.1~3.9分之间，其艺术活动评估达到L2层级。

L3：全校学生平均分在4~5.9分之间，其艺术活动评估达到L3层级。

L4：全校学生平均分在6分及以上，其艺术活动评估达到L4层级。

(二)“艺术作品”的监测标准

艺术作品的监测分为两个层面：一是针对学生个体的微观评判，即监测到个体；二是针对学校整体的评估，即进行整体评判。

1. 个体层面。

艺术作品的监测，主要从知道艺术作品的特点、种类、内涵、情感表达方式及其背后的历史文化背景五个侧面进行。首先提供给学生围绕这五个侧面的科学量表，让学生进行自我评价。然后由专家进行描述性统计分析和相关分析，并进一步简单抽查，结合相关的佐证材料进行专业分析和评判。艺术作品的监测分为以下四个等级测量。

L1：不知道艺术作品的特点、种类、内涵、情感表达方式及其背后的历史文化背景。计 2 分及以下。

L2：比较不了解艺术作品的特点、种类、内涵、情感表达方式及其背后的历史文化背景。计 2.1～3.9 分。

L3：比较了解艺术作品的特点、种类、内涵、情感表达方式及其背后的历史文化背景。计 4～5.9 分。

L4：非常了解艺术作品的特点、种类、内涵、情感表达方式及其背后的历史文化背景。计 6 分及以上。

2. 整体层面。

针对学校整体的评估，依据全校学生平均水平确定，系统自动生成评价结果。

L1：全校学生平均分在 2 分及以下，其艺术作品评估达到 L1 层级。

L2：全校学生平均分在 2.1～3.9 分之间，其艺术作品评估达到 L2 层级。

L3：全校学生平均分在 4～5.9 分之间，其艺术作品评估达到 L3 层级。

L4：全校学生平均分在 6 分及以上，其艺术作品评估达到 L4 层级。

（三）“艺术技能”的监测标准

艺术技能的监测分为两个层面：一是针对学生个体的微观评判，即监测到个体；二是针对学校整体的评估，即进行整体评判。

1. 个体层面。

艺术技能的监测，主要从日常生活中的审美表现、艺术表现、创作艺术作品、分析评论艺术作品四个侧面进行。首先提供给学生围绕这四个侧面的科学量表，让学生进行自我评价。然后由专家进行描述性统计分析和相关分析，并进一步简单抽查，结合相关的佐证材料进行专业分析和评判。艺术技能的监测分为以下四个等级测量。

L1：不注重日常生活中的审美表现，不会艺术表现和创作，不会分析评论艺术作品。计 2 分及以下。

L2：较不注重日常生活中的审美表现，比较不会艺术表现和创作，比较不会分析评论艺术作品。计 2.1～3.9 分。

L3：较注重日常生活中的审美表现，比较会艺术表现和创作，比较会分析评论艺术作品。计4～5.9分。

L4：非常注重日常生活中的审美表现，非常会艺术表现和创作，非常会分析评论艺术作品。计6分及以上。

2. 整体层面。

针对学校整体的评估，依据全校学生平均水平确定，系统自动生成评价结果。

L1：全校学生平均分在2分及以下，其艺术技能评估达到L1层级。

L2：全校学生平均分在2.1～3.9分之间，其艺术技能评估达到L2层级。

L3：全校学生平均分在4～5.9分之间，其艺术技能评估达到L3层级。

L4：全校学生平均分在6分及以上，其艺术技能评估达到L4层级。

五、对应监测标准的典型案例

（一）“艺术活动”的典型案例

【背景】假设A学校初二年级有10个班，共500名学生。由各班班主任组织学生填写下面的艺术活动部分调查量表（如表17所示）。

表17

序号	下述各题在多大程度上与你的实际情况相符（请在每行后面的一个方框内打✓）	非常不符合			一般			非常符合
1	积极参加学校组织的艺术兴趣小组、艺术社团	1□	2□	3□	4□	5□	6□	7□
2	经常在学校的艺术活动上表演	1□	2□	3□	4□	5□	6□	7□
3	以观众身份参加学校艺术活动	1□	2□	3□	4□	5□	6□	7□
4	自主参加校外艺术学习	1□	2□	3□	4□	5□	6□	7□

【个体与总体监测方法】

学生个体监测结果评价：

不参加艺术活动者评价为L1，计2分及以下。较少参加艺术活动者评价为L2，计2.1～3.9分。较经常参加艺术活动者评价为L3，计4～5.9分。经常参加艺术活动者评价为L4，计6分及以上。

根据全校500名学生参加艺术活动的平均值，确定学校该项目的层级。

（二）“艺术作品”的典型案例

【背景】假设A学校初二年级有10个班，共500名学生。由各班班主任组织学生填写下面的艺术作品部分调查量表（如表18所示）。

表18

序号	下述各题在多大程度上与你的实际情况相符（请在每行后面的一个方框内打✓）	非常不符合			一般			非常符合
1	熟悉生活和艺术作品中共通的艺术要素和形式规律	1□	2□	3□	4□	5□	6□	7□
2	知道艺术作品的不同门类	1□	2□	3□	4□	5□	6□	7□
3	知道不同时代/国家的文化有其历史文化背景	1□	2□	3□	4□	5□	6□	7□
4	学习和欣赏艺术作品提高了审美感受	1□	2□	3□	4□	5□	6□	7□

【个体与总体监测方法】

学生个体监测结果评价：

不懂得艺术作品者评价为L1，计2分及以下。较不懂得艺术作品者评价为L2，计2.1～3.9分。较懂得艺术作品者评价为L3，计4～5.9分。懂得艺术作品者评价为L4，计6分及以上。

根据全校500名学生艺术作品的平均值，确定学校该项目的层级。

（三）“艺术技能”的典型案例

【背景】假设A学校初二年级有10个班，共500名学生。由各班班主任组织学生填写下面的艺术技能部分调查量表（如表19所示）。

表19

序号	下述各题在多大程度上与你的实际情况相符（请在每行后面的一个方框内打✓）	非常不符			一般			非常符合
1	可以根据不同场合，选择合适的衣着	1□	2□	3□	4□	5□	6□	7□
2	有至少一种艺术特长	1□	2□	3□	4□	5□	6□	7□

续上表

序号	下述各题在多大程度上与你的实际情况相符（请在每行后面的一个方框内打✓）	非常不符			一般			非常符合
3	会初步评价艺术族谱的外在形式和内在意蕴	1□	2□	3□	4□	5□	6□	7□
4	喜欢艺术创作	1□	2□	3□	4□	5□	6□	7□

【个体与总体监测方法】

学生个体监测结果评价：

无艺术技能者评价为 L1，计 2 分及以下。艺术技能较少者评价为 L2，计 2.1 ~3.9 分。艺术技能较多者评价为 L3，计 4 ~5.9 分。非常懂得艺术技能者评价为 L4，计 6 分及以上。

根据全校 500 名学生艺术技能的平均值，确定学校该项目的层级。

六、本指标开展监测与评价需要的佐证材料

1. 班级纪律记录（主要考查学生的着装是否得体）。

2. 学生参加艺术活动的自我介绍（学生可以借助综合素质测评成绩、代表性作品、教师评价、同伴评价、家长评价、获奖证书等多种渠道与方式来展示自我的艺术技能）。

第四节　情绪行为调控

一、情绪行为调控指标内涵

青少年时期人体心理和生理的快速变化使得一些学生产生了很多困惑和不解，这就需要学生对自己的负面情绪进行合理的宣泄进而有效地自我管理。情绪行为调控包含情绪调节、自我行为约束和应对困难与挫折三个维度。其中，情绪调节方面，包含学生对自己情绪的体察和排解；自我行为约束指初中生对自我行为的控制；应对困难与挫折包括学生对学习和生活的积极应对和消极应对。

二、监测评价内容概要

情绪调节既是人类早期社会发展的重要方面，又是个体适应社会生活的关键。

本子课题对情绪调节的定义指个体在活动中对自己情绪状态的体察、判断、评价的基础上，采用相应的策略或方式对自己的情绪进行控制、调节的过程。

自我行为约束常常和自我控制联系在一起。从自我控制来看，这是一个包含多种或多层次具体能力的复杂心理结构。自我行为约束是指个体有意识地控制自己冲动行为、抵制满足直接需要和愿望以符合社会的需要，从而达成自己长远目标的过程。

应对方式是指个体面对不同的应激时所采取的应对策略。中学生应对方式指处于中学阶段的学生个体面对来自生活和学习中的困难、挫折或压力时为了保持心理平衡而采取的策略或手段。

三、主要监测点

基于国内外关于情绪行为控制的相关理论和研究成果，本课题对情绪调节的观测点包括：情绪知觉、情绪评价、情绪控制和情绪调节反思能力四方面的内容（稽家俊，2010）。自我行为约束的观测点则包括控制冲动、抵制诱惑、延迟满足和专注学习四方面（Tangney，2004）。而初中生面对的困难和挫折主要来自学习和生活两方面，因此，应对困难与挫折的观测点包括在学习和生活中的积极应对和消极应对（姜乾金等，1993）。

四、每个监测点的监测标准

（一）“情绪调节”的监测标准

本监测指标通过量表用问卷的方式去测量，情绪调节由情绪知觉、情绪评价、情绪控制、情绪调节反思能力四个分量表组成。对情绪调节的检测分为两个层面：一是针对学生个体的微观评判，由学生本人填写量表；二是针对学校整体的评估，依据全校学生平均水平确定。

1．个体层面。

情绪调节的检测，对学生情绪知觉、情绪评价、情绪控制、情绪调节反思能力进行测评。采用李克特 7 分量表对每一项目打分，调节能力最高为 7 分，最低为 1 分。情绪调节的得分由四个分量表得分之和的平均得到，情绪调节得分分为以下四个级别。

L1：四个分量表之和的平均分为 2 分及以下，表示情绪调节能力非常差，对自己的情绪基本没法掌控。

L2：四个分量表之和的平均分为 2.1 ~3.9 分，表示情绪调节能力较差，对自己的情绪很多时候没法掌控。

L3：四个分量表之和的平均分为 4 ~5.9 分，表示情绪调节能力较好，对自己的情绪在多数情况下能掌控。

L4：四个分量表之和的平均分为 6 分及以上，表示情绪调节能力非常强，对自己的情绪几乎在所有情况下都能完全掌控。

2. 整体层面。

针对学校整体的评估，依据全校学生平均水平确定，系统自动生成评价结果。

L1：全校学生平均分在 2 分及以下，其情绪调节评估达到 L1 层级。

L2：全校学生平均分在 2.1 ~3.9 分之间，其情绪调节评估达到 L2 层级。

L3：全校学生平均分在 4 ~5.9 分之间，其情绪调节评估达到 L3 层级。

L4：全校学生平均分在 6 分及以上，其情绪调节评估达到 L4 层级。

（二）“自我行为约束”的监测标准

自我行为约束是遵从、延迟或在缺少外部监督时，个体按照社会期待行为的能力（Kopp，1982）。本监测指标通过量表用问卷的方式去测量，自我行为约束由控制冲动、抵制诱惑、延迟满足、专注学习四个分量表组成。对自我行为约束的检测分为两个层面：一是针对学生个体的微观评判，由学生本人填写量表；二是针对学校整体的评估，依据全校学生平均水平确定。

1. 个体层面。

自我行为约束的检测，对学生控制冲动、抵制诱惑、延迟满足、专注学习进行测评。采用李克特 7 分量表对每一项目打分，约束能力最高为 7 分，最低为 1 分。自我行为约束的得分由四个分量表得分之和的平均得到，自我行为约束得分分为以下四个级别。

L1：四个分量表之和的平均分为 2 分及以下，表示自我行为约束能力非常差，对自己的行为基本没法约束。

L2：四个分量表之和的平均分为 2.1 ~3.9 分，表示自我行为约束能力较差，对自己的行为很多时候没法约束。

L3：四个分量表之和的平均分为 4 ~5.9 分，表示自我行为约束能力较好，对自己的行为在多数情况下能约束。

L4：四个分量表之和的平均分为 6 分及以上，表示自我行为约束能力非常强，几乎在所有情况下都能对自己的行为完全约束。

2. 整体层面。

针对学校整体的评估，依据全校学生平均水平确定，系统自动生成评价结果。

L1：全校学生平均分在2分及以下，其自我行为约束评估达到L1层级。

L2：全校学生平均分在2.1～3.9分之间，其自我行为约束评估达到L2层级。

L3：全校学生平均分在4～5.9分之间，其自我行为约束评估达到L3层级。

L4：全校学生平均分在6分及以上，其自我行为约束评估达到L4层级。

（三）“应对困难与挫折”的监测标准

Skilmer和Welbom如此定义：“应对就是在各种压力条件下人们如何调节自己的行为、情绪和动机等。”（王萍，2013）本监测指标通过量表用问卷的方式去测量，应对困难与挫折由积极应对和消极应对两个分量表组成。对应对困难与挫折的检测分为两个层面：一是针对学生个体的微观评判，由学生本人填写量表；二是针对学校整体的评估，依据全校学生平均水平确定。

1. 个体层面。

应对困难与挫折的检测，对学生的积极应对和消极应对进行测评。采用李克特7分量表对每一项目打分，应对能力最高为7分，最低为1分。应对困难与挫折的得分由两个分量表得分之和的平均得到，应对困难与挫折的能力得分分为以下四个级别。

L1：两个分量表之和的平均分为2分及以下，表示应对困难与挫折的能力非常差，在困难和挫折面前手足无措，完全不知道如何应对。

L2：两个分量表之和的平均分为2.1～3.9分，表示应对困难与挫折的能力较差，面对困难和挫折时通常都不知道如何应对。

L3：两个分量表之和的平均分为4～5.9分，表示应对困难与挫折的能力较好，面对困难与挫折时通常都能从容地应对。

L4：两个分量表之和的平均分为6分及以上，表示应对困难与挫折的能力非常强，遇到困难与挫折时完全能很好地应对。

2. 整体层面。

针对学校整体的评估，依据全校学生平均水平确定，系统自动生成评价结果。

L1：全校学生平均分在2分及以下，其应对困难与挫折评估达到L1层级。

L2：全校学生平均分在2.1～3.9分之间，其应对困难与挫折评估达到L2层级。

L3：全校学生平均分在4～5.9分之间，其应对困难与挫折评估达到L3层级。

L4：全校学生平均分在6分及以上，其应对困难与挫折评估达到L4层级。

五、对应监测标准的典型案例

（一）“情绪调节”的典型案例

【背景】A学校初二年级有10个班，共500名学生。由各班班主任组织学生填写下面情绪调节的部分调查量表（如表20所示）。

表20

序号	下述各题在多大程度上与你的实际情况相符（请在每行后面的一个方框内打✓）	非常不符合			一般			非常符合
1	我能根据自己的情绪状态预知行为	1☐	2☐	3☐	4☐	5☐	6☐	7☐
2	愤怒时我知道我为什么会愤怒	1☐	2☐	3☐	4☐	5☐	6☐	7☐
3	我能够事后评价自己的情绪反应是否得当	1☐	2☐	3☐	4☐	5☐	6☐	7☐
4	遇到情感冲动或发怒时，我能够较快地平静下来	1☐	2☐	3☐	4☐	5☐	6☐	7☐
5	情绪高涨时我能够控制好，而不使它表现夸张	1☐	2☐	3☐	4☐	5☐	6☐	7☐
6	我相信即使在别人误解时也能克制自己的情绪	1☐	2☐	3☐	4☐	5☐	6☐	7☐
7	当情绪不好时，我自信能尽快调整好	1☐	2☐	3☐	4☐	5☐	6☐	7☐

【个体与总体监测方法】

学生个体监测结果评价：

每个学期情绪失控10次以上者，评价为L1，计2分及以下。每个学期情绪失控3～9次者，评价为L2，计2.1～3.9分。每个学期情绪失控1～2次者，评价为L3，计4～5.9分。一个学期没有情绪失控记录者，评价为L4，计6分及以上。

根据全校500名学生情绪调节的平均值，确定学校该项目的层级。

（二）“自我行为约束”的典型案例

【背景】A学校初二年级有10个班，共500名学生。由各班班主任组织学生填写下面自我行为约束部分的调查量表（如表21所示）。

表21

序号	下述各题在多大程度上与你的实际情况相符（请在每行后面的一个方框内打✓）	非常不符合			一般			非常符合
1	我拒绝对我有害的事	1□	2□	3□	4□	5□	6□	7□
2	我很懒	1□	2□	3□	4□	5□	6□	7□
3	我办事很准时	1□	2□	3□	4□	5□	6□	7□
4	我能为了长远的目标努力学习	1□	2□	3□	4□	5□	6□	7□

【个体与总体监测方法】

学生个体监测结果评价：

自我行为约束非常差者评价为L1，计2分及以下。自我行为约束较差者评价为L2，计2.1～3.9分。自我行为约束较好者评价为L3，计4～5.9分。自我行为约束很好者评价为L4，计6分及以上。

根据全校500名学生自我行为约束的平均值，确定学校该项目的层级。

（三）“应对困难与挫折”的典型案例

【背景】A学校初二年级有10个班，共500名学生。由各班班主任组织学生填写下面应对困难与挫折部分的调查量表（如表22所示）。

表22

序号	下述各题在多大程度上与你的实际情况相符（请在每行后面的一个方框内打✓）	非常不符合			一般			非常符合
1	我自己可以找出几种不同的解决问题的方法	1□	2□	3□	4□	5□	6□	7□
2	我会向亲戚朋友或同学寻求建议	1□	2□	3□	4□	5□	6□	7□
3	我常抱怨自己	1□	2□	3□	4□	5□	6□	7□
4	我对困难采取回避的态度	1□	2□	3□	4□	5□	6□	7□

【个体与总体监测方法】

学生个体监测结果评价：

应对困难与挫折非常差者评价为 L1，计 2 分及以下。应对困难与挫折较差者评价为 L2，计 2.1 ~ 3.9 分。应对困难与挫折较好者评价为 L3，计 4 ~ 5.9 分。应对困难与挫折很好者评价为 L4，计 6 分及以上。

根据全校 500 名学生应对困难与挫折的平均值，确定学校该项目的层级。

六、本指标开展监测与评价需要的佐证材料

学生对情绪调节、自我行为约束、应对困难与挫折的自我报告；校长对本校受测学生这三方面的整体感受报告；教师对所教班级受测学生这三方面的整体感受报告。

第五节　人际沟通

一、内涵

人际沟通，即人际交往，是指个体通过一定的语言、文字、动作或表情等表达手段将某种信息传递给其他个体的过程。中学生的人际沟通对其成长来说具有重大的影响。研究发现，人际交往对青少年的学校适应及学业成绩具有关键性作用，人际交往能力不足会导致青少年心理发展失调，表现出社会退缩或不适宜的社交行为（魏彬，2005）。

二、监测评价内容概要

2013 年教育部出台《关于推进中小学教育质量综合评价改革的意见》，文件中指出中学生人际沟通的维度主要包括同伴关系、师生关系和亲子关系三个方面。

三、主要监测点

综合理论和教育部的有关意见，本课题确定人际沟通的观测点除了亲子关系、师生关系、同伴关系三个三级指标，还增加考查影响初中生人际沟通能力的主要因素。即社会适应能力、自我感知能力（自尊自信）和个人意识、修养和行为习惯（尊重他人）三个三级指标，进一步丰富和完善中学生人际沟通的内容。本子课题在国家评价体系及相关政策文件的指导下从理论

和实证两个方面对人际沟通的六个三级评价指标进行细化和划分。

四、每个监测点的监测标准

（一）“亲子关系”的监测标准

亲子关系指父母与子女间的相互关系（孟育群，1998）。亲子冲突、亲子亲和是衡量亲子关系的两个重要维度。亲子冲突是指青少年与父母之间公开的行为对抗或对立。它常表现为争吵、分歧、争论甚至身体冲突等。亲子亲和主要指父母与子女之间亲密的情感联结，它既可以表现于积极的互动行为中，又可以表现为父母与子女心理上对彼此的亲密感受（张文新，2002）。本监测指标通过量表用问卷的方式去测量，亲子关系由亲子冲突、亲子亲和两个分量表组成。对亲子关系的检测分为两个层面：一是针对学生个体的微观评判，由学生本人填写量表；二是针对学校整体的评估，依据全校学生平均水平确定。

1. 个体层面。

亲子关系的检测，对学生亲子冲突和亲子亲和进行测评。采用李克特 7 分量表对每一项目打分，关系的最高分为 7 分，最低分为 1 分。亲子关系的得分由两个分量表得分之和的平均得到，亲子关系得分分为以下四个级别。

L1：两个分量表之和的平均分为 2 分及以下，表示亲子关系非常恶劣，父母与子女之间几乎难以成功地沟通。

L2：两个分量表之和的平均分为 2.1 ~ 3.9 分，表示亲子关系较差，父母与子女之间较少有成功的交流与沟通。

L3：两个分量表之和的平均分为 4 ~ 5.9 分，表示亲子关系较好，父母与子女的交流与沟通较畅顺。

L4：两个分量表之和的平均分为 6 分及以上，表示亲子关系非常好，父母与子女的关系如好朋友般完全信任，互相之间的交流与沟通非常畅顺。

2. 整体层面。

针对学校整体的评估，依据全校学生平均水平来确定，系统自动生成评价结果。

L1：全校学生平均分在 2 分及以下，其亲子关系评估达到 L1 层级。

L2：全校学生平均分在 2.1 ~ 3.9 分之间，其亲子关系评估达到 L2 层级。

L3：全校学生平均分在 4 ~ 5.9 分之间，其亲子关系评估达到 L3 层级。

L4：全校学生平均分在 6 分及以上，其亲子关系评估达到 L4 层级。

（二）“师生关系”的监测标准

师生关系，是指教师和学生在教育教学过程中，通过相互影响和作用而形成和建立起来的一种特殊的人际关系（李瑾瑜，1998）。本监测指标通过量表用问卷的方式去测量，师生关系由师生冲突、师生和谐两个分量表组成。对师生关系的检测分为两个层面：一是针对学生个体的微观评判，由学生本人填写量表；二是针对学校整体的评估，依据全校学生平均水平确定。

1. 个体层面。

师生关系的检测，对学生师生冲突、师生和谐进行测评。采用李克特7分量表对每一项目打分，关系的最高分为7分，最低分为1分。师生关系的得分由两个分量表得分之和的平均得到，师生关系得分分为以下四个级别。

L1：两个分量表之和的平均分为2分及以下，表示师生关系非常恶劣，教师与学生之间几乎难以成功地沟通。

L2：两个分量表之和的平均分为2.1～3.9分，表示师生关系较差，教师与学生之间较少有成功的交流与沟通。

L3：两个分量表之和的平均分为4～5.9分，表示师生关系较好，教师与学生的交流与沟通较畅顺。

L4：两个分量表之和的平均分为6分及以上，表示师生关系非常好，教师与学生的关系如好朋友般，互相之间的交流与沟通非常畅顺。

2. 整体层面。

针对学校整体的评估，依据全校学生平均水平确定，系统自动生成评价结果。

L1：全校学生平均分在2分及以下，其师生关系评估达到L1层级。

L2：全校学生平均分在2.1～3.9分之间，其师生关系评估达到L2层级。

L3：全校学生平均分在4～5.9分之间，其师生关系评估达到L3层级。

L4：全校学生平均分在6分及以上，其师生关系评估达到L4层级。

（三）“同伴关系”的监测标准

同伴关系是指年龄相同或相近的儿童之间的一种共同活动并相互协作的关系，或者主要指同龄人间或心理发展水平相当的个体间在交往过程中建立和发展起来的一种人际关系（孙晓军等，2009）。Harris（1997）强调，对儿童有重要而深远影响的环境因素不是父母对待儿童的方式，而是儿童的同伴群体。本监测指标通过量表用问卷的方式去测量，同伴关系由亲密关系、共同活动两个分量表组成。对同伴关系的检测分为两个层面：一是针对学生个体的微观评判，由学生本人填写量表；二是针对学校整体的评估，依据全校学生平均水平确定。

1. 个体层面。

同伴关系的检测，对学生亲密关系和共同活动进行测评。采用李克特7分量表对每一项目打分，关系的最高分为7分，最低分为1分。同伴关系的得分由两个分量表得分之和的平均得到，同伴关系得分分为四个级别。

L1：两个分量表之和的平均分为2分及以下，表示同伴关系非常恶劣，同伴之间几乎难以成功地沟通。

L2：两个分量表之和的平均分为2.1~3.9分，表示同伴关系较差，同伴之间较少有成功的交流与沟通。

L3：两个分量表之和的平均分为4~5.9分，表示同伴关系较好，同伴之间的交流与沟通较畅顺。

L4：两个分量表之和的平均分为6分及以上，表示同伴关系非常好，同伴之间完全信任，互相之间的交流与沟通非常畅顺。

2. 整体层面。

针对学校整体的评估，依据全校学生平均水平确定，系统自动生成评价结果。

L1：全校学生平均分在2分及以下，其同伴关系评估达到L1层级。

L2：全校学生平均分在2.1~3.9分之间，其同伴关系评估达到L2层级。

L3：全校学生平均分在4~5.9分之间，其同伴关系评估达到L3层级。

L4：全校学生平均分在6分及以上，其同伴关系评估达到L4层级。

（四）“社会适应行为”的监测标准

社会适应在社会心理学中叫社会适应行为或社会适应能力，一般统称适应行为。本监测指标通过量表用问卷的方式去测量，社会适应行为由亲社会行为和违规行为两个分量表组成。对社会适应行为的检测分为两个层面：一是针对学生个体的微观评判，由学生本人填写量表；二是针对学校整体的评估，依据全校学生平均水平确定。

1. 个体层面。

社会适应行为的检测，对学生亲社会行为、违规行为进行测评。采用李克特7分量表对每一项目打分，行为的最高分为7分，最低分为1分。社会适应行为的得分由两个分量表得分之和的平均得到，社会适应行为得分分为以下四个级别。

L1：两个分量表之和的平均分为2分及以下，表示社会适应行为非常差。

L2：两个分量表之和的平均分为2.1～3.9分，表示社会适应行为较差。

L3：两个分量表之和的平均分为4～5.9分，表示社会适应行为较好。

L4：两个分量表之和的平均分为6分及以上，表示社会适应行为非常好。

2. 整体层面。

针对学校整体的评估，依据全校学生平均水平确定，系统自动生成评价结果。

L1：全校学生平均分在2分及以下，其社会适应行为评估达到L1层级。

L2：全校学生平均分在2.1～3.9分之间，其社会适应行为评估达到L2层级。

L3：全校学生平均分在4～5.9分之间，其社会适应行为评估达到L3层级。

L4：全校学生平均分在6分及以上，其社会适应行为评估达到L4层级。

（五）"自尊"的监测标准

自尊是指个体自我评价的结果以及由此而产生的情感（张文新，1999）。本监测指标通过量表用问卷的方式去测量，自尊由学习自尊、社会自尊、身体自尊三个分量表组成。对自尊的检测分为两个层面：一是针对学生个体的微观评判，由学生本人填写量表；二是针对学校整体的评估，依据全校学生平均水平确定。

1. 个体层面。

自尊的检测，对学生学习自尊、社会自尊、身体自尊进行测评。采用李克特7分量表对每一项目打分，自尊的最高分为7分，最低分为1分。自尊的得分由三个分量表得分之和的平均得到，自尊得分分为以下四个级别。

L1：三个分量表之和的平均分为2分及以下，表示自尊很低，对自己完全不认同。

L2：三个分量表之和的平均分为2.1～3.9分，表示自尊较低，对自己不怎么认同。

L3：三个分量表之和的平均分为4～5.9分，表示自尊较高，对自己比较认同。

L4：三个分量表之和的平均分为6分及以上，表示自尊非常高。

2. 整体层面。

针对学校整体的评估，依据全校学生平均水平确定，系统自动生成评价结果。

L1：全校学生平均分在2分及以下，其自尊评估达到L1层级。

L2：全校学生平均分在2.1～3.9分之间，其自尊评估达到L2层级。

L3：全校学生平均分在4～5.9分之间，其自尊评估达到L3层级。

L4：全校学生平均分在6分及以上，其自尊评估达到L4层级。

（六）“尊重他人”的监测标准

Li Jin等（2007）提出：尊重是指向他人、不求回报的道义尊重和情感尊重。本监测指标通过量表用问卷的方式去测量，尊重他人由尊重观念和尊重行为两个分量表组成。对尊重他人的检测分为两个层面：一是针对学生个体的微观评判，由学生本人填写量表；二是针对学校整体的评估，依据全校学生平均水平确定。

1. 个体层面。

尊重他人的检测，对学生尊重观念和尊重行为进行测评。采用李克特7分量表对每一项目打分，尊重的最高分为7分，最低分为1分。尊重的得分由两个分量表得分之和的平均得到，尊重他人得分分为以下四个级别。

L1：两个分量表之和的平均分为2分及以下，表示尊重他人得分很低，完全不懂得尊重他人。

L2：两个分量表之和的平均分为2.1～3.9分，表示尊重他人得分较低，对他人不怎么尊重。

L3：两个分量表之和的平均分为4～5.9分，表示尊重他人得分较高，对他人比较尊重。

L4：两个分量表之和的平均分为6分及以上，表示尊重他人的得分非常高，日常里非常尊重他人。

2. 整体层面。

针对学校整体的评估，依据全校学生平均水平确定，系统自动生成评价结果。

L1：全校学生平均分在2分及以下，其尊重他人评估达到L1层级。

L2：全校学生平均分在2.1～3.9分之间，其尊重他人评估达到L2层级。

L3：全校学生平均分在4～5.9分之间，其尊重他人评估达到L3层级。

L4：全校学生平均分在6分及以上，其尊重他人评估达到L4层级。

五、对应监测标准的典型案例

（一）“亲子关系”的典型案例

【背景】假设A学校初二年级有10个班，共500名学生。由各班班主任组织学生填写下面的亲子关系部分调查量表（如表23所示）。

表 23

序号	下述各题在多大程度上与你的实际情况相符（请在每行后面的一个方框内打✓）	非常不符合			一般			非常符合
1	我和父母经常争吵	1□	2□	3□	4□	5□	6□	7□
2	我和父母经常互相责备和批评	1□	2□	3□	4□	5□	6□	7□
3	我和父母相互帮助和支持	1□	2□	3□	4□	5□	6□	7□
4	我和父母彼此非常亲近	1□	2□	3□	4□	5□	6□	7□
5	我和父母总能融洽相处	1□	2□	3□	4□	5□	6□	7□

【个体与总体监测方法】

学生个体监测结果评价：

L1：两个分量表之和的平均分为 2 分及以下，表示亲子关系非常恶劣，父母与子女之间几乎难以成功地沟通。L2：两个分量表之和的平均分为 2.1～3.9 分，表示亲子关系较差，父母与子女之间较少有成功的交流与沟通。L3：两个分量表之和的平均分为 4～5.9 分，表示亲子关系较好，父母与子女的交流与沟通较畅顺。L4：两个分量表之和的平均分为 6 分及以上，表示亲子关系非常好，父母与子女的关系如好朋友般完全信任，互相之间的交流与沟通非常畅顺。

根据全校 500 名学生亲子关系的平均值，确定学校该项目的层级。

（二）“师生关系”的典型案例

【背景】假设 A 学校初二年级有 10 个班，共 500 名学生。由各班班主任组织学生填写下面的师生关系部分调查量表（如表 24 所示）。

表 24

序号	下述各题在多大程度上与你的实际情况相符（请在每行后面的一个方框内打✓）	非常不符合			一般			非常符合
1	老师把学习成绩作为衡量学生优劣的尺度	1□	2□	3□	4□	5□	6□	7□
2	老师常误解我的行为而批评我	1□	2□	3□	4□	5□	6□	7□
3	老师公平地对待每个学生	1□	2□	3□	4□	5□	6□	7□
4	老师容易亲近	1□	2□	3□	4□	5□	6□	7□

【个体与总体监测方法】

学生个体监测结果评价：

L1：两个分量表之和的平均分为 2 分及以下，表示师生关系非常恶劣，教师与学生之间几乎难以成功地沟通。L2：两个分量表之和的平均分为 2. 1 ~3. 9 分，表示师生关系较差，教师与学生之间较少有成功的交流与沟通。L3：两个分量表之和的平均分为 4 ~5. 9 分，表示师生关系较好，教师与学生的交流与沟通较畅顺。L4：两个分量表之和的平均分为 6 分及以上，表示师生关系非常好，教师与学生的关系如好朋友般，互相之间的交流与沟通非常畅顺。

根据全校 500 名学生师生关系的平均值，确定学校该项目的层级。

（三）“同伴关系”的典型案例

【背景】假设 A 学校初二年级有 10 个班，共 500 名学生。由各班班主任组织学生填写下面的同伴关系部分调查量表（如表 25 所示）。

表 25

序号	下述各题在多大程度上与你的实际情况相符（请在每行后面的一个方框内打✓）	非常不符合			一般			非常符合
1	我能和异性同学正常交往	1☐	2☐	3☐	4☐	5☐	6☐	7☐
2	我有亲密的朋友	1☐	2☐	3☐	4☐	5☐	6☐	7☐
3	有困难时我会得到同学（朋友）的帮助	1☐	2☐	3☐	4☐	5☐	6☐	7☐
4	我积极参加集体活动	1☐	2☐	3☐	4☐	5☐	6☐	7☐

【个体与总体监测方法】

学生个体监测结果评价：

L1：两个分量表之和的平均分为 2 分及以下，表示同伴关系非常恶劣，同伴之间几乎难以成功地沟通。L2：两个分量表之和的平均分为 2. 1 ~3. 9 分，表示同伴关系较差，同伴之间较少有成功的交流与沟通。L3：两个分量表之和的平均分为 4 ~5. 9 分，表示同伴关系较好，同伴之间的交流与沟通较畅顺。L4：两个分量表之和的平均分为 6 分及以上，表示同伴关系非常好，同伴之间完全信任，互相之间的交流与沟通非常畅顺。

根据全校 500 名学生同伴关系的平均值，确定学校该项目的层级。

（四）“社会适应行为”的典型案例

【背景】假设 A 学校初二年级有 10 个班，共 500 名学生。由各班班主任组织学生填写下面的社会适应行为部分调查量表（如表 26 所示）。

表 26

序号	下述各题在多大程度上与你的实际情况相符 （请在每行后面的一个方框内打✓）	非常 不符合			一般			非常 符合
1	做错事后，我会向别人道歉	1□	2□	3□	4□	5□	6□	7□
2	我会将别人遗失的东西交公	1□	2□	3□	4□	5□	6□	7□
3	我因为不守校规而被罚留堂	1□	2□	3□	4□	5□	6□	7□
4	我随意欺负他人	1□	2□	3□	4□	5□	6□	7□

【个体与总体监测方法】

学生个体监测结果评价：

L1：两个分量表之和的平均分为 2 分及以下，表示社会适应行为非常差。L2：两个分量表之和的平均分为 2.1～3.9 分，表示社会适应行为较差。L3：两个分量表之和的平均分为 4～5.9 分，表示社会适应行为较好。L4：两个分量表之和的平均分为 6 分及以上，表示社会适应行为非常好。

根据全校 500 名学生社会适应行为的平均值，确定学校该项目的层级。

（五）“自尊”的典型案例

【背景】假设 A 学校初二年级有 10 个班，共 500 名学生。由各班班主任组织学生填写下面的自尊部分调查量表（如表 27 所示）。

表 27

序号	下述各题在多大程度上与你的实际情况相符 （请在每行后面的一个方框内打✓）	非常 不符合			一般			非常 符合
1	我为自己的学习成绩感到自豪	1□	2□	3□	4□	5□	6□	7□
2	我学习上的表现不如自己希望的那么好	1□	2□	3□	4□	5□	6□	7□

续上表

序号	下述各题在多大程度上与你的实际情况相符（请在每行后面的一个方框内打✓）	非常不符合			一般			非常符合
3	我很受周围的人欢迎	1□	2□	3□	4□	5□	6□	7□
4	我对自己持积极的态度	1□	2□	3□	4□	5□	6□	7□
5	我常对自己的身材感到满意	1□	2□	3□	4□	5□	6□	7□
6	我常因为自己的外貌而感到抑郁寡欢	1□	2□	3□	4□	5□	6□	7□

【个体与总体监测方法】

学生个体监测结果评价：

L1：三个分量表之和的平均分为 2 分及以下，表示自尊很低，对自己完全不认同。L2：三个分量表之和的平均分为 2.1～3.9 分，表示自尊较低，对自己不怎么认同。L3：三个分量表之和的平均分为 4～5.9 分，表示自尊较高，对自己比较认同。L4：三个分量表之和的平均分为 6 分及以上，表示自尊非常高。

根据全校 500 名学生自尊的平均值，确定学校该项目的层级。

（六）“尊重他人”的典型案例

【背景】假设 A 学校初二年级有 10 个班，共 500 名学生。由各班班主任组织学生填写下面的尊重他人部分调查量表（如表 28 所示）。

表 28

序号	下述各题在多大程度上与你的实际情况相符（请在每行后面的一个方框内打✓）	非常不符合			一般			非常符合
1	我认为要尊重别人的习惯	1□	2□	3□	4□	5□	6□	7□
2	我认为不仅要尊重长辈也要尊重同辈	1□	2□	3□	4□	5□	6□	7□
3	我会尊重别人的风俗习惯	1□	2□	3□	4□	5□	6□	7□
4	我除了尊敬师长，还会尊重同学朋友	1□	2□	3□	4□	5□	6□	7□

【个体与总体监测方法】

学生个体监测结果评价：

L1：两个分量表之和的平均分为 2 分及以下，表示尊重他人得分很低，完全不懂得尊重他人。L2：两个分量表之和的平均分为 2.1 ~ 3.9 分，表示尊重他人得分较低，对他人不怎么尊重。L3：两个分量表之和的平均分为 4 ~ 5.9 分，表示尊重他人得分较高，对他人比较尊重。L4：两个分量表之和的平均分为 6 分及以上，表示尊重他人的得分非常高，日常里非常尊重他人。

根据全校 500 名学生尊重他人的平均值，确定学校该项目的层级。

六、本指标开展监测与评价需要的佐证材料

学生对亲子关系、师生关系、同伴关系、社会适应行为、自尊和尊重他人做自我报告；校长对本校受测学生这六方面的整体感受做报告；教师对所教班级受测学生这六方面的整体感受做报告。

参考文献

[1] 于浩. 社会阶层与健康生活方式关系研究的回顾与前瞻 [J]. 南京社会科学，2003 (5)：68 - 72.

[2] 冯浩. 《国家学生体质健康标准》2014 年修订版之变化 [J]. 运动，2015 (11)：104 - 105.

[3] 叶广俊. 现代儿童少年卫生学 [M]. 北京：人民卫生出版社，1999.

[4] 林崇德，等. 中国中学教学百科全书：教育卷 [M]. 沈阳：沈阳出版社，1990.

[5] 王璐，等. 中小学生健康素养内涵与结构的认知分析 [J]. 中国学校卫生，2015，36 (2)：170 - 173.

[6] 袁世全，等. 中国百科大辞典 [M]. 北京：华夏出版社，2005.

[7] 嵇家俊. 青少年情绪调节能力及其与家庭功能的关系研究 [D]. 上海：上海师范大学，2010.

[8] TANGNEY J P, et al. High Self-Control Predicts Good Adjustment, Less Pathology, Better Grades, and Interpersonal Success [J]. Journal of Personality, 2004, 72 (2): 271 - 322.

[9] 姜乾金，等. 心理应激：应付的分类与心身健康 [J]. 中国心理卫生杂志，1993 (4)：145 - 147.

[10] 魏彬. 中学生人际关系对心理健康的影响及教育引导 [D]. 济

南：山东师范大学，2005.

[11] KOPP C B. Adolescent of Self-regulation：A Development Personality Perspective [J]. Development Psychology，1982 (6)：199 - 214.

[12] 王萍. 中学生情绪智力、应对方式与学业成绩的关系研究 [D]. 长春：东北师范大学，2013.

[13] 孟育群. 少年亲子关系研究 [M]. 北京：教育科学出版社，1998.

[14] 张文新. 青少年发展心理学 [M]. 济南：山东人民出版社，2002.

[15] 李瑾瑜. 关于师生关系本质的认识 [J]. 教育评论，1998 (4)：34 - 36.

[16] 孙晓军，等. 童年中期不同水平的同伴交往变量与孤独感的关系 [J]. 心理科学，2009 (3)：567 - 570.

[17] HARRIS J R. Where is the Child's Environment? A Group Socialization Theory of Development [J]. Psychological Review，1995，102 (3)：458 - 489.

[18] 张文新. 儿童社会性发展 [M]. 北京：北京师范大学出版社，1999.

[19] LI J，FISCHER K W. Respect as a Positive Self-Conscious Emotion in European Americans and Chinese [M] //TRACY J L. The Self-Conscious Emotion：Theory and Research. New York：Guilford Press，2007：224 - 242.

兴趣特长养成监测标准研究报告

广东省义务教育质量监测指标体系包括品德发展水平、学业发展水平、身心发展水平、兴趣特长养成、学业负担状况、影响因素六个一级指标。

作为监测指标体系中的一个一级指标，“兴趣特长养成”包括好奇心与求知欲、爱好特长、潜能发展三个二级指标。二级指标“好奇心与求知欲”主要考查学生对学科知识、社会现象和自然现象观察、思考和探究的兴趣、能力和水平；二级指标“爱好特长”主要考查学生在文学、科学、体育、艺术等领域的发展状况；二级指标“潜能发展”主要考查学生在学科学业、科技创新、体育艺术、组织管理等方面的突出素质和进一步发展的能力。

各学校在一级指标、二级指标及二级指标下的各监测点的评价结果，根据该校抽出学生样本的评价结果得出。学生个体层面的评价，按其在一级指标、二级指标及二级指标下的各监测点的相应得分率，均划分为四个层级。例如：

L1：量表相应部分的测试得分在总分数的20%以下。

L2：量表相应部分的测试得分达到总分数的20%～49%。

L3：量表相应部分的测试得分达到总分数的50%～79%。

L4：量表相应部分的测试得分达到总分数的80%以上。

学校整体层面的层级评价，根据该校学生样本的层级评价结果得出，同时给出该校在该指标的平均得分率及该指标的全省平均得分率。

第一节　好奇心与求知欲

一、好奇心与求知欲内涵

“好奇心”是指个体对自己所不了解的事物表示特别注意的情绪和喜欢对其进一步探究的心理状态。“求知欲”是指探求知识的强烈欲望，是一种比好奇心更进一步的心理状态。好奇心与求知欲是个体学习的内在动机之一，是个体探求知识的动力。Berlyne（1954）把好奇心分为感知类好奇心与认知类好奇心。感知好奇心（perceptual curiosity）是由新奇事物的刺激产生的，其程度会随着刺激的持续而衰减；认知好奇心（epistemic curiosity）是指对知识的渴望与追求。认知好奇心产生的对知识的渴望，会促使人们去学习新的知识，消除信息的缺失，解决知识性的问题（Loewenstein，1994）。Litman（2005）把认知好奇心又分为兴趣型（interest-type）好奇心与剥夺型（deprivation-type）好奇心。兴趣好奇心是指个体由于知识或信息的缺失，只是纯粹地被新事物所吸引。剥夺型好奇心是指个体明确知道自己在解决问题的过程中缺少某些知识或信息，并努力寻求解决办法。兴趣型好奇心驱使个体广泛地、多方面地学习、探索新事物；剥夺型好奇心驱使个体进行特定的探索。强烈的好奇心是创造性人格的重要特征之一（聂衍刚、郑雪，2005）。

二、好奇心与求知欲内容概要

作为“兴趣特长养成”中的二级指标，“好奇心与求知欲”特指初中生对某学科知识和技能、社会现象、自然现象的关心、思考、探究的欲望。

三、主要监测点

好奇心与求知欲对于中学生学习具有非常重要的作用，是学习的重要因素，是产生观念和思想的基础，也是创造性人才不可缺少的品质。

在初中阶段，学科知识的学习对学生来说是首要任务，是将来进一步学习各种知识的基础。学生对所学知识的浓厚兴趣，会促进其取得更好的学业成就。同时，初中阶段学生比较容易对新鲜事物感到好奇，是培养发展广泛兴趣爱好的重要阶段。学生对社会现象和自然现象的关心、思考、探究，可以拓宽视野，积累各种知识、体验，为下一阶段的学习、生活奠定能力基础，扩展未来职业、人生的选择方向。因此，确定初中生“好奇心与求知欲”的主要监测点为以下三个。

1. 学科知识的好奇心与求知欲，主要指学生对学科知识的学习兴趣和进一步深入探求欲望的状况。通过自我评价、教师评价，重点监测语文与数学两个学科，包括课内与课外两部分内容。

2. 社会现象的好奇心与求知欲，主要指学生对各种社会现象进行了解、观察、思考、探究的状况。通过自我评价、教师评价，重点监测历史文化、周围事物及环境、国内外发生的事件等方面。

3. 自然现象的好奇心与求知欲，主要指学生对各种自然现象进行了解、观察、思考、探究的状况。通过自我评价、教师评价，重点监测大自然、动植物、人体等方面。

四、每个监测点的监测标准

好奇心与求知欲虽然可以通过观察个体的行动进行推断，但是其为个体内在的情绪、心理状态，因此，以学生自评结果为主，教师问卷的调查结果为辅进行监测。

（一）“学科知识的好奇心与求知欲”的监测标准

监测标准的研制。学科知识的好奇心与求知欲的监测，分为两个层面：一是针对学生个体的微观评判，即监测到个体；二是针对学校整体的评估，即进行整体评判。

1. 个体层面。

本监测点由学生根据自己对语文与数学学科课内外知识的好奇心与求知欲的实际发展状况进行自我评价。学科知识监测标准的四个等级描述如下。

L1：缺乏对语文、数学学科知识学习的兴趣。

L2：对语文、数学学科知识的学习有一定的兴趣，但缺乏进一步探究的欲望。

L3：在语文、数学学科方面有较强的学习兴趣，并有一定的进一步探究的欲望。

L4：在语文、数学学科方面有浓厚的学习兴趣，同时具有强烈的深入探究的欲望。

2. 整体层面。

根据学校受监测年级学生学科知识的好奇心与求知欲调查结果，进行学生学科知识的好奇心与求知欲发展水平的整体划分；划分时以50%为分界线，在学生自我评价的基础上，参考教师问卷的结果生成评价结果。学科知识的好奇心与求知欲监测标准的四个等级描述如下。

L1：超过50%学生学科知识的好奇心与求知欲评估仅在L1层级。

L2：50%及以上学生学科知识的好奇心与求知欲评估达到L2以上层级。

L3：50%及以上学生学科知识的好奇心与求知欲评估达到L3以上层级。

L4：50%及以上学生学科知识的好奇心与求知欲评估达到L4层级。

（二）“社会现象的好奇心与求知欲”的监测标准

监测标准的研制。社会现象的好奇心与求知欲的监测，分为两个层面：一是针对学生个体的微观评判，即监测到个体；二是针对学校整体的评估，即进行整体评判。

1. 个体层面。

本监测点由学生根据自己对各种社会现象的好奇心与求知欲的实际发展状况进行自我评价。社会现象的好奇心与求知欲监测标准的四个等级描述如下。

L1：缺乏对历史文化、周围事物及环境、国内外发生的事件等社会现象的兴趣。

L2：对某些特定的社会现象有一定的兴趣。

L3：不仅对各种社会现象有着广泛的兴趣，还对其发生的原因感兴趣。

L4：喜欢深入了解各种社会现象，并常常思考、探究其发生的原因及各种现象之间的关系。

2. 整体层面。

根据学校受监测年级学生社会现象的好奇心与求知欲调查结果，进行学生社会现象的好奇心与求知欲发展水平的整体划分；划分时以 50% 为分界线，在学生自我评价的基础上，参考教师问卷的结果生成评价结果。社会现象的好奇心与求知欲监测标准的四个等级描述如下。

L1：超过 50% 学生社会现象的好奇心与求知欲评估仅在 L1 层级。

L2：50% 及以上学生社会现象的好奇心与求知欲评估达到 L2 以上层级。

L3：50% 及以上学生社会现象的好奇心与求知欲评估达到 L3 以上层级。

L4：50% 及以上学生社会现象的好奇心与求知欲评估达到 L4 层级。

（三）“自然现象的好奇心与求知欲”的监测标准

监测标准的研制。自然现象的好奇心与求知欲的监测，分为两个层面：一是针对学生个体的微观评判，即监测到个体；二是针对学校整体的评估，即进行整体评判。

1. 个体层面。

本监测点由学生根据自己对各种自然现象的好奇心与求知欲的实际发展状况进行自我评价。自然现象的好奇心与求知欲监测标准的四个等级描述如下。

L1：缺乏对大自然、动植物、人体等自然现象的兴趣。

L2：对某些特定的自然现象有一定的兴趣。

L3：不仅喜欢了解观察各种自然现象，有着广泛的兴趣，还对其发生的原因感兴趣。

L4：喜欢深入了解、观察各种自然现象，并常常思考、探究其发生的原因及各种现象之间的关系。

2. 整体层面。

根据学校受监测年级学生自然现象的好奇心与求知欲调查结果，进行学生自然现象的好奇心与求知欲发展水平的整体划分；划分时以 50% 为分界线，在学生自我评价的基础上，参考教师问卷的结果生成评价结果。自然现象的好奇心与求知欲监测标准的四个等级描述如下。

L1：超过 50% 学生自然现象的好奇心与求知欲评估仅在 L1 层级。

L2：50% 及以上学生自然现象的好奇心与求知欲评估达到 L2 以上层级。

L3：50% 及以上学生自然现象的好奇心与求知欲评估达到 L3 以上层级。

L4：50% 及以上学生自然现象的好奇心与求知欲评估达到 L4 层级。

五、本指标开展监测与评价需要的佐证材料

（一）“学科知识的好奇心与求知欲”的佐证材料

1. 学生日常学科学习表现的记录。
2. 学生参加与学科相关的社团、讲座等的记录。
3. 教师评价、家长评价、同伴评价。

（二）“社会现象的好奇心与求知欲”的佐证材料

1. 学生在学校图书馆借阅图书记录中社会类图书的借阅情况。
2. 学生参加社会活动、社会调查、相关讲座等的记录。
3. 教师评价、家长评价、同伴评价。

（三）“自然现象的好奇心与求知欲”的佐证材料

1. 学生在学校图书馆借阅图书记录中自然类图书的借阅情况。
2. 学生参加相关社团、相关讲座、兴趣小组活动等的记录。
3. 教师评价、家长评价、同伴评价。

第二节　爱好特长

一、爱好特长内涵

“兴趣”是个体力求认识某种事物或从事某项活动的心理倾向，带有强烈感情色彩，与个体好奇心、探求倾向密切相关。“爱好”是指个体对某个领域或技能具有浓厚兴趣并积极参加该领域的活动。兴趣（interest）和爱好

（hobby）都和人的积极情感相联系，培养良好的兴趣爱好是可以推动人努力学习、不断进取的有效途径。兴趣强调的是内在的情感体验，而爱好是指向参与行为。

“特长”，即特别擅长（specialty）的简称，是指个体特别擅长的特定技能或特有的学习、研究或生活经验，是一般别人很难达到的，因此才被称为特长。特长是个体发展过程中在某一个方面表现出的优势，形成这种优势的原因既可能是其先天生理特点，也可能是后天环境与教育影响长期积累的结果，而更多的则是二者共同作用的结果。从个性心理学的角度看，特长的形成往往与个体的兴趣和爱好密切相关。但是，“爱好”并不需要一定具有专业性，成为“爱好”只需要自己的意愿。而且，成就某种特长并非都是因为爱好，很多情况下个体的特长是为某种需要而逐渐练成的。此外，成就某种特长不仅需要个体的不断努力、爱好等因素，天赋也是形成某种特长的重要因素之一。

二、爱好特长内容概要

作为“兴趣特长养成”中的二级指标，“爱好特长”特指初中学生在文学、科学、艺术、体育等方面的爱好与特长。

三、主要监测点

初中阶段是青少年培养、拓展兴趣爱好的重要阶段，也是特长的显露与形成的重要时期。青少年在初中阶段充分培养发展自己的爱好与特长，将对自身的全面发展及拓宽未来职业发展的领域起到积极作用，为未来的幸福生活奠定坚实的基础。初中阶段学生的学科学业以外的特长主要表现在文学、科学、文艺、体育这几个方面。因此，确定初中生“爱好特长”的主要监测点为以下四个。

1. 文学方面的爱好特长，主要指学生在文学领域的爱好与特长的发展状况和结果。通过自我评价、教师评价，重点监测古今中外文学作品的阅读鉴赏、文学作品的创作等方面。

2. 科学方面的爱好特长，主要指学生在科学领域的爱好与特长的发展状况和结果。通过自我评价、教师评价，重点监测机械、电子、计算机、生物、科学实验等方面。

3. 体育方面的爱好特长，主要指学生在体育领域的爱好与特长的发展状况和结果。通过自我评价、教师评价，重点监测体育活动与日常体育运动的参与，以及田径、游泳、球类等体育项目方面。

4. 艺术方面的爱好特长，主要指学生在艺术领域的爱好与特长的发展状况和结果。通过自我评价、教师评价，重点监测音乐、美术、表演等方面。

四、每个监测点的监测标准

义务教育需要在为全体学生共同发展打好基础的同时，促进学生的个性化发展。爱好虽然可以通过观察个体的行动进行推断，但是其由个体内在的主观情感决定，适合采用学生自评的方式为主，教师问卷的调查结果为辅进行监测。特长的发展状况虽然可以主要通过学生在各类比赛、竞赛中的获奖及表现进行推断，但不同学校、不同家庭背景的学生参加各类比赛、竞赛机会存在较大差异，学生的自我评价可以作为一个重要的补充。

（一）“文学方面的爱好特长”的监测标准

文学方面的爱好特长的监测，分为两个层面：一是针对学生个体的微观评判，即监测到个体；二是针对学校整体的评估，即进行整体评判。

1. 个体层面。

本监测点由学生根据自己在文学方面的爱好特长的实际发展状况进行自我评价，并结合相关的佐证材料生成评价结果。文学方面的爱好特长监测标准的四个等级描述如下。

L1：缺乏文学方面的爱好。

L2：在文学的某些方面有一定的爱好。

L3：对文学有浓厚的兴趣和广泛的爱好。

L4：对文学有浓厚的兴趣和广泛的爱好，并在文学的某些方面有一定的特长。

2. 整体层面。

根据学校受监测年级学生文学方面的爱好特长调查结果，进行学生文学方面的爱好特长发展水平的整体划分；划分时以50%为分界线，在对个体评价结果的基础上，参考教师问卷的结果生成评价结果。文学方面的爱好特长监测标准的四个等级描述如下。

L1：超过50%学生文学方面的爱好特长评估仅在L1层级。

L2：50%及以上学生文学方面的爱好特长评估达到L2以上层级。

L3：50%及以上学生文学方面的爱好特长评估达到L3以上层级。

L4：50%及以上学生文学方面的爱好特长评估达到L4层级。

（二）“科学方面的爱好特长”的监测标准

科学方面的爱好特长的监测，同样也分为两个层面：一是针对学生个体的微观评判，即监测到个体；二是针对学校整体的评估，即进行整体评判。

1. 个体层面。

本监测点由学生根据自己在科学方面的爱好特长的实际发展状况进行自我评价，并结合相关的佐证材料生成评价结果。科学方面的爱好特长监测标准的四个等级描述如下。

L1：缺乏科学方面的爱好。

L2：在科学的某些方面有一定的爱好。

L3：对科学有浓厚的兴趣和广泛的爱好。

L4：对科学有浓厚的兴趣和广泛的爱好，并在科学的某些方面有一定的特长。

2. 整体层面。

根据学校受监测年级学生科学方面的爱好特长调查结果，进行学生科学方面的爱好特长发展水平的整体划分；划分时以50%为分界线，在对个体评价结果的基础上，参考教师问卷的结果生成评价结果。科学方面的爱好特长监测标准的四个等级描述如下。

L1：超过50%学生科学方面的爱好特长评估仅在L1层级。

L2：50%及以上学生科学方面的爱好特长评估达到L2以上层级。

L3：50%及以上学生科学方面的爱好特长评估达到L3以上层级。

L4：50%及以上学生科学方面的爱好特长评估达到L4层级。

（三）"体育方面的爱好特长"的监测标准

体育方面的爱好特长的监测，同样也分为两个层面：一是针对学生个体的微观评判，即监测到个体；二是针对学校整体的评估，即进行整体评判。

1. 个体层面。

本监测点由学生根据自己在体育方面的爱好特长的实际发展状况进行自我评价，并结合相关的佐证材料生成评价结果。体育方面的爱好特长监测标准的四个等级描述如下。

L1：缺乏体育方面的爱好。

L2：在体育的某些方面有一定的爱好。

L3：对体育有浓厚的兴趣和广泛的爱好。

L4：对体育有浓厚的兴趣和广泛的爱好，并在体育的某些项目上有一定的特长。

2. 整体层面。

根据学校受监测年级学生体育方面的爱好特长调查结果，进行学生体育方面的爱好特长发展水平的整体划分；划分时以50%为分界线，在对个体评价结果的基础上，参考教师问卷的结果生成评价结果。体育方面的爱好特长监测标准的四个等级描述如下。

L1：超过 50% 学生体育方面的爱好特长评估仅在 L1 层级。

L2：50% 及以上学生体育方面的爱好特长评估达到 L2 以上层级。

L3：50% 及以上学生体育方面的爱好特长评估达到 L3 以上层级。

L4：50% 及以上学生体育方面的爱好特长评估达到 L4 层级。

（四）“艺术方面的爱好特长”的监测标准

艺术方面的爱好特长的监测，同样也分为两个层面：一是针对学生个体的微观评判，即监测到个体；二是针对学校整体的评估，即进行整体评判。

1. 个体层面。

本监测点由学生根据自己在艺术方面的爱好特长的实际发展状况进行自我评价，并结合相关的佐证材料生成评价结果。艺术方面的爱好特长的监测标准的四个等级描述如下。

L1：缺乏艺术方面的爱好。

L2：在艺术的某些方面有一定的爱好。

L3：对艺术有浓厚的兴趣和广泛的爱好。

L4：对艺术有浓厚的兴趣和广泛的爱好，并在艺术的某些方面有一定的特长。

2. 整体层面。

根据学校受监测年级学生艺术方面的爱好特长调查结果，进行学生艺术方面的爱好特长发展水平的整体划分；划分时以 50% 为分界线，在对个体评价结果的基础上，参考教师问卷的结果生成评价结果。艺术方面的爱好特长监测标准的四个等级描述如下。

L1：超过 50% 学生艺术方面的爱好特长评估仅在 L1 层级。

L2：50% 及以上学生艺术方面的爱好特长评估达到 L2 以上层级。

L3：50% 及以上学生艺术方面的爱好特长评估达到 L3 以上层级。

L4：50% 及以上学生艺术方面的爱好特长评估达到 L4 层级。

五、本指标开展监测与评价需要的佐证材料

（一）“文学方面的爱好特长”的佐证材料

1. 学生在学校图书馆借阅图书记录中文学类图书的借阅情况。

2. 学生参加文学类社团、讲座、竞赛等的记录。

3. 学生在各级文学类竞赛中获奖情况的记录。

4. 学生的文学类作品、投稿、作品发表等的记录。

5. 教师评价、家长评价、同伴评价。

（二）“科学方面的爱好特长”的佐证材料

1. 学生在学校图书馆借阅图书记录中科学类图书的借阅情况。
2. 学生参加科学类社团、讲座、竞赛等的记录。
3. 学生在各级科学类竞赛中获奖情况的记录。
4. 学生的科学类研究、作品、作品发表情况等的记录。
5. 教师评价、家长评价、同伴评价。

（三）“体育方面的爱好特长”的佐证材料

1. 学生体育课的成绩及表现、学校各项体育活动参加情况的记录。
2. 学生参加课后体育训练、各种体育比赛等的记录。
3. 学生在各级体育比赛中获奖情况的记录。
4. 教师评价、家长评价、同伴评价。

（四）“艺术方面的爱好特长”的佐证材料

1. 学生音乐课、美术课的成绩及表现，学校各项艺术活动参加情况等记录。
2. 学生参加艺术类社团、表演、比赛等的记录。
3. 学生在各级艺术比赛中获奖情况的记录。
4. 学生完成的艺术类作品、作品发表情况的记录。
5. 教师评价、家长评价、同伴评价。

第三节　潜能发展

一、潜能发展内涵

辞海中把“潜能”解释为同“现实”相对。古希腊亚里士多德用语。潜能（potential）指可能性的存在，“现实”指得到实现的潜能。张春兴所著的《张氏心理学辞典》把“潜能”解释为个体未来可能发展的潜在能力。潜能与实际能力不同，并不是指个体学得的知识经验或对某些作业熟谙的程度，而是指将来有机会学习或接受训练时可能达到的程度。

美国哲学家伊斯雷尔·谢弗勒（Israel Scheffler），在其著作《人类的潜能：一项教育哲学的研究》一书中提出：“作为可能性的潜能”“作为倾向性的潜能”“作为能动性的潜能”三种潜能的概念。作为可能性的潜能是指形成某一具体特征的可能性，即在未来某一时间成为具有这种特征的人的可能性；作为倾向性的潜能是指潜能的开发要受到条件的制约，其过程漫长而复杂，不可预见其发展的情况和最终的结果，只有在一定的条件下才可以预测这种发展的状况；作为能动性的潜能是指在潜能开发过程中个体具有通过有意识的自主的活动，获得或形成某一特征的努力。

影响个体潜能发展的主要有兴趣、动机、能力、个性这四个重要因素。“兴趣是最好的老师”，促使学生去认真学习和熟练某项技能的很大一个动力就是学生的兴趣爱好。学生是否具有学习某个领域的知识或技能的兴趣，是其能否学好这知识或技能的基本前提，如果缺乏浓厚的兴趣，则很难进一步全面、系统、深入地掌握相关的知识与技能。但兴趣是一种情绪，要使兴趣稳定、持久地保持下去，则动机是重要的影响因素。然而，具备兴趣和动机仅仅是在该领域取得进一步的发展必要条件，并不能保证其就会在这个领域取得进一步的发展。能否进一步全面、系统、深入地掌握相关的知识与技能还要看其是否具备该领域所必需的基本能力。

人类的智能是多元化的，语言、数学逻辑、空间、身体运动、音乐、自我认知等多种智能是每个人生来就具有的，并以不同形式、不同程度的组合，构成每个人特有的智能结构。不同的人在不同方面的能力优势不同，正所谓“尺有所短，寸有所长”。根据自身的能力优势，选择适合于自己能力发展的方向，才能事半功倍。

此外，个性因素也是不可忽略的，在不同的领域中发挥优势的个性特点往往不同。任何能力都有一个从“潜在能力”到“显在能力”的逐步发展过程。中学阶段正是发展“潜在能力”为“显在能力”的重要时期。了解学生潜能发展的状况，可以为学生提供更好的潜能发展的教育环境，进一步促进学生潜能的发展。

二、潜能发展内容概要

作为“兴趣特长养成”中的二级指标，“潜能发展”特指初中生在某学科知识和技能、科学创新、体育艺术、组织管理等方面的突出素质和进一步发展的能力。

三、主要监测点

在初中阶段，学科知识的学习对学生来说是首要任务，是将来进一步学习各种知识的基础。让学生充分发挥其在学科学习上的潜能，会对其未来的职业生涯的发展起到积极作用。同时，初中阶段是青少年培养、拓展爱好特长的重要阶段，了解其在各个领域的发展潜能，有助于其充分发挥自身的优势，充分发展其个性与特长，形成可持续发展能力。同时，有助于明确学生的生涯发展方向的初步规划，为未来的生活打下坚实的能力基础。初中阶段除学科学业外，科学创新、体育艺术、组织管理方面的潜能发展，对学生的未来职业生涯选择与发展具有较强的关联。因此，确定初中生“潜能发展”的主要监测点为以下四个。

1. 学科学业的潜能发展，主要指学生在学科学业方面的突出素质和进一步发展的能力的状况。通过自我评价、教师评价，重点监测学习意欲、基础能力、实践能力、耐力等方面，包括语文与数学两个学科。

2. 科技创新的潜能发展，主要指学生在科技创新方面的突出素质和进一步发展的能力的状况。通过自我评价、教师评价，重点监测创新欲望、思考能力、实践能力、耐力等方面。

3. 体育艺术的潜能发展，主要指学生在体育艺术方面的突出素质和进一步发展的能力的状况。通过自我评价、教师评价，重点监测兴趣、基础身体素质、自信力、耐力等方面。

4. 组织管理的潜能发展，主要指学生在组织管理方面的突出素质和进一步发展的能力的状况。通过自我评价、教师评价，重点监测表达能力、协调能力、组织领导能力等方面。

四、每个监测点的监测标准

在影响个体潜能发展的四个重要因素中，对“兴趣”的评价适合以自评的方式为主，“动机”与“个性”可以通过自评与他评相结合的方式，“能力”也可以通过自评与他评方式进行评价，但需要客观的评价结果作为佐证。因此，潜能发展的监测对“兴趣”“动机”与“个性”的评价以学生自评结果为主，教师问卷的调查结果为辅；对“能力”的评价除学生自评与教师评价外，同时参考学业发展水平中的相关测评数据给出评价结果。

（一）“学科学业的潜能发展”的监测标准

学科学业的潜能发展的监测，分为两个层面：一是针对学生个体的微观评判，即监测到个体；二是针对学校整体的评估，即进行整体评判。

1. 个体层面。

本监测点由学生根据自己在学科学业的潜能发展方面的发展状况进行自我评价，并结合一级指标学业发展水平中的相关评价结果等相关的佐证材料生成评价结果。学科学业潜能发展监测标准的四个等级描述如下。

L1：在学科学习上缺乏良好的素质，进一步发展的潜力较小。

L2：在学科学习上具备部分良好的素质，有一定的发展潜力。

L3：在学科学习上具备良好的素质，有较大的发展潜力。

L4：在学科学习上具备突出的素质，有很大的进一步发展潜力。

2. 整体层面。

根据学校受监测年级学生学科学业的潜能发展调查结果，进行学生学科学业的潜能发展水平的整体划分；划分时以50%为分界线，在对个体评价结果的基础上，参考教师问卷的结果生成评价结果。学科学业潜能发展监测标准的四个等级描述如下。

L1：超过50%学生学科学业的潜能发展评估仅在L1层级。

L2：50%及以上学生学科学业的潜能发展评估达到L2以上层级。

L3：50%及以上学生学科学业的潜能发展评估达到L3以上层级。

L4：50%及以上学生学科学业的潜能发展评估达到L4层级。

（二）"科技创新的潜能发展"的监测标准

科技创新的潜能发展的监测，分为两个层面：一是针对学生个体的微观评判，即监测到个体；二是针对学校整体的评估，即进行整体评判。

1. 个体层面。

本监测点由学生根据自己在科技创新的潜能发展方面的发展状况进行自我评价，并结合一级指标学业发展水平中的相关评价结果等相关的佐证材料生成评价结果。科技创新潜能发展监测标准的四个等级描述如下。

L1：缺乏在科技创新方面的素质，进一步发展的潜力较小。

L2：具备某些科技创新方面的素质，有一定的发展潜力。

L3：具备良好的科技创新方面的素质，有较大的发展潜力。

L4：在科技创新方面具备突出的素质，有很大的进一步发展潜力。

2. 整体层面。

根据学校受监测年级学生科技创新的潜能发展调查结果，进行学生科技创新的潜能发展水平的整体划分；划分时以50%为分界线，在对个体评价结果的基础上，参考教师问卷的结果生成评价结果。科技创新潜能发展监测标准的四个等级描述如下。

L1：超过50%学生科技创新的潜能发展评估仅在L1层级。

L2：50%及以上学生科技创新的潜能发展评估达到L2以上层级。

L3：50%及以上学生科技创新的潜能发展评估达到L3以上层级。

L4：50%及以上学生科技创新的潜能发展评估达到L4层级。

（三）“体育艺术的潜能发展”的监测标准

体育艺术的潜能发展的监测，分为两个层面：一是针对学生个体的微观评判，即监测到个体；二是针对学校整体的评估，即进行整体评判。

1. 个体层面。

本监测点由学生根据自己在体育艺术的潜能发展方面的发展状况进行自我评价，并结合一级指标身心发展水平中的相关评价结果等相关的佐证材料生成评价结果。体育艺术潜能发展监测标准的四个等级描述如下。

L1：缺乏在体育、艺术方面发展的基本素质，进一步发展的潜力较小。

L2：在体育、艺术方面有一定的素质，具有进一步发展潜力。

L3：具备良好的体育、艺术方面的素质，有较大的发展潜力。

L4：在体育、艺术方面具备突出的素质，有很大的进一步发展潜力。

2. 整体层面。

根据学校受监测年级学生体育艺术的潜能发展调查结果，进行学生体育艺术的潜能发展水平的整体划分；划分时以 50% 为分界线，在对个体评价结果的基础上，参考教师问卷的结果生成评价结果。体育艺术潜能发展监测标准的四个等级描述如下。

L1：超过 50% 学生体育艺术的潜能发展评估仅在 L1 层级。

L2：50% 及以上学生体育艺术的潜能发展评估达到 L2 以上层级。

L3：50% 及以上学生体育艺术的潜能发展评估达到 L3 以上层级。

L4：50% 及以上学生体育艺术的潜能发展评估达到 L4 层级。

（四）“组织管理的潜能发展”的监测标准

组织管理的潜能发展的监测，分为两个层面：一是针对学生个体的微观评判，即监测到个体；二是针对学校整体的评估，即进行整体评判。

1. 个体层面。

本监测点由学生根据自己在组织管理的潜能发展方面的发展状况进行自我评价，并结合一级指标身心发展水平中的相关评价结果等相关的佐证材料生成评价结果。组织管理的潜能发展监测标准的四个等级描述如下。

L1：缺乏在组织管理方面的素质，进一步发展的潜力较小。

L2：具备某些组织管理方面的素质，有一定的发展潜力。

L3：具备良好的组织管理方面的素质，有较大的发展潜力。

L4：在组织管理方面具备突出的素质，有很大的进一步发展潜力。

2. 整体层面。

根据学校受监测年级学生组织管理的潜能发展调查结果，进行学生组织管理的潜能发展水平的整体划分；划分时以 50% 为分界线，在对个体评价结果的基础上，参考教师问卷的结果生成评价结果。组织管理的潜能发展监测标准的四个等级描述如下。

L1：超过 50% 学生组织管理的潜能发展评估仅在 L1 层级。

L2：50% 及以上学生组织管理的潜能发展评估达到 L2 以上层级。

L3：50% 及以上学生组织管理的潜能发展评估达到 L3 以上层级。

L4：50% 及以上学生组织管理的潜能发展评估达到 L4 层级。

五、本指标开展监测与评价需要的佐证材料

（一）“学科学业的潜能发展”的佐证材料

1. 学生日常学科学习表现、相关考试成绩、测试结果等的记录。
2. 学生参加各种培训、课后班情况的记录。
3. 学生在各级文学类竞赛中获奖情况的记录。
4. 教师评价、家长评价、同伴评价。

（二）“科技创新的潜能发展”的佐证材料

1. 学生在学校图书馆借阅图书记录中科技类图书的借阅情况。
2. 学生参加科技类社团、讲座、竞赛的记录。
3. 学生在各级科技类竞赛中获奖情况的记录。
4. 学生的科技类研究、作品、发表的记录。
5. 教师评价、家长评价、同伴评价。

（三）“体育艺术的潜能发展”的佐证材料

1. 学生体育课、音乐课、美术课的表现，学校各项体育艺术活动参加情况的记录。
2. 学生参加课后体育艺术活动、各种相关比赛的记录。
3. 学生在各级体育艺术比赛中获奖情况的记录。
4. 学生体能素质、心理素质等的监测记录。
5. 同伴评价、教师评价、家长评价、专家评价。

（四）“组织管理的潜能发展”的佐证材料

1. 学生在学校各项活动中表现的记录。
2. 学生担任干部经历、表现的记录。
3. 教师评价、同伴评价、家长评价。

第四节　对应监测标准的典型案例

【背景】假设A学校初二年级共32名学生参加检测，每位学生回答了下面的量表（如表1所示），对自己的兴趣特长养成的发展状况进行了自我评价。

表1

针对以下问题，你觉得多大程度和自己的实际情况相符？请从“完全不符合”到“完全符合”6种程度中，选择一个符合自己的程度，并在对应的数字上面画圈。

		完全不符合					完全符合
1	喜欢探究各种事物的奥秘	0	1	2	3	4	5
2	喜欢浏览与自然、动物、植物等相关的网页	0	1	2	3	4	5
3	关注科学技术与环境之间的关系	0	1	2	3	4	5
⋮	⋮				⋮		
⋮	⋮				⋮		
⋮	⋮				⋮		
⋮	⋮				⋮		
⋮	⋮				⋮		
80	一旦决定了做什么，都能坚持到底	0	1	2	3	4	5

【个体与整体监测方法】

表2列出A校32名学生的量表“学科知识的好奇心与求知欲”部分的测量结果。假设该监测点包含6个项目，每个项目的满分为5分，即该监测点的满分为30分。如果该监测点个体层级划分的标准为，L1：量表相应部分的测试得分在总分数的20%以下；L2：量表相应部分的测试得分达到总分数的20%～49%；L3：量表相应部分的测试得分达到总分数的50%～79%；L4：量表相应部分的测试得分达到总分数的80%以上，则学生A01在该监测点的得分率为60%，故应归入L3等级。同样地，A02归入L2等级，A31

归入 L4 等级，A32 归入 L1 等级。

表2

编号	对应得分	对应得分率	本监测点层级
A01	18	60%	L3
A02	12	40%	L2
⋮	⋮	⋮	⋮
A31	27	90%	L4
A32	3	10%	L1

由于超过 50% 的学生划入 L3 和 L4 等级，因此，A 学校在“学科知识的好奇心与求知欲”上的整体发展水平即为 L3 等级。

同时，该校 32 名学生在“学科知识的好奇心与求知欲”的平均分为 18.6 分，即平均得分率为 62%。全省平均得分率为 55%，即该校平均得分率比全省平均得分率高 7 个百分点。

各二级指标下的个体的层级，由学生在二级指标下各监测点的得分率得出。二级指标的整体的评价结果与监测点的评价结果的得出方法相同。

一级指标“兴趣特长养成”的个体的层级，由学生在兴趣特长养成各二级指标的得分得出。一级指标的整体的评价方法与二级指标的评价结果的得出方法相同。

参考文献

[1] 蔡永红，等. 中学生职业兴趣的结构及其特点 [J]. 心理发展与教育，2002，18 (1)：80 - 85.

[2] 何祖娴，等. 中学生好奇心的测量 [J]. 中国健康心理学杂志，2009，17 (11)：1 381 - 1 383.

[3] 谢弗勒. 人类的潜能：一项教育哲学的研究 [M]. 石中英，涂元玲，译. 上海：华东师范大学出版社，2006.

[4] 焦彩珍. 初中生数学学习兴趣及自我效能与数学学业成绩的关系 [J]. 数学教育学报，2008，17 (2)：44 - 46.

[5] 刘丽琼，范晓玲. 4—6 年级学生语文学科兴趣结构的探索与验证 [J]. 中国健康心理学杂志，2009，17 (10)：1 256 - 1 258.

[6] 刘云艳，张大均. 幼儿好奇心结构的探索性因素分析 [J]. 心理科学，2004，27 (1)：127 - 129.

[7] 聂衍刚，郑雪. 儿童青少年的创造性人格发展特点的研究 [J]. 心

理科学，2005，28（2）：356－361.

［8］申继亮. 中学生学习兴趣的评估［J］. 心理发展与教育，1988（4）：11－16.

［9］申继亮，等. 青少年科学创造力测验的编制［J］. 心理发展与教育，2002，18（4）：76－81.

［10］孙春晖，郑日昌.《学习适应量表》的验证性因素分析［J］. 心理学探新，2001，21（2）：59－64.

［11］徐雪芬，辛涛. 创造力测量的研究取向和新进展［J］. 清华大学教育研究，2013，34（1）：54－63.

［12］张春兴. 张氏心理学辞典［M］. 上海：上海辞书出版社，1992.

［13］张厚粲，等. 我国中学生职业兴趣的特点与测验编制［J］. 心理学报，2004，36（1）：89－95.

［14］AGUILAR－ALONSO A. Personality and Creativity［J］. Personality and Individual Differences，1996，21（6）：959－969.

［15］BERLYNE D E. A Theory of Human Curiosity［J］. British Journal of Psychology，1954，45（3）：180－191.

［16］BERLYNE D E. Curiosity and Learning［J］. Motivation & Emotion，1978（12）：97－175.

［17］COLLINS R P，et al. The Measurement of Perceptual Curiosity［J］. Personality and Individual Differences，2004，36（5）：1 127－1 141.

［18］JIROUT J，KLAHR D. Children's Scientific Curiosity：in Search of An Operational Definition of An Elusive Concept［J］. Developmental Review，2012，32（2）：125－160.

［19］LITMAN J A. Curiosity and the Pleasures of Learning：Wanting and Liking New Information［J］. Cognition and Emotion，2005，19（6）：793－814.

［20］LOEWENSTEIN G. The Psychology of Curiosity：A Review and Reinterpretation［J］. Psychological Bulletin，1994，116（1）：75－98.

［21］OLSON E. Measurement of Curiosity in Junior High School Students［J］. Ames：Iowa State University，1986.

学业负担状况监测标准研究报告

为深入贯彻落实国家、省教育规划纲要精神，引导我省义务教育阶段全面实施素质教育，全面提升教育质量，推动义务教育优质内涵发展，制定广东省义务教育质量监测标准。

学业负担状况是义务教育质量监测的重要组成部分，监测对象是学生。所谓学业负担状况是指学生身体心理所承受的与学校课程有关的一切学习负荷的总量。具体来说，学业负担就是学生在学习时间、课业难度等方面需要承受的量的总和，以及在学习过程中承受的压力和内心的体验。

学业负担状况是一个一级指标，包括学习时间、课业难度、学习压力三个二级指标。

第一节　学习时间

一、学习时间的内涵

学习时间是指学生用于学习上的时间，一般包括上课时间、作业时间和补课时间等。

二、监测评价内容概要

通过调查学生的上课时间、作业时间、补课时间和睡眠时间来反映当前学生的学业负担。

上课时间：学生在学校用于教育教学活动的时间。

作业时间：学生的作业量是衡量学业负担的重要指标，它包含学生完成学校老师布置的作业时量和家长或他人布置的家庭作业的时量。

补课时间：学生参加课外培训或课余补习的时间。

睡眠时间：学生的睡眠时量。

三、主要监测点

“学习时间”的主要监测点有以下四个。

1. 上课时间：学生每天在校用于教育教学活动的时间（不包括寄宿制学校的晚自习）。

2. 作业时间：学生每天用于完成学校教师、家长或他人布置的作业时间的总量。

3. 补课时间：从周一到周五的课余补课时间、平时双休日补课的时间及寒暑假参加课外辅导班的情况。

4. 睡眠时间：学生每天的睡眠时间。

四、每个监测点的监测标准

（一）上课时间

上课时间是指由学校统一安排的教育教学活动，是学生每天在校用于学习、活动的时间。这里不包括寄宿制学校晚自习的时间，寄宿制学校的晚自习时间纳入课外作业时间计算。依据《关于严格执行义务教育课程计划规范义务教育学校校历和作息时间的通知》（粤教基〔2008〕56号）的精神，小学生每天在校用于教育教学活动（含早读）的时间至多不超过6小时（低年级还应适当减少），初中生每日在校用于教育教学活动的时间（含早读）最多不超过7小时。

1. 个体层面。

由于上课时间是由学校统一安排的，故本监测点以学校为个体，以学生在校上课时间为唯一监测点，对学生进行测评，分为四个级别并赋分。

1分：小学生每天在校学习时间为8小时以上，初中生每天在校学习时间为9小时以上。

2分：小学生每天在校学习时间为7~8小时，初中生每天在校学习时间为8~9小时。

3分：小学生每天在校学习时间为6~7小时，初中生每天在校学习时间为7~8小时。

4分：小学生每天在校学习时间不超过6小时，初中生每天在校学习时间不超过7小时。

2. 整体层面。

针对区域整体的评估，依据全体参评学校的得分确定。

学校的得分：指该校学生的得分的众数。

L1：得分 =4 的学校数在全体学校数中的占比为 $P<40\%$。

L2：得分 =4 的学校数在全体学校数中的占比为 $40\% \leqslant P<50\%$。

L3：得分 =4 的学校数在全体学校数中的占比为 $50\% \leqslant P<60\%$。

L4：得分 =4 的学校数在全体学校数中的占比为 $P \geqslant 60\%$。

（二）作业时间

作业时间的监测分两个层面。一是学生个体的作业时间，由学生自评，依据是《广东省义务教育标准化学校标准》第 24 条规定：学校要合理安排学生作业数量和内容，小学一、二年级不留家庭书面作业，其他年级每天家庭作业总量控制在 1 小时以内；初中生每天家庭作业总量控制在 1.5 小时以内。二是针对学校整体的评价，依据全体参评学生的得分确定。

1. 个体层面。

以学生每天完成学校老师布置的作业时量和家长或他人布置的家庭作业的时量为监测点对学生进行测评，分为四个级别并赋分。

1 分：小学一、二年级学生每天放学后完成作业的时间为 1 小时以上，三年级以上学生每天放学后完成作业的时间为 2 小时以上；初中学生每天放学后完成作业的时间为 3 小时以上。

2 分：小学一、二年级学生每天放学后完成作业的时间为 0.5 ~1 小时，三年级以上学生每天放学后完成作业的时间为 1.5 ~2 小时；初中学生每天放学后完成作业的时间为 2.5 ~3 小时。

3 分：小学一、二年级学生每天放学后完成作业的时间在半小时以内，三年级以上学生每天放学后完成作业的时间为 1 ~1.5 小时；初中学生每天放学后完成作业的时间为 1.5 ~2.5 小时。

4 分：小学一、二年级不留课外书面作业，三年级以上学生每天放学后完成作业的时间 1 小时以内；初中学生每天放学后完成作业的时间在 1.5 小时以内。

2. 整体层面。

针对学校整体的评估，依据该校全体参评学生的得分确定。

学校的得分：指该校学生的得分的众数。

L1：得分 =4 的学生数在全体学生数中的占比为 $P<40\%$。

L2：得分 =4 的学生数在全体学生数中的占比为 $40\% \leqslant P<50\%$。

L3：得分 =4 的学生数在全体学生数中的占比为 $50\% \leqslant P<60\%$。

L4：得分 =4 的学生数在全体学生数中的占比为 $P \geqslant 60\%$。

（三）补课时间

补课时间是对学生周一到周五的课余补课时间、平时双休日补课的时间及寒暑假参加课外辅导班的情况等方面进行监测。监测分两个层面：一是学生个体的补课时间，由学生自评；二是针对学校整体的评价，依据全体参评学生的得分确定。

1. 个体层面。

以学生课余补课时间为监测点对学生进行测评，分为四个级别并赋分。

1 分：学生在周一至周五参加课外辅导 5 小时以上；双休日期间参加 1 天半以上；寒暑假参加 5 个以上课外辅导班。

2 分：学生在周一至周五参加课外辅导 2 ~5 小时；双休日期间参加 1 天；寒暑假参加 3 ~4 个课外辅导班。

3 分：学生在周一至周五参加课外辅导 2 小时以内；双休日期间参加半天以内；寒暑假参加 1 ~2 个课外辅导班。

4 分：学生在周一至周五不参加课外辅导；双休日期间不参加课外辅导；寒暑假不参加课外辅导。

2. 整体层面。

针对学校整体的评估，依据全体参评学生的得分确定。

学校的得分：指该校学生的得分的众数。

L1：得分 =4 的学生数在全体学生数中的占比为 $P<40\%$。

L2：得分 =4 的学生数在全体学生数中的占比为 $40\% \leqslant P<50\%$。

L3：得分 =4 的学生数在全体学生数中的占比为 $50\% \leqslant P<60\%$。

L4：得分 =4 的学生数在全体学生数中的占比为 $P \geqslant 60\%$。

（四）睡眠时间

睡眠时间的监测分两个层面。一是学生个体的睡眠时间，由学生自评。依据是《教育部关于印发〈义务教育学校管理标准（试行）〉的通知》（教基一〔2014〕10 号）精神：科学合理安排学校作息时间，家校配合指导好学生课外活动，保证每天小学生 10 小时、初中生 9 小时睡眠。二是针对学校整体的评价，依据全体参评学生的得分确定。

1. 个体层面。

以学生周一至周五的每天时间为监测点对学生进行测评，分为四个级别并赋分。

1 分：小学生每天睡眠的时间为 8 小时以下，初中生为 7 小时以下。

2 分：小学生每天睡眠的时间为 8 ~9 小时，初中生为 7 ~8 小时。

3 分：小学生每天睡眠的时间为 9 ~ 10 小时，初中生为 8 ~ 9 小时。

4 分：小学生每天睡眠的时间不少于 10 小时，初中生不少于 9 小时。

2. 整体层面。

针对学校整体的评估，依据全体参评学生的得分确定。

学校的得分：指该校学生的得分的众数。

L1：得分 =4 的学生数在全体学生数中的占比为 $P<40\%$。

L2：得分 =4 的学生数在全体学生数中的占比为 $40\% \leqslant P<50\%$。

L3：得分 =4 的学生数在全体学生数中的占比为 $50\% \leqslant P<60\%$。

L4：得分 =4 的学生数在全体学生数中的占比为 $P \geqslant 60\%$。

五、本指标开展监测与评价需要的佐证材料

1. 学校的课程总表、班级的课程表。

2. 调查问卷。

参考文献

［1］关于严格执行义务教育课程计划规范义务教育学校校历和作息时间的通知（粤教基〔2008〕56 号）。

［2］广东省教育厅关于印发《广东省义务教育标准化学校标准》的通知（粤教基〔2013〕17 号）。

［3］教育部关于印发《义务教育学校管理标准（试行）》的通知（教基一〔2014〕10 号）。

第二节　课业难度

一、课业难度内涵

这里的课业，是指国家课程规定的学习任务。课业难度是指学生在学习过程中对完成学习任务难易程度的心理感受，主要表现为上课、作业、考试等是否超过学生的理解能力与学习基础。

二、监测评价内容概要

课堂教学的难易程度：是学生对学科课堂教学中能否顺畅理解学习内容，并达成教师设置的学习目标，在难易程度上的总体感受。

作业（课内、课外）的难易程度：是学生对教师布置的课内外作业能否

顺畅正确完成，在难易程度上的总体感受。

考试（测验）难易程度：是学生在考试或平时测验中能否顺畅正确完成，在难易程度上的总体感受。

课业难度是学生的心理感受，因人而异，与学生智力、学习基础有关，也与学习内容实际存在的难度、教师对学习内容标准的理解与要求、课堂教学密度、教师教法、作业时间、考试（测验）时间有关。因此，对课业难度实施可量化、可操作的测评很不容易，需要从学生、课程标准、教师三个方面去考查。从上述三个方面考查，有利于从课业难度的视角去窥探影响学生学习态度和成绩的原因到底出自哪个主体。

三、主要监测点

因为在一级指标“学业负担状况”下，与“课业难度”同为二级指标的有“学习时间”，因此本指标在设计观测点时不考查课堂教学时间、作业时间等因素，但要从课堂教学密度、考试题量与考试时间比去观察。

课堂教学的难易程度：从能否听懂课、回答教师问题的正确率、对不同知识内容，以及认知和探究能力的达成度进行考查。

作业（课内、课外）的难易程度：从完成作业难度程度整体感受，以及知识模块、学习目标层次的达成度进行考查。

考试（测验）难易程度：从对考试（测验）难易程度总体感受，以及得分情况、知识模块等方面进行考查。

四、每个监测点的监测标准

（一）“课堂教学的难易程度”的监测标准

课堂教学的难易程度检测分为两个层面：一是学生个体对课堂感受的主观评价，由学生自评；二是针对学校整体的评价，依据全校学生平均水平确定。

1. 个体层面。

学生对课堂感受的评价主要由知识理解、课堂回答、学习效果、教师时间掌握等方面进行测评，每个维度均分为五个级别（如表 1 所示）。

“极少”记 1 分；“较少”记 2 分；“一般”记 3 分；“经常”记 4 分；“总是”记 5 分。

表 1

评价内容	极少	较少	一般	经常	总是
1. 教师讲课速度较适中，我能跟上进度					
2. 教师所讲授内容适中，容易理解					
3. 教师提出的问题难度适中，回答的正确率高，敢于主动回答					
4. 课堂结束了，能完全理解本节课所学内容或重点					
5. 教师的教法好，让我顺利理解知识，习得能力					

2. 整体层面。

针对学校整体的评估，依据全体参评学生平均水平确定。

L1：全体学生平均分在 2.5～3 分之间的占比小于 40%。

L2：全体学生平均分在 2.5～3 分之间的占比为 40%～49%。

L3：全体学生平均分在 2.5～3 分之间的占比为 50%～59%。

L4：全体学生平均分在 2.5～3 分之间的占比大于或等于 60%。

（二）“作业（课内、课外）的难易程度”的监测标准

作业难度的检测分为两个层面：一是学生个体对作业难度的主观评价，由学生自评；二是针对学校整体的评价，依据全校学生平均水平确定。

1. 个体层面。

学生对作业感受的评价主要从作业难度总体感受、完成作业所需的帮助、作业的完成情况、作业对知识模块及学习目标的达成度等方面进行测评，每个维度均分为五个级别（如表 2 所示）。

“极少”记 5 分；“较少”记 4 分；“一般”记 3 分；“经常”记 2 分；“总是”记 1 分。

表 2

评价内容	极少	较少	一般	经常	总是
1. 一想到要做作业就觉得压力好大					
2. 要请教父母、同学或参加辅导班才能完成全部作业					

续上表

评价内容	极少	较少	一般	经常	总是
3. 我觉得作业难度大					
4. 我不能独立而准确地完成作业					

2. 整体层面。

针对学校整体的评估，依据全体参评学生平均水平确定。

L1：在2.5～3分之间的学生在全体学生中占比小于40%。

L2：在2.5～3分之间的学生在全体学生中占比为40%～49%。

L3：在2.5～3分之间的学生在全体学生中占比为50%～59%。

L4：在2.5～3分之间的学生在全体学生中占比大于或等于60%。

（三）“考试（测验）的难易程度”的监测标准

由于期末考试一般由区或市统一出题，因此，各科目考试难度的监测样本将选取各校在接受本年度教育质量监测前最近一次自主出题的年级考试或测验。考试难度的检测分为两个层面：一是针对各学科单独的考试难度；二是针对学校整体的评估，依据该校各科考试难度确定。

1. 单科考试难度。

这里采用所抽取科目的考生平均得分来度量考试难度：

定义：

$$P_i = X_i / W_i$$

其中，i 分别表示各科目，P 为难度系数，X 为样本平均得分，W 为试卷总分。

2. 学校整体考试难度。

考试难度分为五个等级，并分别设为A、B、C、D、E。

A级：$P_i \geqslant 0.9$，表示考试很容易。

B级：$0.75 \leqslant P_i < 0.9$，表示考试较容易。

C级：$0.55 \leqslant P_i < 0.75$，表示考试难度中等。

D级：$0.4 \leqslant P_i < 0.55$，表示考试较有难度。

E级：$P_i < 0.4$，表示考试很难。

L1：各科目的考试难度在A级或E级的占比超过50%。

L2：各科目的考试难度在B级或D级的占比等于或大于50%，小于60%。

L3：各科目的考试难度在C级的占比等于或大于50%，小于60%。

L4：各科目的考试难度在 C 级的占比等于或大于 60%。

五、对应监测标准的典型案例

（一）“课堂教学的难易程度”的典型案例

A 学校某年级共有 100 名学生参与教育质量监测，此项由学生自评，并得出每位学生的自评平均分。

例如，学生 X 的自评结果如表 3 所示：

表 3

题目	自评选项	得分	平均分
1	较少	3	2.6
2	较少	3	
3	经常	2	
4	较少	3	
5	经常	2	

该年级 100 名学生的平均分在 2.5～3 分之间的占比为 46.6%，因此该校在本项的等级为 L2。

（二）“作业（课内、课外）的难易程度”的典型案例

A 学校某年级共有 100 名学生参与教育质量监测，此项由学生自评，并得出每位学生的自评平均分。

例如，学生 X 的自评结果如表 4 所示：

表 4

题目	自评选项	得分	平均分
1	极少	4	3
2	较少	3	
3	经常	2	
4	较少	3	

该年级 100 名学生的平均分在 2.5～3 分之间的占比为 52.3%，因此该校在本项的等级为 L3。

（三）“考试（测验）的难易程度”的典型案例

A 学校共有 9 个学科参与教育质量监测，各科抽样试卷的平均分、总分及难度情况如表 5 所示。

表 5

科目	平均分	总分	难度	等级
语文	73	100	0.73	C
数学	65	100	0.65	C
英语	77	100	0.77	B
政治	73	100	0.73	C
历史	80	100	0.80	B
地理	75	100	0.75	B
物理	63	100	0.63	C
化学	77	100	0.77	B
生物	81	100	0.81	B

该校所抽样的各科考试中，难度为 B 级的占 56%，C 级的占 44%，因此，该校在本项的等级为 L2。

六、本指标开展监测与评价需要的佐证材料

学生自我评价意见（课堂教学难度）、学生自我评价意见（作业难度）、各科考试和测验的试卷（抽样）。

参考文献

[1] 童星. 多学科视野下学业负担过重的成因及对策研究 [J]. 中国教育学刊, 2015 (10): 22-26.

[2] 宋乃庆, 等. 学生课业负担测评模型的构建研究：以义务教育阶段学生为例 [J]. 西南大学学报（社会科学版）, 2015, 41 (3): 75-81.

[3] 山子. 中小学减负政策文本的梳理及分析 [J]. 教育科学研究, 2015 (2): 38-43.

[4] 秦玉友, 赵忠平. 多不多？难不难？累不累？——中小学生课业负担调查研究 [J]. 课程·教材·教法, 2014 (4): 42-49.

[5] 宋乃庆，杨欣．中小学生课业负担过重的定量分析［J］．教育研究，2014（3）：25-30.

[6] 吴新建，张贤金．考试难度的测量学意义的探讨［J］．福建教育学院学报，2011（6）：63-66.

[7] 刘海燕，邓淑红．课堂成就目标定向、任务难度、学业水平与元认知监控策略运用［J］．心理科学，2007，30（2）：454-457.

[8] 冉慧敏．考试质量评估体系研究［D］．乌鲁木齐：新疆农业大学，2007.

第三节　学习压力

一、学习压力内涵

学习压力是学习者对超出自己应对能力或可能威胁到自身学习内外环境要求的反应或感受。从来源看，学习压力包括两大范畴：一是内源性压力源，如个体对学习活动的目标、需要，个体对学业活动的认识评价和期望，等等；二是外源性压力源（外部事件或刺激），学习和学业活动中任何超过学生应对资源的刺激或事件，都可能成为学习压力源。

学习压力既可能成为学习动力，也可能成为学习阻力；既是影响心理健康的重要因素，也是影响学习成绩的重要变量。

二、监测评价内容概要

作为“学业负担状况”中的二级指标，“学习压力”主要体现在学习过程中表现出的情绪反应和心理状态。

学习压力是由与学习活动有关的刺激事件引起的心理负担和紧张。适度的学习压力可以增强学生的认知能力，提高学生的学习效率，但如果学习压力过大则会使学生产生学习疲劳及焦虑、厌学等不良情绪。因此，了解学生的学习压力情况，测评学生的学习压力程度具有十分重要的意义。

监测内容主要包括监测在学习过程中表现出的情绪反应和压力感受。

1. 在学习过程中表现出的情绪反应。

学生在获悉学业成功或失败后所体验到的各种情绪，也包括学生在课堂学习中的情绪体验，在日常做作业过程中的情绪体验以及在考试期间的情绪体验等。从学生对不同学科学习、不同学习过程（上课、做作业、考试）中的主观情绪感受进行考查。

学习过程中表现出的情绪反应有三个重要的特征：多样性、情境性和动态性。多样性是指在学生学习过程中体会到的情绪丰富多样，其中包括对于学生学习行为有促进作用和拖延作用的情绪，同时也指加工过程中调节和监控的情绪。情境性是指在不同学习情形下，如不同的学科、不同的学习过程等，不同的学生可能会体验到不同的情绪。动态性是指学生的情绪不是一成不变的，它会随着学习情境、学习任务的变化而发生变化。学习情绪并不是学生学习中智力的直接体现，但它却对学生的学习有重要影响。例如能对学生的认知产生影响，会影响学生在学习时对于策略的使用，良好的学习情绪还能在一定程度上提高学生的学习动机。良好的学习情绪可以使学生的身心健康得到全面的发展，可以使学生产生良好的认知，学生更容易形成积极和自主学习的态度。

2. 在学习过程中表现出的压力感受。

学习压力感受：学生在学习过程中对学业压力的体会和认知。

学习压力是指学生在学习过程中对外界环境所提出的要求进行认知和评价，如果学生认为这些要求超出了自己的应付能力，就会在心理上产生“焦虑”“紧张”等情绪，学习压力也由此而生。换句话说，外界事物对学生所施加的同一种影响，必然要通过学生对此事物影响的感知过程，才可能判断其为压力或不是压力。由此可见，对于学习压力或非学习压力的认定，个体自身的感知过程是关键：包括学生在课堂学习中的压力感受、在日常做作业过程中的压力感受以及在考试期间的压力感受等。对学生在不同学科学习、不同学习过程（上课、做作业、考试）中的主观压力感受进行考查。压力源主要是父母压力、自我压力、教师压力和社交压力。

三、主要监测点

“学习压力”的主要监测点为以下两个。

（一）在学习过程中表现出的情绪反应

学生在不同学习过程（上课、做作业、考试）中表现出的主观情绪感受，主要分为积极情绪（如愉悦、兴奋等）和消极情绪（如沮丧、痛苦等）。通过情绪反应的量表或问卷测量出来。

（二）在学习过程中表现出的压力感受

学生在不同学习过程（上课、做作业、考试）中表现出的压力感受，压力感受过大或过小，都不利于学习，压力感受适中能够促进学习。通过压力感受的量表或问卷测量出来。

四、每个监测点的监测标准

（一）“在学习过程中表现出的情绪反应”的监测标准

学生学习过程中表现出的情绪反应是学生对学习的主观感受，可以通过情绪反应的量表或问卷测量出来。情绪反应检测分为两个层面：一是学生个体对学习过程中的情绪反应的主观评价，由学生自评；二是针对学校整体的评估，依据该校全体学生的平均情绪反应水平确定。

1. 个体层面。

学生在学习过程中的情绪反应主要对学生在不同科目的上课、做作业、考试三个过程所表现出的情绪反应等方面进行测评。

表6中的三个维度从负面描述学生的学习情绪，每个维度分为五个级别。

“完全不符合”计5分；“比较不符合”计4分；“不清楚”计3分；“比较符合”计2分；“完全符合”计1分。

表6

评价内容	完全不符合	比较不符合	不清楚	比较符合	完全符合
1. 上课时我感到很紧张、枯燥、无趣					
2. 做作业过程中，我感到厌烦、疲倦、不安					
3. 在考试前我会紧张不安、焦躁，为考试成绩发愁					

表7中的三个维度从正面描述学生的学习情绪，每个维度分为五个级别。

“完全不符合”计1分；“比较不符合”计2分；“不清楚”计3分；“比较符合”计4分；“完全符合”计5分。

表7

评价内容	完全不符合	比较不符合	不清楚	比较符合	完全符合
1. 上课时我觉得很愉快、轻松自在					
2. 我能安心做完作业，心情很放松，有时会感到惊喜					
3. 我能以轻松的状态对待考试，为学习成绩感到自豪					

由于学生在不同科目的上课、做作业和考试过程中的情绪反应不同，因此在施测时，应结合不同的学科情况进行。

2. 整体层面。

针对学校整体的评估，依据全体参评学生的得分确定。

学生的得分：指学生在表6、表7两个表的所有维度中的平均分。

L1：得分≥3.5分的学生人数在全体学生人数中的占比为$P<40\%$。

L2：得分≥3.5分的学生人数在全体学生人数中的占比为$40\%\leqslant P<50\%$。

L3：得分≥3.5分的学生人数在全体学生人数中的占比为$50\%\leqslant P<60\%$。

L4：得分≥3.5分的学生人数在全体学生人数中的占比为$P\geqslant60\%$。

（注：研究表明，良好的学习情绪有助于学生产生良好的认知，学生更加容易形成积极和自主学习的态度，学生在情绪上的得分越高越好）

（二）"在学习过程中表现出的压力感受"的监测标准

在学习过程中表现的心理状态，主要由压力感受表现出来，压力感受的检测分为两个层面：一是学生个体对学习过程中心理状态的主观评价，由学生自评；二是针对学校整体的评价，依据全校学生的得分确定。

1. 个体层面。

学生的学习过程主要考查上课过程、作业过程和考试过程。压力源主要是教师、父母、自身、同伴。学生在学习过程中表现出的压力感受主要由学生对不同科目的上课、做作业、考试三个过程所表现出的压力感受进行测评，每个维度分为五个级别（如表8所示）。

"没有压力"计1分；"压力小"计2分；"压力中等"计3分；"压力较大"计4分；"压力很大，几乎无法承受"计5分。

表8

测评内容	没有压力	压力小	压力中等	压力较大	压力很大，几乎无法承受
1. 教师要求高					
2. 学习内容难度太大					
3. 需要掌握的内容太多					
4. 基础差，跟不上其他同学					

续上表

测评内容	没有压力	压力小	压力中等	压力较大	压力很大，几乎无法承受
5. 学习方法欠缺					
6. 父母管教太严					
7. 作业太多，无法按时完成					
8. 考试太多					
9. 家长或教师认为成绩好才是好学生					
10. 希望进入班上或年级前几名					
11. 考试成绩不理想					
12. 怕考不上自己理想的大学					
13. 以自己的学习赢得别人的尊重					
14. 没有机会展示自己的才能					
15. 自己的兴趣没有得到满足					
16. 父母的期望过高					
17. 教师的期望					
18. 同学的期望					
19. 亲友的期望					
20. 班级的希望					
21. 社会的要求					
22. 学习时间太少，不够用					
23. 自己的时间分配不合理					
24. 学习时间太长					
25. 时间投入与学习效果不成比例					
26. 学习上总是落后于其他同学					
27. 学习上受到教师的冷遇					
28. 受到教师的批评					

续上表

测评内容	没有压力	压力小	压力中等	压力较大	压力很大，几乎无法承受
29. 受到父母的指责					
30. 学习上总是达不到自己的目标					
31. 保住现在的名次					
32. 稍一放松，就会被别人超过					
33. 教师总是把我与其他同学比较					
34. 我与班上其他同学相比，没有优势					
35. 每次考试都要排名次、公布名次					
36. 父母总是把我与别人比较					
37. 别人都在拼命加油学习					
38. 别人经常议论学习或考试					
39. 自己周围的朋友成绩都很好					
40. 自己周围的朋友成绩都不好					
41. 没有安静的学习环境					
42. 学校或班上学习气氛太差					

量表测量来自各方面的压力，包括来自教师、家长、自己、同学、作业、考试等方面的压力。量表中虽然有涉及学习时间和学习难度的题目，但是本量表主要是测量这些方面带给学生的压力感受，与其他测量学习难度和学习时间等客观的指标并不交叉重叠。

2. 整体层面。

针对学校整体的评估，依据全体参评学生的得分确定。

学生的得分：指学生在上表的所有项目中的平均分。

L1：得分在 $2.5 \leqslant F < 3.5$ 分的学生人数在全体学生人数中占比为 $P < 40\%$。

L2：得分在 $2.5 \leqslant F < 3.5$ 分的学生人数在全体学生人数中占比为 $40\% \leqslant P < 50\%$。

L3：得分在 $2.5 \leqslant F < 3.5$ 分的学生人数在全体学生人数中占比为 $50\% \leqslant P < 60\%$。

L4：得分在 $2.5 \leqslant F < 3.5$ 分的学生人数在全体学生人数中占比为 $P \geqslant 60\%$。

（注：以往研究表明，中等程度的压力有利于促进学生学习的动力，为最佳水平，适度的压力可以激发学生的学习动机，进而提高他们的学习成绩。何谓适度？首先，根据 Yerkse-Doclson 定律与 Atkinson 的成就动机理论，只有当个体对成功概率的估计值为正 0.5，即设定的目标为中等难度，使其感受到中等程度的压力时，才能更有效地激活或唤醒其心理活动，激发其成就动机，进而提高学习效率和成绩。压力感受处于中等水平的学生越多，表示该校整体压力感受水平处于越高等级。这里的具体评分区间需根据调研结果进行调整）

五、对应监测标准的典型案例

（一）"在学习过程中表现出的情绪反应"的典型案例

A 学校某年级共有 100 名学生参与教育质量监测，此项由学生自评，并得出每位学生的自评平均分。

例如，学生 X 的自评结果如表 9 所示。

表 9

题目	自评选项	得分	平均分
1	比较不符合	4	3.3
2	不清楚	3	
3	比较符合	2	
4	完全不符合	5	
5	比较不符合	4	
6	比较符合	2	

该年级 100 名学生的得分≥3.5 的占全体参评学生人数比为 39.6%，因此该校在本项的等级为 L1。

（二）"在学习过程中表现出的压力感受"的典型案例

A 学校某年级共有 100 名学生参与教育质量监测，此项由学生自评，并得出每位学生的自评平均分。

例如，学生 X 的自评结果如表 10 所示。

表 10

题目	自评选项	得分	平均分
1	没有压力	1	2.98
2	压力很小	2	
3	压力中等	3	
4	压力较大	4	
5	压力很大	5	
6	压力较大	4	
7	压力中等	3	
8	没有压力	1	
9	压力较大	4	
10	压力较大	4	
11	压力很小	2	
12	压力很大	5	
13	压力较大	4	
14	压力中等	3	
15	没有压力	1	
16	压力较大	4	
17	压力较大	4	
18	压力很小	2	
19	没有压力	1	
20	压力较大	4	
21	压力较大	4	
22	压力较大	4	
23	压力中等	3	
24	没有压力	1	
25	压力较大	4	
26	压力较大	4	
27	压力很大	5	
28	压力较大	4	
29	压力中等	3	
30	压力很小	2	
31	没有压力	1	

续上表

题目	自评选项	得分	平均分
32	压力较大	4	2. 98
33	压力很小	2	
34	压力很小	2	
35	没有压力	1	
36	压力较大	4	
37	压力很小	2	
38	没有压力	1	
39	压力较大	4	
40	压力很大	5	
41	压力较大	4	

该年级100名学生，平均分在2. 5～3. 5分的学生人数在全体学生人数中占比为55. 2%，因此该校在本项的等级为L3。

六、本指标开展监测与评价需要的佐证材料

1. 在学习过程中表现出的情绪反应：学生自我评价意见（学习过程中的情绪反应问卷）。

2. 在学习过程中表现出的压力感受：学生自我评价意见（学习过程中的压力感受问卷）。

参考文献

[1] 朱慕菊. 走进新课程：与课程实施者对话 [M]. 北京：北京师范大学出版社，2002.

[2] 李丁丁. 初中生学业情绪、班级社会心理环境与学业求助行为的关系研究 [D]. 辽宁：沈阳师范大学，2012.

[3] 俞国良，董妍. 学业情绪研究及其对学生发展的意义 [J]. 教育研究，2005 (10)：39－43.

[4] 孙士梅. 青少年学业情绪发展特点及其与自我调节学习的关系 [D]. 济南：山东师范大学，2006.

[5] 董妍，俞国良. 青少年学业情绪问卷的编制及应用 [J]. 心理学报，2007，39 (5)：852－860.

［6］陈江波．不同学业压力情境下中学生的认知评价对应对策略的影响［D］．重庆：西南大学，2006．

［7］徐嘉骏，等．中学生学习压力问卷的初步编制［J］．中国学校卫生，2010，31（1）：68－69．

［8］刘毅玮．学生学习心理状态研究［J］．河北师范大学学报（教育科学版），2003，5（4）：58－62．

［9］张文海，申继亮．中学生学习压力、成就目标与学业成绩的关系研究［J］．西南大学学报（社会科学版），2006，32（6）：95－98．

［10］朱巨荣．中学生学习压力、学习动机、学习自信心与学业成就的关系研究［D］．武汉：华中师范大学，2014．

［11］赵晓旭．初一、初二学生学业情绪和学业压力的现状、关系及对策［D］．天津：天津师范大学，2013．

［12］陈旭．中学生学业压力、应对策略及应对的心理机制研究［D］．重庆：西南师范大学，2004．

影响因素之校长专业发展水平监测标准研究报告

自进入21世纪以来，随着我国经济的持续增长，社会发展水平的不断提高，城乡居民对义务教育的选择性需求日益显现，中小学生及其家长对学校教育教学质量与过程愈加关注。校长受国家委托，对外代表学校，对内负责领导组织学校教育教学和行政管理工作，引领学校全体教职员工担负起培养青少年一代的责任。校长的地位极为重要，其专业发展水平直接影响着学校的办学质量和效益。

校长专业发展是指校长的内在专业结构不断更新、演进和丰富的过程。校长专业发展的目标包括“协调与学校所在社区的关系，为学生成长创设良好的社区环境；创造积极向上的学校文化，为学生成长创设良好的校内环境；服务于教师的专业成长，为学生成长提供良好的师资力量；做好学校的日常组织管理，为学生成长提供良好的资源和条件”。

为提高教育质量，办好人民满意的教育，党中央、省政府高度重视校长专业发展。2012年，国家出台《国务院关于加强教师队伍建设的意见》（国发〔2012〕41号），明确提出“加强校长培训”“提高校长（园长）专业化水平”。2013年，教育部专门印发了《义务教育学校校长专业标准》，强调“校长是履行学校领导与管理工作职责的专业人员”，从“规划学校发展、营造育人文化、领导课程教学、引领教师成长、优化内部管理和调适外部环境”六个方面具体规定了校长的专业职责，在每一项校长的专业职责中，都提出了配套的相关专业素质要求，包括专业理解与认识、专业知识与方法、专业能力与行为三个方面的指标。

2012年，广东省人民政府印发了《广东省人民政府关于全面实施“强师工程”建设高素质专业化教师队伍的意见》（粤府〔2012〕99号），第十三条强调“加强中小学校长队伍建设”，要求“加强中小学校长、幼儿园园长培训，提高校长、园长管理能力和专业化程度”。

第一节　学校发展规划

一、指标解析

学校规划发展能力体现了校长对学校问题的诊断，对未来发展的方向与战略的理解以及持续提高学校教育质量的领导能力。以专业信念与品质规划学校发展，构筑学校的组织愿景，成为体现校长专业水准的重要因素。学校发展规划是指学校根据教育发展战略的要求并结合自身条件，对学校未来3～5年内要达到的发展方式、主要目标和发展途径等所做的安排。从而实现以学校教学过程改进和提高质量为目的的监测，包括校长个人发展和组织发展在内的整体变化。制定学校发展规划能力测评首先要分析判断学校目前的状况，其次是校长的愿景规划和持续改进能力，这是学校规划能力监测的重要环节。

（一）分析判断能力

分析判断能力是指校长对学校发展的历史和现状进行剖析、分辨、观察和研究的能力。分析判断能力较强的校长，往往对学校在发展过程当中遇到或将来可能遇到的问题有清晰的洞察，在学校管理和领导工作中，有着独到的成就和见解。

（二）愿景规划能力

学校愿景规划能力是依据学校对社会的贡献而形成的成功的学校目标形象。它更接近于一种感性陈述，对学校终极发展目标的美好图景进行描述。它是引导学校目标逐一实现的理想。如果正面临某种问题，那么愿景就是这些问题的解决方案。同样，学校愿景是正在尽力实现的最终目标，或试图改变现状以期获得更大的发展。

（三）持续改进能力

持续改进能力指校长能不断从学校管理和领导实践活动中，制定改进学校发展目标和寻求学校改进机会，这是一个持续的过程，该过程使用审核发现和审核结论、数据分析、管理评审或其他方法，其结果通常有利于学校在管理过程中，对问题的纠正及预防。

二、学校发展规划内容概要

学校发展规划是对学校未来 3～5 年发展做出系统综合的整体安排，学校成员对学校发展状况进行系统分析与诊断，发现自身优势、困难与不足。也是根据发展形势，确定学校在未来一段时期内的发展目标与任务，不断探索学校的发展策略，进一步挖掘自身潜能，持续改进教育教学质量而进行的管理行动。

三、监测标准

L1：基本熟悉国家的法律法规、教育方针政策和学校管理的规章制度，熟悉学校发展的基本情况，了解国内外学校改革发展的基本趋势，掌握学校发展规划制定的方法，能够制定学校发展规划。

L2：熟悉国家的法律法规、教育方针政策和学校管理的规章制度，全面掌握学校发展的基本情况，把握国内外学校改革发展的基本趋势，掌握学校发展规划制定的方法，形成明确的办学定位，能够尊重学校传统和学校实际制定学校发展规划。

L3：能够有效判断学校发展现状，及时发现和研究分析学校发展面临的主要问题，能够充分发挥一切智慧力量，组织社区、家长、教师、学生多方参与制定学校发展规划，形成学校战略发展规划，并且能够基本落实学校发展规划。

L4：能够制订学年、学期工作计划，指导教职工制定具体行动方案，提供人、财、物等条件支持，保障学校发展规划的落实，并且能够监测学校发展规划的实施，根据实施情况，及时发现和研究分析学校发展面临的主要问题，不断修正学校发展规划，调整工作计划，完善行动方案。

四、对应监测标准的典型案例

选取广州市某所学校的校长，以校长自评、教师评价和学生评价三个维度相结合的方式，对三个监测点进行评价，并以模糊综合评价法给出三个评价维度的权重（W_i）（如表 1 所示）。

表 1　学校发展规划能力

学校发展规划能力	分析判断能力	愿景规划能力	持续改进能力	W_i
校长自评	1.000 0	0.333 3	4.000 0	0.270 6
教师评价	3.000 0	1.000 0	6.000 0	0.644 2
学生评价	0.250 0	0.166 7	1.000 0	0.085 2

校长自评得分如表2所示。

表2

校长自评	分析判断能力	愿景规划能力	持续改进能力	W_i
校长 A	1.000 0	4.000 0	8.000 0	0.716 7
校长 B	0.250 0	1.000 0	3.000 0	0.205 1
校长 C	0.125 0	0.333 3	1.000 0	0.078 3

教师评价得分如表3所示。

表3

教师评价	分析判断能力	愿景规划能力	持续改进能力	W_i
校长 A	1.000 0	1.000 0	0.333 3	0.200 0
校长 B	1.000 0	1.000 0	0.333 3	0.200 0
校长 C	3.000 0	3.000 0	1.000 0	0.600 0

学生评价得分如表4所示。

表4

学生评价	分析判断能力	愿景规划能力	持续改进能力	W_i
校长 A	1.000 0	4.000 0	2.000 0	0.558 4
校长 B	0.250 0	1.000 0	0.333 3	0.122 0
校长 C	0.500 0	3.000 0	1.000 0	0.319 6

最终评价得分如表5所示。

表5

评价对象	权重	发展等级
持续改进能力	0.434 9	3
分析判断能力	0.370 3	3
愿景规划能力	0.194 7	2

进行加权计算，$0.434\,9 \times 3 + 0.370\,3 \times 3 + 0.194\,7 \times 2 = 2.85$，即该校长学校发展规划能力达到3级水平：能够有效判断学校发展现状，及时发现和研究分析学校发展面临的主要问题；能够充分发挥一切智慧力量，组织社区、家长、教师、学生多方参与制定学校发展规划，形成学校战略发展规

划，并且能够基本落实学校发展规划。

五、本指标开展检测与评价需要的佐证材料

由学校提供有关学校中长期发展规划文本及过程性材料、学校年度或学期工作计划、学校年度或学期工作总结等相关材料。

第二节　学校文化建设

一、指标解析

校长的学校文化建设能力评价既要适应当前社会文化的主流，又要着眼于文化发展的未来趋向，追求深层次和高品位。学校文化战略要用价值观引导人和塑造人，以提高师生的综合素质。要坚持继承和发展。学校文化战略要在对学校办学历史认真总结的基础上，积极推动学校在新时期素质教育主旋律下的教育教学改革，在继承中获得发展，在发展中获得创新。学校文化战略要打破以往量化式、控制型管理模式，强化人本管理的激励功能和服务功能，从更高的文化层面上进行人本管理制度建设。

校长必须透过各个层面的学校文化对学校工作进行柔性管理，配合正式管理和领导以实现更好的效果。学校的文化精髓是学校文化的内在和本质核心，对学校文化的育人方向起着决定性作用，影响和支配着学校各个层面文化的育人功能。单个层面的学校文化，其育人的功效是有限的，只有把各个层面的学校文化构建成一个整体，让整体内各个层面的文化互相影响、互相促进、合力作用，学校文化的育人功能才能达到最大化。在继承学校传统文化的同时还必须创新学校文化，使学校文化与时俱进，不断得到丰富和完善。只有这样，学校文化才能持久地发挥其“润物无声”的育人功能。学校文化建设具体包括和教育教学相关的建筑、设施、工具等物质文化建设，校风、教风、学风、学校的传统等精神文化建设及制度文化建设。

（一）物质文化建设

校园物质文化指在校长带领下营造的校园环境建设，是现代教育塑造优良育人环境的有效途径之一。学校造就人才，绝不能仅仅满足于对学生的知识灌输和技能、技巧的训练，而应在重视知识、技能的同时，以更大的热情、更多的精力对学生进行情感的熏陶、性格的培养。对学生来说，他们的人生观、世界观正处于自我觉醒、自我确立的过程中。因此，良好的园区文

化氛围对帮助中学生确立高尚的人生理想、健康的人生哲学、乐观的人生态度都是极其有益的。因此，校长的校园物质文化建设是其专业化成长的重要体现。

（二）精神文化建设

学校精神文化是用以指导学校开展教育教学活动的各种行为规范、群体意识和价值观念，是以学校精神为核心的价值体系。集中体现为一个学校独特的、鲜明的经营思想和个性风格，反映着学校的信念和追求，是学校群体意识的集中体现。学校精神文化代表着学校广大领导和师生的共同追求，因而同样可以达到激励的功能。它包括办学哲学、学校精神、学校宗旨、学校价值观、学校管理理念、学校管理作风等内容，是学校意识形态的总和。

（三）制度文化建设

学校制度文化是由三个层面构成的：一是传统、习惯、经验与知识积累形成的制度文化的基本层面；二是理性设计和建构的制度文化的高级层面；三是包括机构、组织、设备等的实施机制层面。其中，制度文化的基本层面是一个自生自发的规范层面，反映着学校价值观念、道德伦理、风俗习惯等文化因素。制度文化的高级层面则是校长有意的、有目的的理性设计和建构的制度层面，反映着一个学校经制度确认的学校领导体制、学校组织形式和学校管理制度。

二、学校文化建设内容概要

学校文化建设是学校在校长主导下，在长期的发展过程中所形成的价值观、群体意识、道德规范、行为准则、特色、管理风格及传统习惯的总和。

三、监测标准

L1：了解校园文化建设，掌握促进校园文化融入教学教育的方法和途径，掌握不同年龄阶段学生思想品德形成和健康心理发展的特点与规律，了解学生思想与品行养成过程及其教育方法，能够将学校文化建设作为学校德育工作的重要方面。

L2：熟悉校园文化建设的基本理论及促进优秀文化融入学校教育的方法途径，重视学校文化潜移默化的教育功能，把文化育人作为办学治校的重要内容与途径，热爱祖国优秀传统文化，充分发挥优秀传统文化的时代意义与教育价值，重视地域文化的重要作用，能够尽可能创设各种情境与机会，让管理者、教师、学生都能得到发展，让不同的人找到各自的位置，各得其所，激发他们的创新潜力。

L3：能够精心营造人文氛围，能够根据不同年龄阶段学生思想品德形成和健康心理发展的特点与规律，对学生品格形成进行正确引导。能够凝聚学校文化建设力量，发挥教师、学生及社团的主体作用。重视学生对文化建设的参与，能够依据学生文化的多系列性，选择不同年龄段学生文化建设的重点，依据学生文化的多形态性，重视学科课程文化资源的开发。

L4：有创造性地开展校园文化建设活动，能够建设优良的校风、教风、学风，设计体现学校特点和教育理念的校训、校歌、校徽、校标等，精心设计和组织艺术节、科技节等校园文化活动，充分利用重大节庆日、传统节日等有特殊意义的日子以及学校组织特有的仪式，开展主题教育活动。能够建设绿色健康的校园信息网络，向师生推荐优秀的精神文化作品和先进模范人物，同时积极防范不良的流行文化、网络文化和学校周边环境对学生的负面影响。发挥教师、学生及社团的主体作用，为共青团、少先队、学生社团、班集体活动开展提供必要条件，保证活动时间。

四、对应监测标准的典型案例

选取广州市某中学作为监测对象，通过设计的三套问卷分别对校长、教师和学生进行调查，研究思路如图 1 所示。

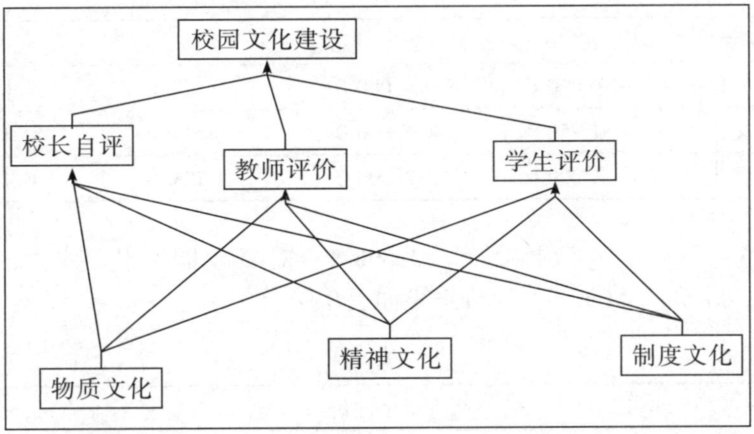

图 1

校长自评、教师评价、学生评价对决策目标的排序权重通过专家群决策，结果如表 6 所示：学生相对权重为 0. 648 3，教师相对权重为 0. 229 7，校长自评相对权重为 0. 122 0。

表 6

评价者要素	权重
学生评价	0.648 3
教师评价	0.229 7
校长自评	0.122 0

校长自评一致性比例：0.051 6；对“校园文化建设”的权重：0.122 0；λmax：3.053 6。问卷结果如表 7 所示。

表 7

监测点		校长自评		W_i
物质文化	1.000 0	4.000 0	0.250 0	0.222 7
精神文化	0.250 0	1.000 0	0.125 0	0.070 2
制度文化	4.000 0	8.000 0	1.000 0	0.707 1

教师评价问卷一致性比例：0.090 4；对“校园文化建设”的权重：0.229 7；λmax：3.094 0。问卷结果如表 8 所示。

表 8

监测点		教师评价		W_i
物质文化	1.000 0	4.000 0	5.000 0	0.687 0
精神文化	0.250 0	1.000 0	0.500 0	0.126 5
制度文化	0.200 0	2.000 0	1.000 0	0.186 5

学生评价问卷一致性比例：0.096 1；对“校园文化建设”的权重：0.648 3；λmax：3.099 9。评价结果如表 9 所示。

表 9

监测点		学生评价		W_i
物质文化	1.000 0	6.000 0	7.000 0	0.750 4
精神文化	0.166 7	1.000 0	3.000 0	0.171 3
制度文化	0.142 9	0.333 3	1.000 0	0.078 2

最终通过 AHP 评价法得出三个监测点的相对得分是 0.671 5、0.148 7 和 0.179 8（如表 10 所示）。

表 10

监测点	相对权重
物质文化	0.671 5
精神文化	0.148 7
制度文化	0.179 8

通过加权计算可以得知该校长校园文化建设指标最终评价得分为 $0.6715 \times 3 + 0.1798 \times 3 + 0.1487 \times 2 = 2.8513$。即该校长的校园文化建设能力达到了 L3 的水平：能够精心营造人文氛围，能够根据不同年龄阶段学生思想品德形成和健康心理发展的特点与规律，对学生品格形成进行正确引导。能够凝聚学校文化建设力量，发挥教师、学生及社团的主体作用。重视学生对文化建设的参与，能够依据学生文化的多系列性，选择不同年龄段学生文化建设的重点，依据学生文化的多形态性，重视学科课程文化资源的开发。

五、本指标开展监测与评价需要的佐证材料

由学校提供校训、校歌、校徽；学校的各类行为准则规章制度；学校的艺术节、科技节等校园文化活动资料；学生社团活动资料；学校各类主题教育活动资料。

第三节 课程教学领导

一、指标解析

课程领导力是校长的核心能力，是校长专业发展的重要向度。校长对教学的领导包括服务和引领两大方面。课程与教学内涵并不完全一致。校长课程领导力是校长引导教师进行课程改革、课程建设、组织课程实施的能力。上海市教育委员会在“提升校长课程领导力，进一步深化课程改革”的专题报告中，阐释“校长课程领导力”是指以校长为核心的学校课程共同体，根据培养目标和办学定位，领导学校课程设计、实施、评价和课程文化建设过程的能力。校长教学领导力指校长在学校领导实践中提出教学愿景、引领教学变革、促进师生发展的影响力。管理课程与教学、视导评鉴教学、促进教师专业成长和督促学生进步成为校长课程教学领导的重要内容。校长要胜任

课程教学领导工作，必须具备相应的教学领导能力。校长应至少具备三种教学领导能力：具备了解一两个学科实际知识或发展趋势的能力，能帮助教师组织和呈现知识内容，提供教学技巧和资料；具备有关教学策略和教学模式的知识，能帮助教师改善教学过程；具备教学视导的能力，包括帮助教师执行有效教学的能力，进行现场视导或教学成效评价的技术。

二、课程教学领导内容概要

校长课程教学领导是校长为了实现学校教育教学目标对学校课程及教学实施的一系列领导行为，如规划学校课程教学发展，管理课程教学，视导和评鉴教学，促进教师专业成长和学生学习进步，提供教学支持系统和发展教学文化，等等，从而达到促进教师专业发展和学生综合素质提升的动态过程。

三、监测标准

L1：掌握课程标准，了解课程编制、课程开发与实施、课程评价的相关知识，以及教材与教辅使用的政策，了解课堂教学以及教育信息技术应用的一般原理与方法。落实义务教育课程标准。切实减轻学生过重课业负担，不片面追求学生考试成绩和升学率。

L2：熟悉课程编制、课程开发与实施、课程评价的相关知识、教材与教辅使用的政策，以及国内外课程教学改革的经验，掌握课堂教学以及教育信息技术应用的原理与方法，落实国家课程、地方课程，有序组织教学过程，能够落实教学常规管理。落实义务教育课程标准。切实减轻学生过重课业负担，不片面追求学生考试成绩和升学率。

L3：遵循学生身心发展特点及教育教学规律，制订科学的课程计划，有效统筹国家、地方、学校三级课程，落实义务教育课程标准，因地制宜开发地方和学校课程，有效推动校本课程的实施，为学生提供丰富多样的课程教学资源。关注课程实施的全过程，强化课堂教学环节的有效设计，建立有效的听课与评课等教学改进及评价制度，积极推进教学改革与创新。切实减轻学生过重课业负担，不片面追求学生考试成绩和升学率。

L4：遵循学生身心发展特点及教育教学规律，制订科学的课程计划，有效统筹国家、地方、学校三级课程，确立课程评价体系，因地制宜开发地方和学校课程，有效推动校本课程的实施，为学生提供丰富多样的课程教学资源。能够根据具体学生的情况，对学生学习进行过程性评价，实施素质教育，合理安排学生体育、音乐、美术及少先队活动，确保学生每天一小时校园体育活动。建立科学的教学评价制度及听课与评课制度，组织并亲自参与听课评课活动，运用科学的评价方法，对教师的教学进行科学评价，对存在问题进行实际指导，促进教师有效改进教学。切实减轻学生过重课业负担，不片面追求学生考试成绩和升学率。

四、对应监测标准的典型案例

L1：落实义务教育课程标准。切实减轻学生过重课业负担，不片面追求学生考试成绩和升学率。制定并落实听课与评课等教学改进及评价制度。

L2：落实义务教育课程标准，落实国家课程、地方课程，开发校本课程。制定并落实听课与评课等教学改进及评价制度，落实教学常规管理。切实减轻学生过重课业负担，不片面追求学生考试成绩和升学率。

L3：落实义务教育课程标准，落实国家课程、地方课程，能够因地制宜开发地方和学校课程，有效推动校本课程的实施。建立有效的听课与评课等教学改进及评价制度，有效落实教学常规管理。学生课业负担合理。

L4：落实义务教育课程标准，落实国家课程、地方课程，能够因地制宜开发地方和学校课程，有效推动校本课程的实施。建立有效的听课与评课等教学改进及评价制度，有效落实教学常规管理。学生课业负担合理。建立完善促进学生全面发展的教育教学评价制度。实施素质教育，科学安排学生体育、音乐、美术及少先队活动。不断有效推进学校的教育教学改革。

五、本指标开展监测与评价需要的佐证材料

由学校提供学校课程表、校本课程开发相关资料（包括校本课程教材、校本课程开发机制制度等）、常规教学工作计划及安排（包括集体备课、共同研课、听课评课、公开课示范课、同课异构、教案学案等相关制度或资料）、学校教学改革相关资料等。

第四节　校本研修组织

一、指标解析

校本研修以本校教师为主体，学校主导，以提升本校教育教学质量为目的。“研修”强调教师的“研”和“修”，教师作为研究者研究自己教育教学中的问题，教师作为学习者不断学习他人的教育教学经验，在实践中反思，在反思学习中实践，以此不断提高教师的教育教学能力。在实践中，“校本研修”多被理解为学校层面的教师专业发展形式。

校长是校本研修的第一责任人。每一位校长要能够正确把握教师职业素养要求，掌握教师专业发展的理论及学习型组织建设的方法，尊重教师专业发展的规律，关注每一位教师的发展，了解每一位教师的专业发展需求，加强青年教师培养，指导教师根据自身发展特点制订专业发展计划，激发教师发展的内在动力。校长要积极组织参与校本研修，以身作则，调动教师参与学习的积极性，指导教师开展教育教学实践与研究的方法，推进信息技术教育教学中的应用。

二、校本研修组织内容概要

校本研修组织是以本校教师为主体，学校主导，校长根据教师的专业发展需求，制定校本研修制度，组织校本研修活动，通过专题讲座、现场诊断、听课评课等多种研修方式，激励教师自主参与，从而获得专业提升的一项活动。

三、监测标准

L1：明确校长是校本研修的第一责任人，支持教师开展教育教学研究。落实每位教师五年一周期不少于360学时的培训要求。

L2：明确校长是校本研修的第一责任人，掌握校本研修理论以及指导教师开展教育教学实践与研究的方法，能够把握教师职业发展要求，指导教师根据自身发展特点制订专业发展计划，并给予专业指导。落实每位教师五年一周期不少于360学时的培训要求。

L3：校本研修制度健全。落实每位教师五年一周期不少于360学时的培训要求。建立校本研修领导小组，组织教师形成学校校本研修学年计划和三年规划，用共同目标引领教师进行校本研修；能够身体力行地和教师共同开展教学研究，通过调查、宣传、学习、讨论、交流等方式对教师加以引导，引领教师专业成长。

L4：能够创造性开展校本研修，校本研修制度完善，并能根据实际需要与时俱进，科学合理地评估教师校本研修进展情况。建立教师个人校本研修档案，积极调动教师教研工作的积极性和主动性。能够对每学期的校本研修至少总结两次，对教研内容、过程、方法、成绩、问题做细致分析，鼓励先进、鞭策后进，在学校教育教学中应用和推广取得成效。落实每位教师五年一周期不少于360学时的培训要求。

四、对应监测标准的典型案例

L1：落实每位教师五年一周期不少于360学时的培训要求。有校内教研交流及校外专家指导。

L2：落实每位教师五年一周期不少于360学时的培训要求。建立校本研修领导小组，形成并落实学校校本研修学年计划。有计划组织教师进行教学案例与经验的学习与总结，安排校外同行、专家进行交流。

L3：落实每位教师五年一周期不少于360学时的培训要求。建立校本研修领导小组，形成并落实校本研修学年计划。教师建立个人专业成长计划。有计划组织教师进行教学案例与经验的学习与总结，安排校外同行、专家进行交流。激励教师进行理论学习及学科知识更新。

L4：落实每位教师五年一周期不少于360学时的培训要求。建立校本研修领导小组，形成并落实科学有效的学校校本研修学年计划。教师建立个人专业成长计划。建立校本研修的评估改进机制。系统组织教师进行教学案例与经验的学习与总结，有计划、有目的根据本校教师专业发展情况安排校外同行、专家进行交流研讨。有效激励教师进行理论学习及学科知识更新，学校不同层次的教师专业得到有效发展。

五、本指标开展监测与评价需要的佐证材料

由学校提供学校的校本研修计划及总结资料、校本研修及校本培训工作计划及实施情况（包括教师的经验交流、教学改进、理论学习、参观学习等情况）、教师个人专业发展计划、教师参加培训情况及专业成果材料（论文、课题、反思笔记、研究博客等）。

第五节　内部管理优化

一、指标解析

当前，学校管理越来越体现出对“人”的终极关怀，强调管理主体的主动性、创造性，追求较高的学校管理效能。结合义务教育学校促进学生的全面发展的终极目标，学校的一切工作都应围绕“为学生服务”开展。学校管理效能的高低关系到这个终极教育目标的实现。因此，提高学校内部管理效能，成为学校内部管理体制的基本价值取向。

学校内部管理涉及学校的每一项工作，主要是围绕领导体制、管理机构、管理制度、人事制度和分配制度展开。建设“精简、高效”的学校内部管理体制，完善校务公开制度，深化人事制度和分配制度改革，是促进学校良性发展的重要保障，也是建立现代学校制度的重要手段。学校内部管理主要包括以下两个方面。

（一）学校领导团队

学校是一个开放的松散联合体，往往处于有组织的无序状态，从学生到教职员工、后勤保障人员，再到领导管理层，每天都在进行着各种形式的交流。学校这种松散联合体的运行必须建立高效的学校管理层。校长要以身作则，积极提高自身素质，并结合整个学校的发展现状，优化管理层人员配置，改革干部管理制度，形成干部动态管理机制，组建高效的领导团队。

（二）学校内部制度

学校内部管理优化需要一套系统完备的规章制度，实现对学校进行规范化管理。在义务教育学校内部的管理体制中，校长采用科学系统的方法，对学校的机构设置、人事安排、教学组织、学生行为进行高效化管理。建立科学的人事管理制度，全面落实教职工岗位负责制和职称评聘制度，保障教师的工资和各项福利。深化学校内部分配制度改革，实施绩效工资，激发教师的教学积极性。建立较为完善的学校财务与资产管理、教学科研、学生、后勤、安全等方面的管理规章制度。

二、内部管理优化内容概要

内部管理优化是指校长对学校内部全面工作的科学管理，包括对人、财、物、时间、信息等的管理。

三、监测标准

L1：了解学校人事、财务、资产后勤、校园网络、安全保卫与卫生健康等管理实务，基本把握国家相关政策对校长的职责定位和工作要求，了解学校管理的基本方法，做到依法治校，以德立校。

L2：熟悉学校人事财务、资产后勤、校园网络、安全保卫与卫生健康等管理实务，根据国内外学校管理的变化趋势及学校管理的基本理论与方法，建立结构合理的学校领导班子，建立较为完善的学校人事、财务、资产管理等规章制度，对学校进行规范化管理。

L3：能够优化学校管理层人员配置，建立凝聚力强的学校领导班子，建立科学的教职工绩效考核办法和教职工代表大会制度，有效调动教师参与工作和学校管理的积极性和主动性。建立学校各种应急管理机制，实施一些安全演练，基本能够正确应对和妥善处置学校突发事件。

L4：学校内部管理科学规范，治理结构完善。能够建立科学的教职工绩效考核办法和教职工代表大会制度，有效实施教师各项奖励制度，充分调动教师参与学校管理的积极性。积极打造平安校园，建立完善的应急管理机制，完全能够正确应对和妥善处置学校突发事件。

四、对应监测标准的典型案例

某中学教师向校长哭诉自己因为上课迟到而被扣去当月奖金的25%。校长A与教务处核实情况，了解到该教师确实迟到20多分钟，依据学校教师考勤制度给予相应惩罚。校长B一方面与教务处核实情况，另一方面与教师沟通交流了解教师迟到的原因，尽量从感情上规劝教师接受教务处的处理，此外，校长私下与教务处讨论教师考勤制度的合理性。校长C向教务处核实情况，同时通过与该教师谈话，与其他教师、该教师的学生沟通，了解到该教师工作十年，其间表现很好，没有出现过迟到早退现象，只是最近父亲生病，为了照顾父亲，因此迟到了20分钟。校长C了解到该教师确实有困难，与教务处协调，给该教师调课，解决了该教师的难题。校长D从该教师的哭诉中了解到其确有难处，随后召开教职工代表大会，讨论如何处理该问题，大家通过协商讨论，最终建立灵活的教师考勤制度，以此应变教师出现的特殊情况。

校长A属于L1水平，能够了解学校的人事制度，依法治校；校长B属于L2水平，熟悉学校人事制度，根据学校管理方法中的对话方法，对学校进行规范管理；校长C属于L3水平，能够有效地调动教师参与工作的积极性；校长D属于L4水平，能够建立科学的教职工代表大会，充分调动教师参与学校管理的积极性。

五、本指标开展监测与评价需要的佐证材料

学校提供学校章程、学校人事、财务、资产管理等规章制度及各种常规管理制度，学校领导职责与分工表，岗位设置审核表，教师考勤表，教职工大会签到表，教职工绩效考核办法，教职工代表大会制度，专职保安人员数量，各类应急管理机制，安全规章，安全告知书。

第六节　外部环境调适

一、指标解析

面临日趋复杂多变的外部环境，学校必须加强外部环境管理，准确把握环境变化趋势，理顺各种利益主体关系，获得稀有资源，为学校发展塑造良

好的外部环境。学校外部环境是指学校运作所处的组织界线之外的影响学校产生、存在和发展的一切因素的总和。学校与外部环境之间的关系是双向对称的关系，也就是说外部环境不能绝对地影响学校组织，学校组织也不能绝对地控制外部环境，两者是相互影响、协同发展的关系。学校外部环境调适就是通过把握外部环境信息使组织环境相对确定，通过遵守相关的文化、价值观、规范，为学校打造稳定的信息环境，赢得广泛的支持，获得更丰富的资源支持和更广阔的生存空间。

（一）学校与家庭

教育是学校单独的事，随着民主意识、信息时代、多元文化的渗透，知识的教授权力已经下放到社会和家庭，构建学习型社会已经成为普遍共识，将会对学生的学习产生深远的影响。于是，家庭教育的角色也必须转换，家长不再是旁观者，也不再是局外人，而应该成为学校教育的同盟、伙伴、合作者。为此，客观上诉求于家校协作新的路径、新的内涵，满足家长需求，服务学生发展，共建优质文化。

（二）学校与社会

作为承担公共社会服务的机构，学校的发展与社会和公众的支持是分不开的。在教育投入日益多元化的今天，学校吸引社会力量的支持是获得竞争优势的主要途径。通过学校外部环境管理，处理好与社会组织、公众的关系可为学校发展塑造更好的社会支持氛围。学校可以充分利用学校人才、知识、技术设备的信息集散地的优势，在社区建设和发展中积极发挥作用。

二、外部环境调适内容概要

外部环境调适是指校长充分调动学校外部资源，有效协调学校与家庭、社会（社区）的关系，激发学校外部教育环境和完善教育支持平台，促进教育主体间的沟通，为学生的教育创造丰富的契机和资源，提升学校公信力和保持学校可持续发展，并积极发挥学校在社区建设中的作用。

三、监测标准

L1：具有合作共赢的理念，了解学校公共关系、学校与家庭和社会交流合作的理论与方法，能够开展校外合作与交流活动。

L2：具有合作共赢的理念，掌握一定的学校公共关系、学校与家庭和社会交流合作的理论与方法，能够有效组织学校与家庭、社会（社区）的互动，熟悉各级各类社会公共服务机构的教育功能，会争取社会（社区）的教育资源对学校教育的支持。

L3：能够用实际行动获取社会（社区）的教育资源对学校教育的支持。主动与所在社区、学生家长建立联系，了解所在社区、学生家庭的基本情况，获取与学生成长、学校发展相关的信息；会建立家长委员会制度和家校合作育人机制，指导和帮助家长了解学校工作情况和学生学习情况，共同促进学生综合素质的提升。

L4：能够有效贯彻合作共赢的理念，创新校外合作交流方法，实现学校与家庭、社会（社区）的良性互动。能够在各种校外教育资源之间进行比较，选择有效促进学校发展和学生综合素质提升的资源。创新家长会、家长学校、家长开放日形式，与所在社区、学生家长建立经常性联系；充分利用学校人才、知识、技术设备的信息集散地的优势，积极发挥学校在社区建设和发展中的作用。

四、对应监测标准的典型案例

某中学校长想要组建社团，丰富学生的课外生活。校长A认识到学生家长来自各行各业，可以利用家长资源推动社团的建设；校长B通过校长信箱、QQ群、“校长接待日”等渠道与家长沟通交流，了解家长对于参与学校社团活动的积极性；校长C通过校长信箱、QQ群等平台与家长进行沟通交流，寻求家长支持，通过家长委员会召集家长探讨家校共建社团、共育学生的问题；校长D不仅充分认识到家校合作的重要性，通过各种平台、渠道与家长进行沟通交流，利用家长的资源组建多形式的社团，同时建立家长义工站，征召家长加入义工站，建立资源库，给义工家长颁发证书，让学生自由选择参与社团，通过创新形式保障家长长期参与其中。

校长A属于L1水平，具有合作共赢的理念；校长B属于L2水平，不仅具有合作共赢的理念，还能够有效组织学校与家长互动；校长C属于L3水平，能够主动与家长建立联系，建立家长委员会制度；校长D属于L4水平，能够有效贯彻合作共赢的理念，创新家长会形式，实现学校与家长的良性互动。

五、本指标开展监测与评价需要的佐证材料

家长委员会会议记录，家长会签到表，家长委员会管理办法，家校合作计划、总结及各类相关材料，图书馆读者登记记录，校外实践活动记录表，外来人员使用教室记录，学生参与社会公益活动记录，等等。

参考文献

[1] 拱雪. SWOT在北京市小学学校发展规划制定中的应用 [J]. 基础教育，2010，7 (3)：22 -26.

[2] 喻小琴. 对学校发展规划的理性思考：基于A中学学校发展规划活动的分析 [J]. 教学与管理，2012 (13)：7 -10.

[3] 楚江亭. 关于制定学校发展规划有关问题的思考 [J]. 教育理论与实践，2006 (9)：24 -26.

[4] 赵凤平. 科学制定学校发展规划刍议 [J]. 大连教育学院学报，2012，28 (1)：8 -12.

[5] 陈建华. 论学校发展的后继规划 [J]. 教育发展研究，2013 (2)：44 -49.

[6] 陈建华. 论学校发展规划的局限性 [J]. 教育发展研究，2015 (10)：20 -25.

[7] 孙军，程晋宽. 论学校发展规划的理论构架 [J]. 教育导刊，2012 (8)：50 -53.

[8] 赵德成. 区域行政推动下的学校发展规划 [J]. 教育研究，2013 (3)：54 -58.

[9] 陈建华. 如何制定学校的发展规划：西方教育发达国家的SDP项目及其启示 [J]. 全球教育展望，2004，33 (4)：61 -65.

[10] 孙军. 谈学校发展规划的方案设计 [J]. 教学与管理，2012 (13)：17 -20.

[11] 魏志春. 校长专业标准视野下的学校发展规划 [J]. 教育发展研究，2013 (2)：50 -53.

[12] 楚江亭. 学校发展规划：内涵、特征及模式转变 [J]. 教育研究，2008 (2)：81 -85.

[13] 张全宝. 学校发展规划：校长引领学校发展的行动纲领 [J]. 现代特殊教育，2011 (1)：14 -16.

[14] 田继忠. 学校发展规划：意蕴、制定与实施 [J]. 教育学术月刊，2012 (5)：57 -59.

[15] 孙军，程晋宽. 学校发展规划的理论构架分析 [J]. 现代教育管理，2012 (11)：34 -40.

[16] 朱志勇，等. 学校发展规划实施与评估：西部五省的经验 [J]. 清华大学教育研究，2010，31 (2)：40 -48.

[17] 李飞. 学校发展规划应厘清七对关系 [J]. 教学与管理，2012 (21)：28 -30.

［18］贺菲，肖全胜．学校发展规划制订与实施的困境［J］．教育学文摘，2010（3）：62．
［19］闫龙．学校发展规划制定和落实中的问题与分析［J］．国家教育行政学院学报，2011（4）：40－43．
［20］楚江亭．中小学发展规划模式的转变［J］．教育科学研究，2007（9）：9－13．
［21］吕超．对学校文化建设的若干思考：以广州市培正中学为例［J］．中国教育学刊，2014（12）：78－81．
［22］唐汉卫．关于学校文化建设的几点思考：兼论当前学校文化建设存在的问题［J］．教育发展研究，2012（Z2）：84－89．
［23］刘正伟，黄君艳．规范与个性：学校文化建设的问题与思考［J］．教育发展研究，2010（10）：79－83．
［24］王定华．试论新形势下学校文化建设［J］．教育研究，2012（1）：4－8．
［25］黄娅．文化课堂：学校文化建设的归宿［J］．基础教育研究，2014（21）：14－16．
［26］王娜．我国中小学学校文化建设的思考：以北京市A小学为例［J］．教学与管理，2015（3）：54－56．
［27］张烨．校长文化焦虑与学校变革［J］．中国教育学刊，2013（11）：30－33．
［28］谢延龙．学校文化建设的误区及其反思［J］．教育发展研究，2008（10）：79－81．
［29］亓殿强，周新奎．学校文化建设问题及对策［J］．中国教育学刊，2009（5）：52－54．
［30］杨骞．学校文化建设中的相关因素分析［J］．教育研究，2009（1）：106－110．
［31］陈卫东．学校文化建设中校长的思维方式［J］．教学与管理，2014（26）：9－11．
［32］彭钢．在学校文化建设中形成学校特色［J］．教育发展研究，2008（2）：25－29．
［33］孙波．中小学学校文化建设研究综述［J］．西北成人教育学院学报，2012（5）：48－51．
［34］陈兰枝．走特色办学之路，创师生幸福校园——访武汉市育才小学校长关蓓［J］．教师教育论坛，2015，28（8）：4－6．
［35］梁爽．建立学校突发事件应急管理机制的现实困境与制度进路［J］．哈尔滨工业大学学报（社会科学版），2011，13（3）：26－29．

[36] 林鸿潮，彭涛. 论学校应急管理机制的完善及其法治化 [J]. 北京航空航天大学学报（社会科学版），2011，24 (4)：19-24.

[37] 王晓华，汪长明. 加强学校领导班子建设的思考 [J]. 基础教育研究，2013 (10)：14-15.

[38] 李宜江，谈力群. 对中小学校内部管理体制改革的思考 [J]. 教育科学研究，2009 (4)：32-34.

[39] 赵潇怡. 基于小学班级管理的家校合作策略研究：以东北师范大学第二附属小学为例 [D]. 延吉：延边大学，2014.

[40] 杜晓敏，王立浩，扈培杰. 以“亲子共成长”活动构建家校合作育人机制 [J]. 中国德育，2012 (9)：50-53.

[41] 黄敏. 家校合作推进现代学校制度建设：深圳市红岭小学创新家长义工制、家长委员会建设的实践探索 [J]. 中小学校长，2014 (4)：20-23.

[42] 韩传信，詹万生. 试论学校与社区和谐互动德育机制的建立 [J]. 教育研究，2009 (8)：108-111.

[43] 章文君. 学校与社区共建方案 [EB/OL]. (2015-03-11). [2015-12-26]. http://mlzx.ijd.cn/infoweb/item-detail.aspx?NewsID=211.

[44] 邓璐. 区域性学校与社区合作问题研究：以上海市浦东新区为例 [D]. 上海：华东师范大学，2007.

[45] 张俐蓉. 中小学教师专业发展的国际实践 [J]. 全球教育展望，2001，30 (7)：12-16.

[46] 陈静安. 英国中小学教师培训特点及其启示 [J]. 继续教育研究，2015 (5)：123-125.

[47] 贺林卿. 依托“课堂观察”做实校本研修 [J]. 长春教育学院学报，2015 (13)：122-123.

[48] 李玉鹏. 校本研修的组织策略 [J]. 现代中小学教育，2006 (11)：15-17.

[49] 戚业国. 校本研修的制度性困惑与机制创新 [J]. 教师教育研究，2013，25 (5)：67-71.

[50] 艾启双. 校本研修：迅速提升教师整体素质的切入口 [J]. 中国教育学刊，2014 (6).

[51] 于香伟，王永刚. 校本研修：农村中学校长的角色意识与实践引领——吉林省松原市乾安县水字镇中学校本研修综述 [J]. 基础教育研究，2015 (5)：15-18.

[52] 何冰玲. 校本培训改良：“拼图式”校本教研 [J]. 广东教育（综合版），2013 (10)：13-14.

[53] 郝贵福. 校本培训的有效策略 [J]. 吉林教育 (综合), 2013 (7): 29.

[54] 万福. 校本教师培训模式研究 [J]. 教育研究, 2002 (1): 24-26.

[55] 潘娜. 提升内涵需重构校本培训体系 [J]. 人民教育, 2012 (5): 33-34.

[56] 杨玉东. 让校本培训走向问题导向的专业学习: 对上海市八区县调研的透视与反思 [J]. 教育发展研究, 2014 (24): 75-79.

[57] 芮旭军. 开展“菜单式”校本培训促进青年教师专业发展 [J]. 基础教育参考, 2013 (5): 56-58.

[58] 周建平. 对“校本培训”的认识与思考 [J]. 中小学教师培训, 2001 (10): 15-18.

[59] 胡秀丽, 苗培周, 祁丽莎. 当前中小学教师校本培训现状分析与对策思考: 基于河北省部分县区的调查 [J]. 教育理论与实践, 2012 (8): 20-22.

[60] 王建平, 王莉娟. 中小学校长教学领导力的调查与评估 [J]. 现代中小学教育, 2015, 31 (2): 1-6.

[61] 何光辉. 中小学教学领导的内涵及实施策略 [J]. 现代教学, 2012 (12): 49-50.

[62] 王越明. 有效教学始于校长课程领导力的提升 [J]. 中国教育学刊, 2010 (3): 32-34.

[63] 赵德成, 宋洪鹏. 义务教育学校校长教学领导力调查分析 [J]. 中国教育学刊, 2014 (3): 43-47.

[64] 赵德成, 宋洪鹏, 苏瑞红. 义务教育学校校长教学领导力胜任特征模型的构建 [J]. 教育研究, 2014 (8): 85-92.

[65] 徐金才. 新课程实施中校长教学领导力的三个层面 [J]. 教育理论与实践, 2008 (9): 34-36.

[66] 吴恒山. 校长要加强领导力建设 [J]. 大连教育学院学报, 2013, 29 (3): 4-6.

[67] 孙绵涛. 校长领导力基本要素探析 [J]. 教育研究与实验, 2012 (6): 54-57.

[68] 马焕灵. 校长领导力促进教师专业发展的机理与策略 [J]. 中国教育学刊, 2011 (3): 41-43.

[69] 鲍东明. 校长课程领导意蕴与诉求 [J]. 中国教育学刊, 2010 (4): 39-42.

[70] 李永培. 校长课程领导力与学校发展 [J]. 中小学管理, 2011 (2): 23-25.

[71] 杨立国. 校长课程领导力建设：从观念到行动 [J]. 中小学管理，2009（9）：34－35.

[72] 夏心军. 校长课程领导力：学校特色发展的应然选择 [J]. 教育理论与实践，2012（5）：15－18.

[73] 郑金洲. 校长教学领导力初探 [J]. 河北师范大学学报（教育科学版），2012，14（11）：42－45.

[74] 赵德成. 校长教学领导力：领导什么与怎么领导 [J]. 中小学管理，2010（3）：29－30.

[75] 杜芳芳. 校长教学领导：内涵、特征与培养策略 [J]. 基础教育，2011（3）：43－48.

[76] 赵茜，刘景. 我国校长教学领导力模型研究 [J]. 中小学管理，2010（3）：10－13.

[77] 秦金华，王世伟. 我国校长教学领导的缺失与回归：质性研究的结论 [J]. 教育导刊，2013（11）：46－49.

[78] 赵茜. 如何评价校长的教学领导力？[J]. 中小学管理，2012（6）：10－13.

[79] 王红，陈纯槿. 美国校长领导力与学生成就关系三十年研究 [J]. 教育学术月刊，2010（10）：77－79.

[80] 李庆平. 论校长的教学领导角色 [J]. 当代教育科学，2011（4）：39－40.

[81] 龙勇，孙锦明. 近十年中小学校长教学领导力研究述评 [J]. 中小学管理，2012（11）：29－33.

[82] 刘冬梅. 国内“校长课程领导力”的研究概况 [J]. 教学与管理，2011（24）：14－15.

[83] 张立栋. 对校长教学领导力构建的思考 [J]. 当代教育科学，2011（16）：50－51.

[84] 褚宏启，杨海燕. 走向校长专业化 [M]. 上海：上海教育出版社，2009.

[85] 李汉云，杨振国. 学校文化引领：校长的教育智慧 [M]. 上海：华东师范大学出版社，2015.

[86] 毛亚庆. 学校管理的改革与创新 [M]. 北京：北京师范大学出版社，2013.

[87] 王铮，等. 学校组织变革实践：校长的探索 [M]. 北京：教育科学出版社，2013.

[88] 刘立启. 校长领导力与课程创新 [M]. 北京：国家行政学院出版社，2014.

影响因素之教师课程实施状况监测标准研究报告

教师是教育事业发展的基础，是提高教育质量、办好人民满意教育的关键，教师课程实施状况是影响学生有效学习和健康成长的重要因素。根据《广东省义务教育质量监测方案（试行）》，广东省义务教育质量监测指标体系包括品德发展水平、学业发展水平、身心发展水平、兴趣特长养成、学业负担状况和影响因素六个一级指标，其中“影响因素”包括区域教育发展水平、校长专业发展水平、教师课程实施状况和学生家庭及社会因素四个二级指标。

课程实施是指将某项课程计划付诸实践的具体过程。课程计划与课程实施之间的关系是理想与现实、预期结果与实现结果的过程之间的关系，这种关系极其复杂。美国课程论专家古德莱德区分了课程的五个层次，分别是：第一，观念层次的课程；第二，社会层次的课程；第三，学校层次的课程；第四，教学层次的课程；第五，体验层次的课程。该课程五层次的划分深刻地触及了课程实施问题。（张华，2000）本研究中的教师课程实施状况属于第四个层次。

教师课程实施状况是指教师在课堂教学中实际实施课程的情况，它既体现了教师对课程的理解，也体现了教师在课堂上对课程的实际动作，是教师“理解的课程”与“运作的课程”的统一。本二级指标主要监测评价教师对课程资源的开发与利用、教学设计与实施、学生学习的评价与反馈以及教师教学时间与工作时间四个方面。

第一节　课程资源的开发与利用

一、指标解析

研究者关于课程资源开发和利用提出了多种观点：有人认为，课程资源的开发就是寻求一切有可能进入课程，能够与教育教学活动联系起来的资源。课程资源的利用，实质上就是充分挖掘被开发出的课程资源的教育教学价值。（徐继存，段兆兵，陈琼，2002）有人认为，课程资源的开发利用是开发主体在主导取向的指导下，遵循一定的伦理道德规范，从自然、社会和人组成的资源生态系统中，开发出能够满足社区、学校、学生需要的，可资利用的资源的教育实践活动。它是化“自在之物”为“为我之物”，将“自在价值”转化为“自为价值”的一种动态过程。（罗儒国，吴景芝，2003）还有人认为，课程资源开发和利用是指按照一定的价值准则，对潜在课程资源进行选择、分类、整理，并以一定的方式把它们纳入课程、教学活动的过程。（李定仁，董仁忠，2003）课程资源的开发与利用是密切联系在一起的，开发是利用的前提，利用是开发的目的，而开发的过程也包含着一定的利用，在利用的过程中也会促进进一步开发。

本研究中的课程资源开发和利用主要是指教师为有效地完成课堂教学任务，按照一定的价值准则，对各类课程资源进行判断、选择、分类、整理，并以一定的方式把它们纳入课程、教学活动的过程。本研究对教师课程资源开发和利用的监测主要选取三个方面：第一，教师对课程资源的态度和看法；第二，课程资源开发与利用的创新性，监测教师在开发及利用课程资源时，是否有创新思维和创新方法；第三，课程资源利用是否产生了实际功效，既要监测教师教的效用，又要监测学生学的效用。

二、内容概要

监测内容主要包括三个方面：

1. 教师对课程资源的看法和态度：包括课程资源概念、功能和开发主体等。

2. 课程资源开发与利用的创新性：包括课程资源开发、利用方式的多样性、教材使用的灵活性和信息化资源的有效利用等。

3. 课程资源利用的有效性：包括课程资源是否服务于课程目标、教师教学方式的转变和学生学习内容的拓展和方式的多样化等。

三、监测标准

L1：教师对课程资源了解甚少，具体内涵为何尚不清楚；教师很少开发过除教材以及课程标准以外的课程资源；教师教学和学生学习内容及方式因循守旧，缺乏生气。

L2：教师对课程资源有一定了解；教师偶尔开发新的课程服务教学，且有了创新意识；教师对课程资源的开发与利用，一定程度上改善了教师教学和学生学习的效果。

L3：教师对课程资源了解较多；教师积极进行课程资源的开发与利用，灵活使用教材、网络等课程资源；教师开发的课程资源，切合教学目标和内容，对学生和自身都产生了良好的效益。

L4：教师对课程资源了解深入；教师能灵活使用教材，积极利用各种手段开发课程资源，强调信息资源的利用，并能开辟新的课程资源；课程资源的使用，非常贴近课程目标和课程内容，改变了传统的教材中心、教师中心模式，活跃了学习氛围，提高了学习效率。

四、对应监测标准的典型案例

（一）问卷示例

1. 学生问卷（如表1所示）。

表1

子监测点	监测内容	问题 （正反两向）	选项			
			非常同意	比较同意	有些同意	不同意
（1）教师对课程资源的看法和态度	课程资源概念	教师认为，很多资源都可以拿来为我们学习所用				
		教师认为，只有按照课本来才是正确的				
	课程资源功能	教师认为，课程资源可以有效地帮助我们学习				
		教师认为，课本以外的资源会分散我们对课本的专注度				
	课程资源开发主体	教师认为，我们自己碰到有效的学习资源，也可以充分利用				
		教师认为，只有他认为有用的资源，才可以拿过来用				

续上表

子监测点	监测内容	问题 （正反两向）	选项			
			非常同意	比较同意	有些同意	不同意
（2）课程资源开发与利用的创新性	课程资源开发、利用方式的多样性	教师可以用多种方式开发和利用课程资源				
		教师开发和利用课程资源的方式很有限				
	教材使用的灵活性	教师可以很灵活地使用教材，并且进行取舍，不会照搬照抄				
		教师说的和教材没什么两样				
	信息化资源的有效利用	教师经常利用网络、多媒体寻找一些资源，辅助我们学习				
		教师对网络、多媒体的使用很有限，主要还是用以前的书本介绍模式				
（3）课程资源利用的有效性	课程资源是否服务课程目标	教师开发出的课程资源和课程目标相关，和课程内容联系也较紧密				
		教师开发出的课程资源和课程目标不太相关，和课程内容联系也不紧密				
	教师教学方式的转变	教师不再进行单纯的书本授受，他会借助各种资源，让课堂更丰富、生动				
		课堂变化不大，还是老样子，课堂氛围沉闷				
	学生学习内容的拓展和方式的多样化	借助新的课程资源，我们拓展了知识，也懂得自己去寻找课程资源进行学习				
		我们还是老样子，虽然教师偶尔开发利用新的课程资源，但我们还是以课本为主，主要向教师寻求知识				

2. 教师问卷（如表2所示）。

表2

子监测点	监测内容	问题 （正反两面）	选项			
			非常同意	比较同意	有些同意	不同意
（1）教师对课程资源的看法和态度	课程资源概念	我对课程资源非常了解，并学习过相关资料				
		我对课程资源不太了解				
	课程资源功能	课程资源的开发与利用可以更好地帮助学生学习，提高其综合素质				
		教材以及适当的课外资源已足够，经常性地利用其他课程资源可能会影响学生的专注度				
	课程资源开发主体	开发课程资源不是教师的专利，学生、学校都可以是课程资源开发及利用的主体				
		教师的专业素质更高，应由教师主要负责课程资源的开发和利用，学生们开发与利用课程资源的有效性不够				
（2）课程资源开发与利用的创新性	课程资源开发、利用方式的多样性	我开发利用课程资源的方式较为多样				
		一般来说，我开发利用课程资源仅采用有限的几种方式				
	教材使用的灵活性	教材只是课程资源的一种，我会适当参考，但不会照搬照抄				
		我参照教材进行教学，这样比较保险				
	信息化资源的有效利用	我经常利用网络、多媒体寻找一些资源，辅助学生学习				
		网络资源参差不齐，可行度不高，我使用频率较低				

续上表

子监测点	监测内容	问题（正反两面）	选项			
			非常同意	比较同意	有些同意	不同意
（3）课程资源利用的有效性	课程资源是否服务课程目标	我注重课程资源和课程目标相关性，所用资源和课程内容联系也较紧密，利用效果好				
		我会使用课程资源，但很难真正服务我的课程目标，利用效果不佳				
	教师教学方式的转变	我会借助各种资源，让课堂更丰富、生动				
		我的课堂变化不大，学习、教学主要遵循传统方式				
	学生学习内容的拓展和方式的多样化	学生们受到影响，也借助新的课程资源进行学习，学习效果更好，视野也更开阔了				
		虽然我偶尔开发利用新的课程资源，但我们还是以课本为主，学生遇到什么问题，主要还是求助于我				

3. 校长问卷（如表3所示）。

表3

子监测点	监测内容	问题（正反两面）	选项			
			非常同意	比较同意	有些同意	不同意
（1）教师对课程资源的看法和态度	课程资源概念	学校较为关注课程资源的开发利用，教师对这方面了解较多				
		学校对课程资源的关注不足，教师对这方面了解欠缺				
	课程资源功能	教师认为课程资源可以有效地帮助学生学习				
		教师对课程资源功用很少提及，也很少去利用				

续上表

子监测点	监测内容	问题（正反两面）	选项			
			非常同意	比较同意	有些同意	不同意
（1）教师对课程资源的看法和态度	课程资源开发主体	教师认为，学校、教师、学生都可以进行课程资源开发与利用				
		教师认为，只有专家们才有资质进行课程资源开发与利用				
（2）课程资源开发与利用的创新性	课程资源开发、利用方式的多样性	教师可以用多种方式开发和利用课程资源				
		教师开发和利用课程资源方式很有限				
	教材使用的灵活性	教师可以很灵活地使用教材，并且进行取舍，不会照搬照抄				
		教师主要参照教材对学生进行教学、评价				
	信息化资源的有效利用	教师经常利用网络、多媒体寻找一些资源，辅助学生学习				
		教师对网络、多媒体的使用很有限，主要还是以前的书本介绍模式				
（3）课程资源利用的有效性	课程资源是否服务课程目标	教师开发出的课程资源和课程目标相关，和课程内容联系也较紧密				
		教师开发出的课程资源和课程目标不太相关，和课程内容联系也不紧密				
	教师教学方式的转变	教师不再进行单纯的书本授受，他会借助各种资源，让课堂更丰富、生动				
		教师教学方式和内容沿袭传统，课堂变化不大				
	学生学习内容的拓展和方式的多样化	借助新的课程资源，学生学习效果提升，综合素质提高				
		虽然教师偶尔开发利用新的课程资源，但学生们还是以课本为主，主要向教师寻求知识，缺乏自主探究学习				

（二）评价标准

1. 正向题标准。

非常同意：4 分；比较同意：3 分；有些同意：2 分；不同意：1 分。

2. 反向题标准。

非常同意：1 分；比较同意：2 分；有些同意：3 分；不同意：4 分。

第二节　教学设计与实施

一、指标解析

在我国，教学概念的发展历经了以下四种观点：一是“教学即学习”，是指通过教人而学，以提高自己；二是“教学即教授”，是指教授他人知识；三是“教学即教学生学”，是指教会学生学习；四是“教学即教师的教与学生的学”，把教学看成是教师教和学生学的统一活动。（施良方、崔允漷，1999）目前，第四种观点占据主流，但大家理解的角度却各不相同。有的从活动和结果两方面来表述，例如，王策三认为，教学是教师教、学生学的统一活动，在这个活动中，学生掌握一定的知识和技能，同时，身心获得一定的发展，形成一定的思想品德。（王策三，1985）有的强调教学的交往特性，例如，李森认为，现代教学本质上是师生之间以对话、交流、合作为基础进行文化知识传承和创新的特殊交往活动，这种活动由教师、学生、课程教材、教学方法、教学手段、教学环境以及教学评价等要素组成，各要素之间构成错综复杂的关系。（李森，2011）

本研究主要从促进学生学习的角度来审视教师的教学，坚持教师的“教”是为了学生的“学”。从这个角度来看，教学是指教师引起、维持和促进学生学习的所有行为。重点考查三个方面：第一，教师对教学目标的落实和对学科教学内容的掌握情况；第二，教师对学情的掌握情况，重点监测评价教师对学生学习反应的预设和诊断，以及对学生学习困难的了解；第三，教师对教学活动的设计与实施情况，重点监测评价教师对教学活动的设计、对教学内容的阐释和对学生学习参与的激发。

二、内容概要

监测内容主要包括三个方面：

1. 教师对教学目标的落实和对学科教学内容的掌握：包括教师对教学

目标的落实情况、教师对所任教的学科内容的掌握情况等。

2．教师对学情的把握：包括预设和诊断学生的学习反应、了解学生学习的困难等。

3．教学活动设计与实施的有效性：包括设计合适的教学活动、清晰易懂地阐释教学内容和有效地激发学生学习参与等。

三、监测标准

L1：未能全面落实教学目标，对学科教学内容掌握较弱；未能准确预设和诊断学生的学习反应，不十分了解学生的学习困难；设计的教学活动不适宜，对教学内容的阐释不够清晰易懂，不能有效地激发学生的学习参与。

L2：基本能够落实教学目标，掌握学科教学内容；基本能够预设和诊断学生的学习反应，了解学生的学习困难；设计的教学活动基本合适，对教学内容的阐释尚且清晰易懂，基本能够激发学生的学习参与。

L3：能够比较全面地落实教学目标，较好地掌握学科教学内容；能比较准确地预设和诊断学生的学习反应，较好地了解学生的学习困难；设计的教学活动比较合适，能比较清晰易懂地阐释教学内容，较好地激发学生的学习参与。

L4：能够全面落实教学目标，通透掌握学科教学内容；准确预设和诊断学生的学习反应，了解学生的学习困难；设计的教学活动适应性强，教学内容的阐释清晰易懂，能够有效地激发学生的学习参与。

四、对应监测标准的典型案例

（一）问卷示例

1．学生问卷（如表4所示）。

表4

子监测点	监测内容	问题（正反两面）	选项			
			非常同意	比较同意	有些同意	不同意
（1）教师对教学目标的落实和对学科教学内容的掌握	①教师对教学目标的落实情况	教师既关注我们对学科知识的掌握，也重视我们对学习方法的运用和对学科学习的感受				
		教师关心我们对学科知识的掌握，对学习方法的运用和对学科学习的感受不是很关注				

续上表

子监测点	监测内容	问题（正反两面）	选项			
			非常同意	比较同意	有些同意	不同意
（1）教师对教学目标的落实和对学科教学内容的掌握	②教师对所任教的学科内容的掌握情况	教师对所任教的学科内容掌握得很好				
		教师对所任教的学科内容掌握得不太好				
（2）教师对学情的把握	①预设和诊断学生的学习反应	教师能够准确地判断我学习中出现的问题				
		教师不能够准确地判断我学习中出现的问题				
	②了解学生学习的困难	教师能够知道我在学习中可能遇到的困难				
		教师对我在学习中可能遇到的困难不太了解				
（3）教学活动设计与实施的有效性	①设计合适的教学活动	教师设计的教学活动可以很好地帮助我学习相应的内容				
		教师设计的教学活动不能很好地帮助我学习相应的内容				
	②清晰易懂地阐释教学内容	教师对学科内容的讲解清晰易懂				
		教师对学科内容的讲解不够清晰易懂				
	③有效地激发学生的学习参与	全班学生都能很好地参与到学习活动中				
		班上有些学生未能很好地参与到学习活动中				

2. 教师问卷（如表5所示）。

表5

子监测点	监测内容	问题（正反两面）	选项			
			非常同意	比较同意	有些同意	不同意
（1）教师对教学目标的落实和对学科教学内容的掌握	①教师对教学目标的落实情况	我能够准确把握并全面落实学科教学目标				
		我对学科教学的过程与方法、情感与态度方面的目标落实得还不够				
	②教师对所任教的学科内容的掌握情况	我对所任教的学科内容有通透的掌握				
		我对所任教的学科内容的掌握还不够				
（2）教师对学情的把握	①预设和诊断学生的学习反应	我能够准确地判断学生学习中出现的问题				
		我不能够准确地判断学生学习中出现的问题				
	②了解学生学习的困难	我能够知道学生在学习中可能遇到的困难				
		我对学生在学习中可能遇到的困难不太了解				
（3）教学活动设计与实施的有效性	①设计合适的教学活动	我设计的教学活动可以很好地帮助学生学习相应的内容				
		我设计的教学活动不能很好地帮助学生学习相应的内容				
	②清晰易懂地阐释教学内容	我对学科内容的讲解清晰易懂				
		我对学科内容的讲解不够清晰易懂				
	③有效地激发学生的学习参与	全班学生都能很好地参与到学习活动中				
		班上有些学生未能很好地参与到学习活动中				

3. 校长问卷（如表6所示）。

表6

子监测点	监测内容	问题（正反两面）	选项			
			非常同意	比较同意	有些同意	不同意
(1) 教师对教学目标的落实和对学科教学内容的掌握	①教师对教学目标的落实情况	科任教师能够准确把握并全面落实教学目标				
		科任教师对学科教学的认知目标落实得较好，但对过程与方法、情感与态度方面的目标落实得不够				
	②教师对所任教的学科内容的掌握情况	科任教师对所任教的内容掌握得很好				
		科任教师对所任教内容的掌握还不够透彻				
(2) 教师对学情的把握	①预设和诊断学生的学习反应	科任教师能够准确地判断学生学习中出现的问题				
		科任教师不能够准确地判断学生学习中出现的问题				
	②了解学生学习的困难	科任教师能够知道学生在学习中可能遇到的困难				
		科任教师对学生在学习中可能遇到的困难不太了解				
(3) 教学活动设计与实施的有效性	①设计合适的教学活动	科任教师设计的教学活动可以很好地帮助学生学习相应的内容				
		科任教师设计的教学活动不能很好地帮助学生学习相应的内容				
	②清晰易懂地阐释教学内容	科任教师对学科内容的讲解清晰易懂				
		科任教师对学科内容的讲解不够清晰易懂				
	③有效地激发学生的学习参与	全班学生都能很好地参与到学习活动中				
		班上有些学生未能很好地参与到学习活动中				

（二）评价标准

1. 正向题标准。

非常同意：4 分；比较同意：3 分；有些同意：2 分；不同意：1 分。

2. 反向题标准。

非常同意：1 分；比较同意：2 分；有些同意：3 分；不同意：4 分。

第三节　学生学习评价与反馈

一、指标解析

学习评价是指以教育教学目标为依据，运用恰当、有效的工具和途径，对学生的学习过程和结果进行事实把握和价值判断，从而考查和促进学生的学习。它一般表现为评价学生的学习进度、学习成绩进步情况、个性特色、能力或其他行为。其目的是为学生和教师提供准确的信息反馈，促进学习，最终提高学习质量。（张海燕，2005）学习反馈是指让学习者了解学习结果，它有助于学习，是学习的一个重要变量。本研究将学习评价与反馈界定为教师对学生课堂学习情况的价值判断和信息反馈。主要考查三个方面：第一，教师对学生学习评价的认识，重点监测教师是否熟知学习评价的内涵，明确学习评价的目的；第二，教师对学生进行学习评价的主要做法，重点监测教师是否落实评价主体多元化、明确评价内容全面化以及选择评价方法多样化；第三，教师对学生学习评价结果的分析与处理，重点监测教师是否能够运用评价结果进行总结与评定、改进与完善。

二、内容概要

1. 教师对学生学习评价的认识：包括熟知学习评价的内涵，明确学习评价的目的等。

2. 教师对学生进行学习评价的主要做法：包括落实评价主体多元化，明确评价内容全面化和选择评价方法多样化等。

3. 教师对学生学习评价结果的分析与处理：包括总结与评定以及改进与完善等。

三、监测标准

L1：学生学习评价理念较为落后，并不清楚理解和认识学习评价的内涵和目的；基本没有落实多元主体评价；基本没有对学生在知识与技能、过程与方法、情感态度与价值观三维目标等方面进行全面的评价；基本没有采用多样化的评价方法；没有通过科学、规范的数据统计与分析的方法对评价结果进行分析与处理；没有利用数据分析结果，总结和评定学生的学习状况，达到激励学生学习和改善教师教学的目的。

L2：基本拥有较为先进的学生学习评价理念，基本能够理解和认识学习评价的内涵和目的；基本能够落实多元主体评价；基本能够对学生在知识与技能、过程与方法、情感态度与价值观三维目标等方面进行全面的评价；基本能够采用多样化的评价方法；基本能够通过科学、规范的数据统计与分析的方法对评价结果进行分析与处理；基本能够利用数据分析结果，总结和评定学生的学习状况，达到激励学生学习和改善教师教学的目的。

L3：拥有较为先进的学生学习评价理念，能够较好地理解和认识学习评价的内涵和目的；能够落实多元主体评价；能够对学生在知识与技能、过程与方法、情感态度与价值观三维目标等方面进行全面的评价；能够采用多样化的评价方法；能够通过科学、规范的数据统计与分析的方法对评价结果进行分析与处理；能够利用数据分析结果，总结和评定学生的学习状况，达到激励学生学习和改善教师教学的目的。

L4：拥有先进的学生学习评价理念，完全能够理解和认识学习评价的内涵和目的；完全能够落实多元主体评价；完全能够对学生在知识与技能、过程与方法、情感态度与价值观三维目标等方面进行全面的评价；完全能够采用多样化的评价方法；完全能够通过科学、规范的数据统计与分析的方法对评价结果进行分析与处理；完全能够利用数据分析结果，总结和评定学生的学习状况，达到激励学生学习和改善教师教学的目的。

四、对应监测标准的典型案例

对应监测标准的典型案例如表7所示。

表7

<table>
<tr><td>监测点</td><td colspan="2">1. 教师对学生学习评价的认识</td><td>监测点内容概要</td><td>拥有较先进的学习评价理念，能够清楚地理解和认识学习评价的内涵和目的</td></tr>
<tr><td>监测内容</td><td colspan="4">1.1 熟知学习评价的内涵</td></tr>
<tr><td rowspan="3">调查问卷问题</td><td>校长</td><td colspan="3">您认为学生学习评价应该包括以下哪些内容？（多选）
A. 评价内容的全面性 B. 评价方法的多样化 C. 评价主体的多元化 D. 要关注学生的成长和改进教师的教学 E. 其他</td></tr>
<tr><td>教师</td><td colspan="3">您认为学生学习评价应该包括以下哪些内容？（多选）
A. 评价内容的全面性 B. 评价方法的多样化 C. 评价主体的多元化 D. 要关注学生的成长和改进教师的教学 E. 其他</td></tr>
<tr><td>学生</td><td colspan="3">无</td></tr>
<tr><td>监测内容</td><td colspan="4">1.2 明确学习评价的目的</td></tr>
<tr><td rowspan="3">调查问卷问题</td><td>校长</td><td colspan="3">学校对学生进行学习评价的目的在于哪些方面？（多选）
A. 为了能把孩子的进步告诉家长 B. 为了决定学生的升留级 C. 为了能按照教学目的对学生进行分组 D. 为了把学校与区县或全市的成绩相比较 E. 为了监测学校每年的进步 F. 为了评判教师的效能 G. 为了发现教学或课程中可以改进的地方 H. 为了把本校与其他学校相比较</td></tr>
<tr><td>教师</td><td colspan="3">您认为对学生进行学习评价的目的在于哪些方面？（多选）
A. 总结学生的学习状况，评定学生的学习水平 B. 及时反馈学生的学习质量，诊断学生在学习中遇到的问题 C. 帮助学生形式正确的学习预期，激励学生的学习积极性 D. 根据学生的学习状况，对教学适时进行调控和改进 E. 甄别优生，选拔学习成绩优秀的学生 F. 其他</td></tr>
<tr><td>学生</td><td colspan="3">无</td></tr>
</table>

续上表

<table>
<tr><td>监测点</td><td colspan="2">2. 教师对学生进行学习评价的主要做法</td><td>监测点内容概要</td><td>能够落实多元主体评价；能够对学生在知识与技能、过程与方法、情感态度与价值观三维目标等方面进行全面的评价；能够采用多样化的评价方法</td></tr>
<tr><td>监测内容</td><td colspan="4">2.1　落实评价主体多元化</td></tr>
<tr><td rowspan="3">调查问卷问题</td><td>校长</td><td colspan="3">1. 一般由谁来评学生的学科测验试卷？（可多选）
A. 科任教师　B. 家长　C. 学生同伴互评　D. 学生自评　E. 学校行政领导　F. 其他
2. 一般由谁来评学生的课堂和课后作业？（可多选）
A. 科任教师　B. 家长　C. 学生互评　D. 学生自评　E. 其他
3. 教师是如何评价学生的试卷或作业的？（单选）
A. 打分　B. 写评语　C. 既打分又写评语　D. 没打分也没写评语</td></tr>
<tr><td>教师</td><td colspan="3">1. 一般来说，是谁来评学生的学科测验试卷？（可多选）
A. 科任教师　B. 学生　C. 学校领导　D. 家长　E. 其他
2. 一般来说，是谁来评学生的课堂作业？（可多选）
A. 科任教师　B. 家长　C. 学生互评　D. 学生自评　E. 其他
3. 您是如何评价学生的试卷或作业的？（单选）
A. 打分　B. 写评语　C. 既打分又写评语　D. 没打分也没写评语</td></tr>
<tr><td>学生</td><td colspan="3">1. 一般来说，是谁来评你的学科测验试卷？（可多选）
A. 科任教师　B. 家长　C. 同学　D. 我自己　E. 其他
2. 一般来说，是谁来评你的课堂作业？（可多选）
A. 科任教师　B. 家长　C. 同学　D. 我自己　E. 其他
3. 科任教师是如何评价你的试卷或作业的？（单选）
A. 打分　B. 写评语　C. 既打分又写评语　D. 没打分也没写评语</td></tr>
<tr><td>监测内容</td><td colspan="4">2.2　明确评价内容全面化</td></tr>
<tr><td rowspan="3">调查问卷问题</td><td>校长</td><td colspan="3">在进行学科测验时，教师主要评价学生的哪些方面？（可多选）
A. 基本知识　B. 基本技能　C. 学习态度和情感态度与价值观
D. 实践动手能力　E. 其他</td></tr>
<tr><td>教师</td><td colspan="3">在进行学科测验时，您主要评价学生的哪些方面？（可多选）
A. 基本知识　B. 基本技能　C. 学习态度和情感态度与价值观
D. 实践动手能力　E. 其他</td></tr>
<tr><td>学生</td><td colspan="3">无</td></tr>
</table>

续上表

监测内容		2.3　选择评价方法多样化
调查问卷问题	校长	1. 除了学校组织的期中、期末考试外，在教学中教师是否会进行以下一些活动？请根据活动发生频率的大小在相应的□内画“√”。 经常　有时　偶尔　从不 月测验　□　□　□　□ 单元测验　□　□　□　□ 周测验　□　□　□　□ 学生自己编写测验题　□　□　□　□ 学生自评或互评试卷　□　□　□　□ 班级讲评试卷　□　□　□　□ 2. 新课程改革提出了一些新的评价要求和评价方式，主要有： A. 过程性评价　B. 情感态度与价值观的评价　C. 多元化评价　D. 成长记录袋评价　E. 表现性评价　F. 发展性评价　G. 学生自我评价　H. 学生之间互评　I. 家长评价　K. 其他 请您根据以上提供的选项回答下面几个问题。 以上选项中，哪些是您不太了解的？（　　） 哪些是您比较感兴趣的？（　　） 哪些是您在教学中尝试过的？（　　） 哪些是您认为在实践中行不通的？（　　）
	教师	1. 除了学校组织的期中、期末考试外，在教学中您是否会进行以下一些活动？请根据活动发生频率的大小在相应的□内画“√”。 经常　有时　偶尔　从不 月测验　□　□　□　□ 单元测验　□　□　□　□ 周测验　□　□　□　□ 学生自己编写测验题　□　□　□　□ 学生自评或互评试卷　□　□　□　□ 班级讲评试卷　□　□　□　□ 2. 新课程改革提出了一些新的评价要求和评价方式，主要有： A. 过程性评价　B. 情感态度与价值观的评价　C. 多元化评价　D. 成长记录袋评价　E. 表现性评价　F. 发展性评价　G. 学生自我评价　H. 学生之间互评　I. 家长评价　K. 其他 请您根据以上提供的选项回答下面几个问题。 以上选项中，哪些是您不太了解的？（　　） 哪些是您比较感兴趣的？（　　） 哪些是您在教学中尝试过的？（　　） 哪些是您认为在实践中行不通的？（　　）

续上表

<table>
<tr><td>监测点</td><td>3. 教师对学生学习评价结果的分析与处理</td><td>监测点
内容概要</td><td>能够通过科学、规范的数据统计与分析的方法对评价结果进行分析与总结</td></tr>
<tr><td>监测内容</td><td colspan="3">3.1　总结与评定</td></tr>
<tr><td rowspan="3">调查问卷
问题</td><td>校长</td><td colspan="2">在学科测验后，学校是否组织学科组教师进行试卷质量分析？
A. 是　B. 否</td></tr>
<tr><td>教师</td><td colspan="2">1. 在学科测验后，您是否进行试卷质量分析？
A. 是　B. 否
2. 在试卷质量分析时，您会不会考虑每个学生的测验成绩与他本人的实际能力水平是否相符合？
A. 是　B. 否
3. 在试卷质量分析时，您会不会考虑测验内容与您想要通过测验了解的目标之间是否相符合？
A. 经常　B. 有时　C. 偶尔　D. 没有考虑过</td></tr>
<tr><td>学生</td><td colspan="2">每次考试后，科任教师会怎么做？
会　不会
1. 教师会在课堂讲解试题。　□　□
2. 教师会对你们的学习情况进行总结，并告诉你们以后努力的方向。　□　□
3. 教师会要求你们对考试结果进行认真总结。　□　□</td></tr>
<tr><td>监测内容</td><td colspan="3">3.2　改进与完善</td></tr>
<tr><td rowspan="3">调查问卷
问题</td><td>校长</td><td colspan="2">每次考试后，学校会通过分析学生总体考试成绩，要求教师调整和改进教学计划吗？
A. 会　B. 不会</td></tr>
<tr><td>教师</td><td colspan="2">1. 每次考试后，您会通过分析学生总体考试成绩，主动调整和改进自己的教学计划吗？
A. 会　B. 不会
2. 每次考试后，您会有针对性地帮助学生总结学习情况，激励和提高学生学习兴趣吗？
A. 会　B. 不会</td></tr>
<tr><td>学生</td><td colspan="2">无</td></tr>
</table>

第四节　教师教学时间与工作时间

一、指标解析

教师教学时间与工作时间是指教师在学校中用于教学的时间和用于工作时间的比率。

根据文献研究，我们确定了教师工作时间的定义与结构划分，教师的工作时间应该是一个具有层次性的结构，围绕课堂教学时间展开。我们对教师工作时间的结构划分最终区分为三个层级（见图 1）。第一层级是教师教学时间，这是教师的核心工作任务。对科任教师来说，往往指的是学科教学时间；对班主任教师来说，则还包括班会课教学时间。第二层级是教师教学支持时间，这是保证教师教学时间正常、更好地运转的保障性工作时间。从教师与学生的角度来看，包括制订教学计划与备课时间、教学评价时间（批改作业、测试卷）、课后辅导时间、辅导和组织学生课外活动的时间、监管学生纪律时间；从教师个体或群体的角度来看，则包括持续专业发展时间、科组教研时间。第三层级是教师的行政和辅助工作时间，包括学校或教育局组织的事务性会议时间、常规学校事务时间（如课间操、晨会），文案工作时间、与家长联系的时间，与社会团体联络的时间、通勤时间、工作时间段饮食和休息时间等。

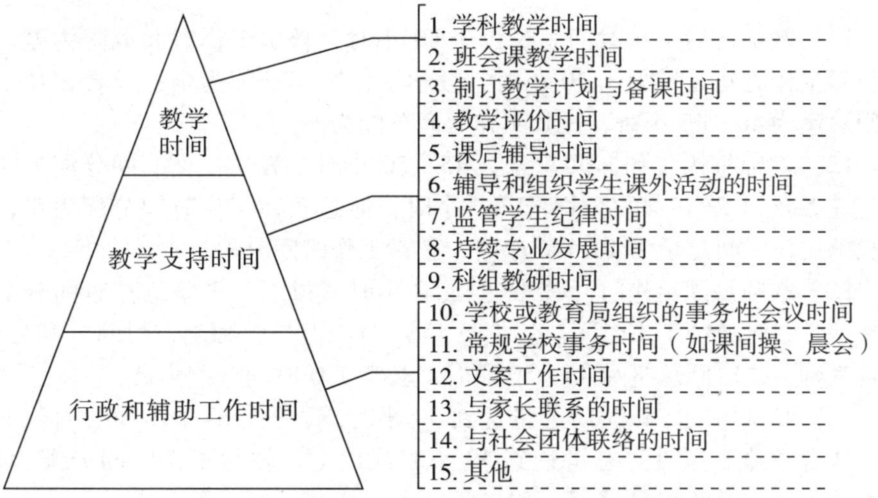

图 1　教师工作时间层次结构模型

二、内容概要

对教师教学时间与工作时间的监测主要从工作时间总量和工作时间分配两方面考虑。第一，教师工作时间总量，主要包括教学时间、教学支持时间以及行政和辅助工作时间三个方面；第二，教师工作时间分配，重点监测教学时间、制订教学计划与备课时间、教学评价时间以及行政和辅助工作时间占教学工作时间总量的比例。

（一）教师工作时间总量

教师工作时间总量包括：教学时间，即教师在校担任常规课程的教学工作花费的时间；教学支持时间，即保证教师学科教学和班会教学能正常、更好地运转的相关工作时间；行政和辅助工作时间，即服务于教学工作和教学支持工作的其余保障性工作时间。

（二）教学工作时间分配

教学工作时间分配包括：教学时间的比重，即教学时间占教师工作时间总量的比例；制订教学计划与备课时间的比重，即教学支持时间中的制订教学计划与备课时间占教师工作时间总量的比例；教学评价时间比重，即教学支持时间中的教学评价时间占教师工作时间总量的比例；行政和辅助工作时间比重，即行政和辅助工作时间占教学工作时间总量的比例。

三、监测标准

L1：教师每周工作时间总量少于 40 小时，教学工作时间分配为差；或者教师工作时间总量少于 40 小时，教学工作时间分配为中；或者教师工作时间总量为 40 ~ 45 小时，教师工作时间分配为差。

L2：教师每周工作时间总量为 45 ~ 50 小时，教学工作时间分配为中或差；或者教师工作时间总量少于 45 小时，但是教师工作时间分配为良；或者教师工作时间总量为 40 ~ 45 小时，教学工作时间分配为中。

L3：教师每周工作时间总量达到 50 小时或以上，教学工作时间分配为中或差；或者教师工作时间总量少于 45 小时，但是教师工作时间分配为优；或者教师工作时间总量为 45 ~ 50 小时，教学工作时间分配为良。

L4：教师每周工作时间总量达到 50 小时或以上，教学工作时间分配为优；或者教师工作时间总量达到 50 小时或以上，教师工作时间分配为良；或者教师工作时间总量为 45 ~ 50 小时，教学工作时间分配为优。

四、对应监测标准的典型案例

（一）问卷示例

教师教学时间与工作时间问卷

1. 您平均每周在与工作相关的事情上共花费多少小时？

2. 您平均每周的加班时间共多少小时？

3. 请您阅读相应项目描述后，以某一周的工作为参考，在表8的每一个工作项目后将花费的时间记录下来。

表8

类型	项目	项目描述	小时/周
教学时间	1. 学科教学时间	在校内担任常规课程的教学工作	
	2. 班会课教学时间		
教学支持时间	3. 制订教学计划与备课时间	长期（学年）教学计划、单元教学计划、日常教学计划、编制测试题、关于教学内容的研读工作、准备实验	
	4. 教学评价时间	批改作业和测试卷、收集对学生进行评估的材料	
	5. 课后辅导时间	常规课程后，对学生的个别辅导、群体辅导时间	
	6. 辅导和组织学生课外活动的时间	在校内外担任的学生课外活动的组织和管理工作	
	7. 监管学生纪律时间	在自习课、晚修、寝室、卫生包干区对学生的监管等与学生联系的非教学时间	
	8. 持续专业发展时间	自主选择的继续教育、教学反思、教学科研时间	
	9. 科组教研时间	与教学工作有关的科组会议、课组集体备课、参加市或区教研活动	

续上表

类型	项目	项目描述	小时/周
行政和辅助工作时间	10. 学校或教育局组织的事务性会议时间	急救培训、防火培训、检查评估等	
	11. 常规学校事务时间	参加学校举办的常规事务，如校职工大会、年级大会、课间操、晨会等	
	12. 文案工作时间	教师的总结报告、成长档案、学生的推荐文书等	
	13. 与家长联系的时间	与家长的访谈、家长会、日常电话等联系	
	14. 与社会团体联络的时间	与社会团体的座谈、电话等联系	
	15. 其他（请写上上面未包含的工作项目及花费的时间）		

（二）评价标准

英国教师协会（National Union of Teachers）曾在对教师工作量进行深入调查的基础上，提出了教师周工作时间的公式。首先，合同工作时间＝22小时教学＋5小时批改作业与备课＋5小时其他工作；其次，实际每周工作时间＝合同工作时间＋5小时个人时间（用于批改作业和备课）＝37小时。与其不同的是，我国有学者认为，如果教师每周教学时间为20小时，那么也相应地要配备20小时用于备课、制订教学计划和批改作业，还需要4小时的专业发展时间和2小时其他工作时间，共计46小时。当前国内外教师工作时间普遍在55小时左右，显然超出了法定的工作量。虽然教师往往认可加班，但是希望加班有度，可以接受的工作模式主要包括以下三种：一是每天在学生到校前或离校后在学校多工作一个小时；二是在一周五天工作日中，每天晚上用两个小时批改作业、备课；三是在必要的情况下每个周末用1～2小时工作。（李新翠，2014）

从对教师调查的结果来看，我们先行确定教师工作时间的总量。按照每天法定工作时间8小时计算（大多数中小学正常上班时间/坐班时间为早上7：20～12：00，下午2：10～5：30，共8小时），每周5天，故法定的工作时间为40小时。（李红青，卢光，2012）在此基础上，加上教师认可的三种工作模式：一是每天在学生到校前或离校后在学校多工作 1 小时，合计 5 小时；二是在五天工作日中，每天晚上 2 个小时，合计 10 小时；三是在必要的情况下每周末工作 2 小时。这样的计算结果为 57 小时。考虑到实际情况，教师不可能每天都加班，每个周末都加班，我们认为，教师工作时间的总量定为 50 小时较为合适。

教师超负荷工作不应该得到提倡，所以，教师应该在一定工作时间的前提下科学分配工作时间，首先要明确课堂教学时间，其次要注意留下相应的为课堂教学提供保障性工作的时间。

相应地，教师工作时间的分配也是有结构的。实际上，教师对于行政、文案工作认可度非常低，非常希望降低非教学工作的比例。李新翠的调查发现，68.1% 的教师希望教学工作与非教学工作比例为 3∶1 及以下，只有 18.6% 和 13.3% 的教师希望教学工作与非教学工作比例为 2∶1 和 1∶1。国内外关于教师工作时间的研究发现，教师用于与教学工作直接或间接相关的时间大多超过 80%。因此，如果确定了教师 50 小时的周总工作时间，我们认为按照 4∶1 的比例来划分更为合适。我们将第三层次——行政和辅助工作时间设定为 10 小时。在中小学，教师的课时量一般是 12 节，再考虑到一些教师承担的选修课、班会课，我们将第一层次教学时间设定为 10 小时。因此，剩余的教学支持时间为 30 小时。（李新翠，2014）

通过以上的分析，我们认为，对教师工作时间的评价应该从工作时间总量和工作时间分配两个角度进行。第一，从工作时间总量来看，如果未达到法定工作时间的，即小于 40 小时的，应该评定为“差”；达到 40 小时或以上的，都应该评定为“中”或以上。通过对国内外研究的梳理，我们可以发现，法定的 40 小时工作时间内教师往往无法完成既定的工作，如果要从工作时间上来衡量教师的工作表现，我们给出了一个周工作时间总量的参考值——50 小时。结合北京市 2005—2007 年的调查结果，我们也采用类似的划分方式，40 ~ 45 小时为“中”，45 ~ 50 小时为“良”，50 小时以上为“优”。值得注意的是，首先，按照这样的周工作时间总量的划分方式，结合北京市的调查结果，“优”“良”“中”“差”四个等级的教师人数应该比较均衡，而且大多数教师都会被评定为“优”和“良”两个等级；其次，周工作时间总量并不是唯一的评判标准，对教师工作时间的评价还会考虑教师工作时间的分配，我们更提倡科学、合理地利用工作时间。所以，我们还考虑教师工作时间的结构分配，主要基于四点原则。第一，围绕教师工作的核心教学工作出发，教学时间的占比应该多于 1/5；第二，为了充分地保障教学工作的有序开展，教学支持时间中的制订教学计划与备课时间占比也应该达到 1/5；第三，教师的教学支持工作不应该落入应试教育的牢笼，教学评价时间不应该超过 1/5；第四，行政和辅助工作时间占比也不应该超过 1/5。从这四点出发，我们按照教师的工作时间分配也划定了相应的等级，见表 9。

表 9　教师工作时间分配与等级划分

教学时间占比	制订教学计划与备课时间占比	教学评价时间占比	行政和辅助工作时间占比	等级
1/5 以上	1/5 以上	1/5 以下	1/5 以下	优
			1/5 以上	优
		1/5 以上	1/5 以下	优
			1/5 以上	良
	1/5 以下	1/5 以下	1/5 以下	优
			1/5 以上	良
		1/5 以上	1/5 以下	良
			1/5 以上	中
1/5 以下	1/5 以上	1/5 以下	1/5 以下	良
			1/5 以上	中
		1/5 以上	1/5 以下	中
			1/5 以上	差
	1/5 以下	1/5 以下	1/5 以下	中
			1/5 以上	差
		1/5 以上	1/5 以下	差
			1/5 以上	差

通过上文的分析，我们从周工作时间总量和工作时间分配两个维度对教师的工作时间进行评价。综合两个维度来看，我们将任何一个维度为优、另一个维度为良或以上确定为层次 L4；将一个维度为优，另一个维度为中或差，以及两个维度都为良确定为层次 L3；将一个维度为良，另一个维度为中或差，以及两个维度都为中确定为层次 L2；将任何一个维度为差，另一个维度为中或以下确定为层次 L1。

参考文献

［1］蔡敏. 美国中小学教师评价及典型案例［M］. 北京：北京大学出版社，2009.

［2］董兴. 国外课程评价理论发展趋势研究［J］. 教育与职业，2008

(32)：32－34.

［3］段兆兵. 课程资源开发与利用：原理与策略［M］. 合肥：安徽师范大学出版社，2011.

［4］范兆雄. 课程资源系统分析［J］. 西北师范大学学报（社会科学版），2002，39（3）：101－105.

［5］顾明远. 教育大辞典：第六卷［M］. 上海：上海教育出版社，1992.

［6］高天明，高良斌，高志清. 课程资源开发：教师面对的新课题［J］. 现代中小学教育，2004（6）：22－24.

［7］高岩. 新课程标准对教师能力的新要求［J］. 青海师专学报，2007，27（1）：94－99.

［8］顾纪鑫，丁煜. 网络时代教师面临的挑战：网上教学与传统课堂教学时间分配的对比［J］. 高教发展与评估，2001（1）：47－48.

［9］郭俊凤. 中学教师工作时间投入现状的研究：以临汾市尧都区S中学教师为个案［D］. 重庆：西南大学，2009.

［10］姜凤华. 现代教育评价：理论·技术·实践［M］. 广州：广东人民出版社，2003.

［11］江山野. 简明国际教育百科全书·课程［M］. 北京：教育科学出版社，1995.

［12］李定仁，董仁忠. 东乡族小学课程资源开发与利用的调查研究［J］. 西北师范大学学报（社会科学版），2003，40（1）：85－89.

［13］李凡生，余小英. 基于演示实验教具自制的师范生课程资源开发能力的培养：以物理专业为例［J］. 教育探索，2011（8）：97－98.

［14］李红青，卢光. 广州地区中小学教师职业压力和幸福感的调查研究［J］. 教育导刊，2012（3）：29－31.

［15］李新翠. 教师真的需要这样的工作吗？［N］. 中国教育报，2014－09－16（6）.

［16］李森. 现代教学论［M］. 北京：人民教育出版社，2011.

［17］陆璟. PISA测评的理论和实践［M］. 上海：华东师范大学出版社，2013.

［18］罗儒国，吴景芝. 课程资源开发的伦理原则初探［J］. 教育评论，2003（5）：65－67.

［19］刘岗. 数学学习评价策略研究［D］. 兰州：西北师范大学，2007.

［20］邱晓婷，刘电芝，袁海泉. 中学理科教师在校一天工作时间分析

[J]. 教育科学，2009（6）：55－57.

[21] 陈西君. 中小学心理健康教育教师工作内容的时间分析 [D]. 吉林：东北师范大学，2013.

[22] 施良方，崔允漷. 教学理论：课堂教学的原理、策略与研究 [M]. 上海：华东师范大学出版社，1999.

[23] 田守春，郭元婕. OECD“教师教学国际调查项目”（TALIS）评析及启示 [J]. 外国教育研究，2009（11）：61－64.

[24] 王策三. 教学论稿 [M]. 北京：人民教育出版社，1985.

[25] 王丽娜，等. 国内外高等教育学习评价现状研究综述：兼论对国家开放大学学习评价体系建设的启示 [J]. 现代远距离教育，2012（2）：34－39.

[26] 王孝红. 论课程资源的开发与利用：《基础教育课程改革纲要（试行）》中的课程资源 [J]. 内江师范学院学报，2004，19（3）：102－105.

[27] 王凯. 发展性校本学生评价研究 [D]. 上海：华东师范大学，2004.

[28] 王建军，等. 我国普通高中教师专业生活状态调查 [J]. 基础教育，2010，7（8）：3－14.

[29] 吴刚平. 课程资源的开发与利用 [J]. 全球教育展望，2001，30（8）：24－30.

[30] 徐继存，段兆兵，陈琼. 论课程资源及其开发与利用 [J]. 教育学报，2002（2）：1－5.

[31] 杨树林. 中小学学习评价改革问题再议 [J]. 教育评论，1993（6）：35－37.

[32] 张海燕. 网络学习评价系统的设计与实现 [D]. 曲阜：曲阜师范大学，2005.

[33] 张晓峰. 对传统教育评价的变革：基于多元智能理论的教育评价 [J]. 教育科学研究，2002（4）：28－30.

[34] 张传燧. 综合实践活动的课程资源及其主题开发设计 [J]. 教育科学研究，2004（6）：32－35.

[35] 张华. 课程与教学论 [M]. 上海：上海教育出版社，2000.

[36] 钟启泉，等. 为了中华民族的复兴 为了每位学生的发展：《基础教育课程改革纲要（试行）》解读 [M]. 上海：华东师范大学出版社，2003.

[37] 周广强. 新课程教师课程资源开发和整合能力培养与训练 [M]. 北京：人民教育出版社，2004.

[38] 周玲，洪瑾. 北京市中小学教师工作状况调查分析 [J]. 北京理工大学学报（社会科学版），2007，9（5）：112－115.

[39] 赵复查. 转型时期教师工作时间的弹性管理 [J]. 教学与管理，1999（8）：20－21.

[40] BAILEY C, et al. Understanding and Exploration of Teacher Time and Workload Intensification：A Facilitator's Handbook [R]. Saskatchewan School Boards Association, 2015.

[41] GORDON R THOMAS. The New Work of Teaching：A Case Study of the Worklife of Calgary Public Teachers [R]. The Alberta Teachers' Association, 2012（8）.

[42] MENTER I, et al. Teacher Working Time Research [J]. Glasgow University, 2006（46）.

[43] OECD Publishing. Education at a Glance：OECD Indicators 2003 [M]. Paris：OECD Publications service, 2003.

[44] TATTO M T, et al. TEDS-M 2008 Assessment Frameworks：Measuring Future Primary and Secondary Teachers Mathematics and Mathematics Pedagogy Knowledge [D]. East Lansing：TEDS-M International Study Center, Michigan State University, 2011.

[45] TANNER D, TANNER L N. Curriculum Development：Theory into Practice [M]. New York：Macmillan Publishing Co. Inc., 1980.

[46] TNS BMRB. Teachers' Workload Diary Survey 2013 [R]. England, Department for Education, 2014.

[47] YUKER H E. Faculty Workload：Facts, Myths and Commentary [J]. ERIC Higher Education Report, 1974（6）：4－8.

[48] YUKER H E. Faculty Workload：Research, Theory, and Interpretation CASHE-ERIC Higher Education Reports [M]. New York：John Wiley & Sons, 1984.

影响因素之学生家庭及社会因素监测标准研究报告

为了深入贯彻党的十八大和十八届三中、四中全会，以及省第十一次党代会和省委十一届三次、四次全会精神，深入实施国家、省教育规划纲要，围绕教育“创强争先建高地”中心工作，促进义务教育均衡优质标准化发展，推动全面实施素质教育，制定广东省义务教育质量影响因素监测标准。

本广东省义务教育质量影响因素监测分区域教育发展水平、校长专业发展水平、教师课程实施状况和学生家庭及社会因素四大模块。

作为“影响因素”中的一个二级指标，“学生家庭及社会因素”是指：来源于家庭及社会的，对学生学习水平有影响的因素。皮连生（2004）认为，家庭影响学生的学习能力，家庭为培养子女的学习能力提供物质基础条件；父母的教育方式影响学生的学习习惯，包括独立学习习惯、主动学习习惯和思维习惯；家庭因素还影响学生的学习兴趣、学习动机等诸方面。学校周边的治安环境和文化环境，影响着学校正常教学秩序，从而直接或间接地影响学生学习。学校与社区的互动合作，影响学校办学发展，让学校获得更多支持，为教学创造更多便利条件。

“学生家庭及社会因素”包括父母受教育程度、父母职业、家庭收入、家庭文化资源、家长参与学校教育程度、学校周边社会秩序、文化环境、学校与社区的互动合作关系 8 个主要观测点。

第一节　父母受教育程度

一、父母受教育程度内涵

父母受教育程度，是指学生的父亲、母亲各方接受教育所达到的最高学历程度。

二、父母受教育程度内容概要

作为“学生家庭及社会影响因素”的一个监测点，“父母受教育程度”特指学生的父亲和母亲在接受学历教育上，是处在小学或以下、初中、高中、高职还是大专、大学以上的水平。

三、父母受教育程度监测标准

父母受教育程度的监测分为两个层面：一是针对学生个体的微观研判，主要由学生自行报告；二是针对学校整体的评估，依据全校学生平均水平确定。

1. 个体层面。

根据父亲母亲受教育的最高学历主要分成四个等级。

L1：最高学历水平是小学及以下。父/母亲得分为 1 分。

L2：最高学历水平是初中。父/母亲得分为 2 分。

L3：最高学历水平是高中、中职。父/母亲得分为 3 分。

L4：最高学历水平是大专、大学及以上。父/母亲得分为 4 分。

2. 整体层面。

针对学校整体的评估，依据全校学生平均水平确定，系统自动生成评价结果。

L1：全校学生平均分小于等于 1.5 分，其家庭父母受教育程度评估达到 L1 层级。

L2：全校学生平均分在 1.6～2.5 分之间，其家庭父母受教育程度评估达到 L2 层级。

L3：全校学生平均分在 2.6～3.5 分之间，其家庭父母受教育程度评估达到 L3 层级。

L4：全校学生平均分大于 3.5 分，其家庭父母受教育程度评估达到 L4 层级。

四、对应监测标准的典型案例

A 学校初二年级共有 10 个班，500 名学生。由学生根据自身家庭实际情况填写父母受教育程度的情况，对照监测标准，根据得分确定每位学生的父亲和母亲的受教育层级。

根据全校 500 名学生父母受教育程度的平均值，确定学校该项目的层级。

第二节 父母职业

一、父母职业内涵

父母职业是指学生父母参与社会分工，利用专门的知识和技能，为社会创造物质财富和精神财富，获取合理报酬，作为物质生活来源，并满足精神需求的工作。

二、父母职业内容概要

作为“学生家庭及社会影响因素”的一个监测点，“父母职业”主要依据《中华人民共和国职业分类大典》转化为4位数编码。《中华人民共和国职业分类大典》将我国职业归为8个大类，66个中类，413个小类，1 838个细类（职业）。8个大类分别是：

第一大类：国家机关、党群组织、企业、事业单位负责人；第二大类：专业技术人员；第三大类：办事人员和有关人员；第四大类：商业、服务业人员；第五大类：农、林、牧、渔、水利业生产人员；第六大类：生产、运输设备操作人员及有关人员；第七大类：军人；第八大类：不便分类的其他从业人员。

三、佐证材料

佐证材料为学生自评报告。

第三节 家庭收入

一、家庭收入的内涵

家庭收入是在一定时期内（通常为1年）所有家庭成员的全部收入，包括工资性收入、经营净收入、财产性收入和其他收入，不包括出售财物和借贷收入。①

---

① 许庆红．家庭收入测量方法的比较与借鉴［J］．统计与决策，2012（11）：4－7．

二、家庭收入概要

工资性收入是指家庭成员在农业或非农业受雇工作挣取的工资（税后）、奖金和实物形式的福利。

经营性收入是指家庭从事农林牧渔业等生产经营扣除成本后的净收入（包括自产自销部分），以及从事个体经营和开班私营企业获得的净利润。

财产性收入是指家庭通过投资、出租土地、房屋、生产资料等获得的收入。

其他收入是指通过亲友的经济支持和赠予获得的收入。①

三、家庭收入监测标准

家庭收入可通过家庭拥有的物品进行监测，分为两个层面：一是针对个体的微观研判，主要由学生自我评估；二是针对学校整体的评估，依据全校学生平均水平确定。

1. 个体层面。

家庭收入的监测主要从家庭年收入总数、家庭拥有物品（包括住房）、外出旅游三个侧面来进行测评。分四个级别：

L1：贫困家庭。家庭年收入 3 万元以下，无自有住房或房子非常破旧，家用电器不能满足基本生活需求，基本无存款或有价证券，无外出旅游，勉强解决温饱问题。计 6 ~ 6.9 分。

L2：低收入家庭。家庭年收入 3 万 ~ 8 万元，有自有住房或较为稳定的居住条件，家用电器基本满足家庭生活需求，有少量存款或有价证券，极少外出旅游。计 7 ~ 7.9 分。

L3：小康家庭。家庭年收入 8 万 ~ 30 万元，有自有住房且居住环境较好，家用电器能较好满足生活需求，有一定量的存款或有价证券，每年有 1 ~ 2 次的家庭旅游。计 8 ~ 8.9 分。

L4：富裕家庭。家庭年收入在 30 万元以上，有两套以上的自有住房且居住环境优雅，家用电器能很好地满足生活需求，有充足的存款或有价证券，每年有两次以上不定期的家庭旅游。计 9 ~ 10 分。

2. 整体层面。

针对学校整体的评估，依据全校学生平均水平确定，系统自动生成评价结果。

---

① 谢宇，张晓波，李建新，等. 中国民生发展报告 2013 [M]. 北京：北京大学出版社，2013.

L1：全校学生平均分在 6 ~ 6.9 分之间，其家庭收入评估达到 L1 层级。
L2：全校学生平均分在 7 ~ 7.9 分之间，其家庭收入评估达到 L2 层级。
L3：全校学生平均分在 8 ~ 8.9 分之间，其家庭收入评估达到 L3 层级。
L4：全校学生平均分在 9 ~ 10 分之间，其家庭收入评估达到 L4 层级。

四、家庭收入的典型案例

A 学校初二年级共有 12 个班，600 名学生。学生和家长一起根据家庭情况完成调查问卷。班主任老师根据问卷调查的情况和学生提供的材料对每位学生进行评价。

L1：家庭年收入 3 万元以下，无自有住房或房子非常破旧，家用电器不能满足基本生活需求，基本无存款或有价证券，无外出旅游，勉强解决温饱问题，很难满足孩子的身体成长发育和完成学业的需求。计 6 ~ 6.9 分。

L2：家庭年收入 3 万 ~ 8 万元，有自有住房或较为稳定的居住条件，家用电器基本满足家庭生活需求，有少量存款或有价证券，极少外出旅游，基本能满足孩子的身体成长发育和完成学业的需求。计 7 ~ 7.9 分。

L3：家庭年收入 8 万 ~ 30 万元，有自有住房且居住环境较好，家用电器能较好满足生活需求，有一定量的存款或有价证券，每年有 1 ~ 2 次的家庭旅游，能较好满足孩子的身体成长发育和完成学业的需求。计 8 ~ 8.9 分。

L4：家庭年收入在 30 万元以上，有两套以上的自有住房且居住环境优雅，家用电器能很好地满足生活需求，有充足的存款或有价证券，每年有两次以上不定期的家庭旅游，能很好地满足孩子的身体成长发育和完成学业的需求。计 9 ~ 10 分。

根据初二年级 600 名学生家庭收入的平均值，确定学校该项目的层级。

五、本指标开展监测与评价需要的佐证材料

佐证材料主要包括：家庭成员工资条、纳税证明、家庭收入情况证明、家庭物品照片等。

第四节　家庭文化资源

一、家庭文化资源内涵

家庭拥有的书籍和学习用品，如文具、书桌、电脑等可供孩子使用的读写工具。

二、家庭文化资源内容概要

书籍是用文字、图画和其他符号，在一定材料上记录各种知识，清楚地表达思想，并且制装成卷册的著作物，是传播各种知识和思想，积累人类文化的重要工具。家庭书籍资源则指的是家庭拥有的书籍。

学习用品，指学习中常用到的用具。学习用品资源，指的是家庭所提供给子女的学习用具。

三、家庭文化资源的监测因子

家庭文化资源主要指家庭中拥有的可供孩子使用的读写工具，所以主要的监测点为以下两个：

1. 家庭书籍资源。根据学生阅读的需要，将学生在家里可以阅读到的书籍分为课内阅读书籍和课外阅读书籍。课内阅读书籍，即学生课内学习需要用的教辅读物，如字典、习题集等。课外阅读书籍，其内容不是课本已有知识，而是课本没有涉及的知识，大致可以分为四类，即文学类读物，如散文、经典小说、诗歌、传记等；科普类读物，如百科全书、计算机使用、国家地理等；娱乐类读物，如报纸、杂志、漫画、言情小说、玄幻小说等；艺术类读物，如名家画册、名家音乐等。

2. 家庭学习用品资源。主要可以分为两类：传统的学习用品和电子学习用品。传统的学习用品有笔记本、橡皮、黑板、课桌、墨水、尺子、圆规、文具盒、书包等。现在流行的电子学习用品有：复读机、点读机、电脑、iPad 等。

四、家庭文化资源每个因子的监测标准

（一）“家庭书籍资源”的监测标准

家庭拥有书籍资源的检测分为两个层面：一是针对学生个体的微观研判，主要由学生自我评估；二是针对学校整体的评估，依据全校学生平均水平确定。

1. 个体层面。

家庭拥有书籍资源的检测主要从书籍量和书籍类别两个侧面进行测评。分四个级别：

L1：家中书本数量有限；家里只有课内书，包括教辅书籍，或只有娱乐类书籍。

L2：家中书本数量偏少，课内书和娱乐类读物不算入内，拥有书籍低于

25本；课外书除娱乐类读物外，只有一个种类，如只有文学类书籍或只有科普类书籍。

L3：家中书本数量较多，课内书和娱乐类读物不算入内，拥有书籍25～100本；课外书除娱乐类读物外，种类至少有两种，如既有文学类书籍也有科普类书籍等。

L4：家中书本数量很多，课内书和娱乐类读物不算入内，拥有书籍在100本以上；除娱乐类读物外，种类丰富，达到三种以上。

2. 整体层面。

针对学校整体的评估，依据全校学生平均水平确定，系统自动生成评价结果。

L1：超过50%家庭书籍资源评估仅在L1层级。

L2：50%及以上家庭书籍资源评估达到L2以上层级。

L3：50%及以上家庭书籍资源评估达到L3以上层级。

L4：50%及以上家庭书籍资源评估达到L4层级。

（二）“家庭学习用品资源”的监测标准

家庭拥有学习用品资源的检测分为两个层面：一是针对学生个体的微观研判，主要由学生自我评估；二是针对学校整体的评估，依据全校学生平均水平确定。

1. 个体层面。

家庭拥有学习资源的检测主要从传统的学习用品和电子学习用品两个侧面进行测评。分四个级别：

L1：传统学习用品数量极其有限，没有独立的学习空间；没有电子学习用品。

L2：传统学习用品数量与种类较少，有独立的学习空间，如有书桌等；没有电子学习用品。

L3：传统学习用品数量与种类较多，有较大的、独立的学习空间，如有书房等；电子学习用品种类单一。

L4：传统学习用品数量与种类丰富，有较大的、独立的学习空间；电子学习用品种类多样。

2. 整体层面。

针对学校整体的评估，依据全校学生平均水平确定，系统自动生成评价结果。

L1：超过50%家庭学习用品资源评估仅在L1层级。

L2：50%及以上家庭学习用品资源评估达到L2以上层级。

L3：50%及以上家庭学习用品资源评估达到L3以上层级。

L4：50%及以上家庭学习用品资源评估达到L4层级。

五、家庭文化资源的典型案例

（一）“家庭书籍资源”的典型案例

A学校八年级共有12个班，600名学生。由学生自评家中书籍资源的情况。

L1：家里只有课内书，包括教辅书籍，或只有课本或只有习题集、作业本；或只有字典或词典等工具书；或只有娱乐类书籍，如报纸、杂志、漫画、言情小说、玄幻小说等。

L2：课内书和娱乐类读物不算入内，拥有书籍低于25本。课外书除娱乐类读物外，只有一个种类，或只有文学类书籍，如经典文学作品、诗词、散文、传记等；或只有科普类书籍，如百科全书、计算机应用、国家地理等。

L3：家中书本数量较多，课内书和娱乐类读物不算入内，拥有书籍在25本到100本之间。课外书除娱乐类读物外，至少有以下两个种类的书籍，文学类书籍，如经典文学作品、诗词、散文、传记等；科普类书籍，如百科全书、计算机应用、国家地理等；艺术类书籍，如名家画册、艺术鉴赏等。

L4：家中书本数量很多，课内书和娱乐类读物不算入内，拥有书籍在100本以上。课外书除娱乐类读物外，种类丰富，至少有三种或以上，如文学类书籍：经典文学作品、诗词、散文、传记等；科普类书籍：百科全书、计算机应用、国家地理等；艺术类书籍：名家画册、艺术鉴赏等。

如果A校有超过50%的学生的等级评估达到L3、L4，但没有实现50%的学生的等级评估达到L4，则A校的家庭书籍资源的等级为L3。

（二）“家庭学习用品资源”的典型案例

A学校八年级共有12个班，600名学生。由学生自评家中学习用品资源的情况。

L1：只有一两种传统的学习用品，如笔记本、橡皮、尺子、圆规、文具盒、书包等；没有电子学习用品。

L2：有三四种传统学习用品，如笔记本、橡皮、尺子、圆规、文具盒、书包等；有较为独立的学习空间，如有固定的书桌等；没有电子学习用品。

L3：有不止四种传统学习用品，如笔记本、橡皮、尺子、圆规、文具盒、书包等；有较大的、完全独立的学习空间，如有固定的书桌、书房等；

有一种电子学习用品，如电子词典、复读机、点读机、电脑、iPad 等。

L4：有不止四种传统学习用品，如笔记本、橡皮、尺子、圆规、文具盒、书包等；有较大的、完全独立的学习空间，如有固定的书桌、书房等；有不止一种电子学习用品，如电子词典、复读机、点读机、电脑、iPad 等。

如果 A 校有超过 50% 的学生的等级评估达到 L3、L4，但没有实现 50% 的学生的等级评估达到 L4，则 A 校的家庭书籍资源的等级为 L3。

第五节　家长参与学校教育程度

一、家长参与学校教育内涵

家长参与学校教育是指在学校教育力量的引导下，为促进孩子学习和发展，家长将自身及家庭资源向孩子教育领域投入、倾注的活动。

二、家长参与学校教育内容概要

作为“学生家庭及社会影响因素”的一个监测点，“家长参与学校教育”是家庭对学生影响的一个重要方面。家长参与学校教育强调在家校生态系统内，家长在各个方面主动积极与学校教育配合，与学校形成教育合力。家长参与学校教育可以体现在不同方面，包括平时生活中为孩子的认知发展进行资源的投入和行动上的参与，对孩子给予情感支持，家长配合学校对孩子实施学习监督管理以及家长积极与学校沟通等。

三、家长参与学校教育程度的监测因子

在学校教育力量的引领下，家长对孩子认知发展、情感支持、学习管理以及家校互动的行为投入，均反映了家长参与学校教育程度。因此，确定“家长参与学校教育程度”的监测因子有以下四个：

1. 认知发展参与：主要指家长选择某些针对性活动促进儿童接触有助于智力开发的学习资源，或陪同孩子参加有益于认知发展的活动。

2. 情感支持参与：主要指家长通过恰当的情绪反应或情感表达来参与子女的教育活动。

3. 学习管理参与：主要指家长帮助和督促子女完成学校学习任务。

4. 家校互动：主要指家长以不同形式与学校就孩子教育进行沟通和互动。

四、家长参与学校教育程度每个因子的监测标准

（一）“认知发展参与”的监测标准

认知发展参与的监测分为两个层面：一是针对学生个体的微观研判，主要由学生自评；二是针对学校整体的评估，即进行整体评判。

1．个体层面。

认知发展参与的监测，主要从家长有没为学生提供有助于智力开发的学习资源及是否陪同孩子参加促进认知发展的活动两个侧面进行测评。分四个级别：

L1：家长几乎没有为孩子提供有助于智力发展的学习资源；不陪同孩子参加促进认知发展的活动。

L2：家长会为孩子提供老师、学校建议购买的跟课业有关的有助于智力开发的学习资源；在教师、学校的相关教育要求下，会陪同孩子参加促进认知发展的活动。

L3：家长较主动为孩子提供有助于智力开发的学习资源，包含跟课业相关以及课外的学习资源；会主动陪同孩子参加促进认知发展的活动。

L4：家长积极主动长期坚持为孩子提供内容丰富、形式多样的有助于智力开发的学习资源，包含跟课业相关及与课业联系不大的资源；会主动陪同孩子参加多种形式的促进认知发展的活动。

2．整体层面。

根据学校受监测年级学生对家长认知发展参与的评判状况，进行学生家长认知发展参与水平的整体划分；根据常规经验，划分时以 50% 为分界线①，在学生评价的基础上，系统自动生成评价结果。认知发展参与监测标准的四个等级描述如下：

L1：超过 50% 的学生对家长认知发展参与评估仅在 L1 层级。

L2：50% 及以上学生对家长认知发展参与评估达到 L2 以上层级。

L3：50% 及以上学生对家长认知发展参与评估达到 L3 以上层级。

L4：50% 及以上学生对家长认知发展参与评估达到 L4 层级。

（二）“情感支持参与”的监测标准

情感支持参与的监测分为两个层面，一是针对学生个体的微观研判，主

① 将采用试验法、专家评议法检验“50%”的合理性。后文涉及“以 50% 为分界线”处均同此作法。

要由学生自评；二是针对学校整体的评估，即进行整体评判。

1. 个体层面。

情感支持参与的监测，主要从家长能否细心体察学生对学习任务的情绪表现，对学生参与学校活动及在校表现给予情感支持两个侧面进行测评。分四个级别：

L1：家长对孩子对学习任务的情绪表现不敏感；对孩子参与学校活动及在校表现所给予的情感支持非常有限。

L2：孩子对学习任务有非常明显的情绪表现时，家长能觉察到，并能对其有一定情绪反馈；有时能对孩子参与学校活动及在校表现给予一定的情感支持。

L3：家长能及时关注孩子对学习任务的情绪表现，并给予引导；能较多地对孩子参与学校活动及在校表现给予情感支持。

L4：家长能时时细心体察孩子对学习任务的情绪表现，并给予情感支持；时常以情感表达支持鼓励推动孩子参与学校活动及在校有更好的表现。

2. 整体层面。

根据学校受监测年级学生对家长情感支持参与的评判状况，进行学生家长情感支持参与水平的整体划分；根据常规经验，划分时以50%为分界线，在学生评价的基础上，系统自动生成评价结果。情感支持参与监测标准的四个等级描述如下：

L1：超过50%的学生对家长情感支持参与评估仅在L1层级。

L2：50%及以上学生对家长情感支持参与评估达到L2以上层级。

L3：50%及以上学生对家长情感支持参与评估达到L3以上层级。

L4：50%及以上学生对家长情感支持参与评估达到L4层级。

（三）“学习管理参与”的监测标准

学习管理参与的监测分为两个层面：一是针对学生个体的微观研判，主要由学生自评；二是针对学校整体的评估，即进行整体评判。

1. 个体层面。

学习管理参与的监测，主要从家长监督和帮助学生完成学习任务情况进行测评。分四个级别：

L1：家长极少有管理督促帮助学生完成学习任务的行为。

L2：家长能按照学校对家长的要求对学生学习任务的完成有基本的监督管理行为。

L3：家长愿意监督学生的学习任务完成情况，并在学生完成学习任务有困难时，给予建议和提供帮助。

L4：家长积极关注监督学生的学习任务完成情况，并对孩子有学习方法和时间管理方面的指导。

2. 整体层面。

根据学校受监测年级学生对家长学习管理参与的评判状况，进行学生家长学习管理参与水平的整体划分；根据常规经验，划分时以50%为分界线，在学生评价的基础上，系统自动生成评价结果。学习管理参与监测标准的四个等级描述如下：

L1：超过50%学生对家长学习管理参与评估仅在L1层级。

L2：50%及以上学生对家长学习管理参与评估达到L2以上层级。

L3：50%及以上学生对家长学习管理参与评估达到L3以上层级。

L4：50%及以上学生对家长学习管理参与评估达到L4层级。

（四）“家校互动”的监测标准

家校互动的监测分为两个层面：一是针对学生个体的微观研判，主要由教师来评价；二是针对学校整体的评估，即进行整体评判。

1. 个体层面。

家校互动的监测，主要从家长与老师的沟通、家长参与学校活动、家长参与家委会情况三个侧面进行测评。分四个级别：

L1：家长不主动与教师沟通，当教师跟家长沟通学生情况时，家长态度不配合；家长不参与学校活动，不亲自参加家长会，或常常在家长会上迟到早退；家长不知道有家委会。

L2：当学生出现明显问题时，家长会主动与教师沟通，当教师跟家长沟通学生情况时，家长愿意接受；家长能亲自并按时参与学校要求家长必须参加的学校活动如家长会；家长知道有家委会，但较少参与其中。

L3：家长平日能主动与教师沟通学生情况，当教师跟家长沟通学生情况时，家长愿意接受并做出相应的行为改变；家长主动参与学校活动，不仅包括学校要求家长参与的活动如家长会，还包括学校建议家长参与的活动，如参观教学开放日、参加家长学校及家长沙龙等；家长通过家委会提供的平台，提出自己对学校教育的看法和建议。

L4：家长能积极把握各种机会如通过电话、面谈、手册留言等与教师沟通学生情况，当教师跟家长沟通学生情况时，家长有积极的反馈，并与教师一同探讨学生的发展情况；家长积极参与并投入学校活动，参与学校要求参加及建议参加的活动，还在活动中提供支持帮助，或者牵头组织有意义的学校活动；家长通过家委会提供的平台参与学校决策，主动承担组织学生教育活动的任务，关心并认真听取学校工作计划，对学校的教育工作建言献策，并监督学校教育教学工作。

2. 整体层面。

根据学校受监测年级教师对家长家校互动的评判状况，进行学生家长家校互动水平的整体划分；根据常规经验，划分时以50%为分界线，在教师评价的基础上，系统自动生成评价结果。家校互动监测标准的四个等级描述如下：

L1：超过50%学生家长家校互动评估仅在L1层级。

L2：50%及以上学生家长家校互动评估达到L2以上层级。

L3：50%及以上学生家长家校互动评估达到L3以上层级。

L4：50%及以上学生家长家校互动评估达到L4层级。

五、家长参与学校教育程度的典型案例

（一）“认知发展参与”的典型案例

假设A学校初二年级有30名学生。由学生就对照检测标准的问卷项目根据家长平时的表现进行评价，从而确定每位学生家长的层级。

其中1位学生家长被评为L1等级，5位学生家长被评为L2等级，17位学生家长被评为L3等级，7位学生家长被评为L4等级。

由于超过50%的学生家长被划入L3和L4等级，因此，A学校在“认知发展参与”上的整体发展水平即为L3等级。

（二）“情感支持参与”的典型案例

假设A学校初二年级有30名学生。此项由学生就对照检测标准的问卷项目根据家长平时的表现进行评价，从而确定每位学生家长的层级。

其中5位学生家长被评为L1等级，10位学生家长被评为L2等级，12位学生家长被评为L3等级，3位学生家长被评为L4等级。

由于超过50%的学生家长被划入L3和L4等级，因此，A学校在“情感支持参与”上的整体发展水平即为L3等级。

（三）“学习管理参与”的典型案例

假设A学校初二年级有30名学生。此项由学生就对照检测标准的问卷项目根据家长平时的表现进行评价，从而确定每位学生家长的层级。

其中1位学生家长被评为L1等级，7位学生家长被评为L2等级，12位学生家长被评为L3等级，10位学生家长被评为L4等级。

由于超过50%的学生家长被划入L3和L4等级，因此，A学校在“学习

管理参与”上的整体发展水平即为 L3 等级。

（四）“家校互动”的典型案例

假设 A 学校初二年级有 30 名学生。此项由学生的班主任就对照检测标准的问卷项目根据家长平时的表现进行评价，从而确定每位学生家长的层级。

其中 8 位学生家长被评为 L1 等级，10 位学生家长被评为 L2 等级，11 位学生家长被评为 L3 等级，1 位学生家长被评为 L4 等级。

由于超过 50% 的学生家长被划入 L2、L3 和 L4 等级，因此，A 学校在“家校互动”上的整体发展水平即为 L2 等级。

六、本指标开展监测与评价需要的佐证材料

1. 认知发展参与：学生对家长的评价意见。
2. 情感支持参与：学生对家长的评价意见。
3. 学习管理参与：学生对家长的评价意见。
4. 家校互动：班主任对学生家长的评价意见。

第六节　学校周边社会秩序

一、学校周边社会秩序内涵

校园周围 200 米范围内对学校师生身心健康及正常教学工作产生影响的社会因素，主要包括交通秩序、治安秩序和食品安全管理秩序。[①]

二、学校周边社会秩序内容概要

交通秩序是指人们为维护交通安全与畅通必须遵守的行为规范：包括交通标志的设置，车辆行驶、停放秩序，行人走路秩序。

治安秩序是指由国家公安机关治安部门依照法律法规进行管理和维护的特定场所的公共秩序。

食品安全管理是指政府及食品相关部门在食品市场中，动员和运用有效资源，采取计划、组织、领导和控制等方式，对食品、食品添加剂和食品原材料的采购，食品生产、流通、销售及食品消费等过程进行有效的协调及整

① 王步胜．湖北省石首市中小学学校安全管理的调查与思考［D］．武汉：华中师范大学，2012.

合，以达到确保食品市场内活动健康有序地开展，保证实现公众生命财产安全和社会利益目标的活动过程。[①] 本文食品安全管理秩序特指在学校周围200米范围内，政府有关部门对关系到师生身体健康的饮食店、副食品经营店及售卖食品摊点的管理情况。

三、学校周边社会秩序监测标准

（一）“交通秩序”的监测标准

交通秩序的检测分为两个层面：一是针对学校个体的微观研判，主要由学校自我评估；二是针对学校所在区域的整体评估，依据全区（县）学校平均水平确定。

1. 个体层面。

交通秩序主要从交通标志的设置、车辆行驶及停放秩序、行人走路秩序三个侧面来进行测评。分四个级别：

L1：学校周边道路无减速带、斑马线等交通标志；车辆闯红灯、乱停乱放、占道经营等问题突出；经常有“黑校车”“黑出租”搭载学生或非法营运车辆运载学生上下学现象；行人乱穿马路现象明显。计6~6.9分。

L2：学校周边道路有交通警示标志，但不完整，如没有斑马线或红绿灯；有时有车辆闯红灯、个别区域存在乱停乱放和占道经营等影响交通的问题；有时有“黑校车”“黑出租”搭载学生或非法营运车辆运载学生上下学现象；有时有行人乱穿马路现象。计7~7.9分。

L3：学校周边道路交通警示标志完整；偶有车辆闯红灯，基本不存在乱停乱放、占道经营等影响交通的问题；没有“黑校车”“黑出租”搭载学生或非法营运车辆运载学生上下学现象；偶有行人乱穿马路现象。计8~8.9分。

L4：学校周边道路交通警示标志完整清晰；车辆遵守交通规则、礼让行人，车辆停放整齐，不存在占道经营等影响交通的问题；交通便捷，不存在“黑校车”“黑出租”搭载学生或非法营运车辆运载学生上下学现象；行人无乱穿马路现象。计9~10分。

2. 整体层面。

针对区（县）整体的评估，依据全区（县）学校平均水平确定，系统自动生成评价结果。

L1：全区（县）平均分在6~6.9分之间，交通秩序评估达到L1层级。

---

① 百度百科，www. baike. baidu. com

L2：全区（县）平均分在7~7.9分之间，交通秩序评估达到L2层级。

L3：全区（县）平均分在8~8.9分之间，交通秩序评估达到L3层级。

L4：全区（县）平均分在9~10分之间，交通秩序评估达到L4层级。

（二）“治安秩序”的监测标准

治安秩序的检测分为两个层面：一是针对学校个体的微观研判，主要由学校自我评估；二是针对学校所在区域的整体评估，依据全区（县）学校平均水平确定。

1. 个体层面。

治安秩序主要从学校周边是否存在违法犯罪事件，是否有安保人员巡逻和师生安全感三个侧面进行测评。分四个级别：

L1：学校周边经常有打架斗殴、拉帮结派、勒索学生财物等违法犯罪事件，基本无警察等安保人员巡逻，师生缺乏安全感。计6~6.9分。

L2：学校周边偶尔有打架斗殴、拉帮结派、勒索学生财物等违法犯罪事件，有警察等安保人员巡逻，师生具有一定的安全感，但不强烈。计7~7.9分。

L3：学校周边基本没有打架斗殴、拉帮结派、勒索学生财物等违法犯罪事件，经常有警察等安保人员巡逻，师生具有比较强烈的安全感。计8~8.9分。

L4：学校周边从未发生违法犯罪事件，有警察等安保人员定时巡逻，师生有很强烈的安全感。计9~10分。

2. 整体层面。

针对区（县）整体的评估，依据全区（县）学校平均水平确定，系统自动生成评价结果。

L1：全区（县）平均分在6~6.9分之间，治安秩序评估达到L1层级。

L2：全区（县）平均分在7~7.9分之间，治安秩序评估达到L2层级。

L3：全区（县）平均分在8~8.9分之间，治安秩序评估达到L3层级。

L4：全区（县）平均分在9~10分之间，治安秩序评估达到L4层级。

（三）“食品安全管理秩序”的监测标准

食品安全管理秩序的检测分为两个层面：一是针对学校个体的微观研判，主要由学校自我评估；二是针对学校所在区域的整体评估，依据全区（县）学校平均水平确定。

1. 个体层面。

食品安全管理秩序主要从政府部门对学校周围食品卫生安全的监管、学生对食品卫生的态度两个侧面进行测评。分四个级别：

L1：政府有关部门基本没有实施如食品放心工程、食品安全专项整治等食品安全监管工作；学生基本不关心食品安全问题，经常光顾周边摊点，购买“三无”食品。计6~6.9分。

L2：政府有关部门有实施如食品放心工程、食品安全专项整治等食品安全监管工作，但力度不够；学生关心食品安全问题，但会光顾周边摊点，购买“三无”食品。计7~7.9分。

L3：政府有关部门经常实施如食品放心工程、食品安全专项整治等食品安全监管工作；学校周围基本没有乱摆摊点，售卖“三无”食品现象，学生比较关心食品安全问题，基本不会购买“三无”食品。计8~8.9分。

L4：政府有关部门经常开展有效的食品安全监管工作，学生食品安全意识强，发现乱摆摊点、售卖“三无”食品现象会及时举报。计9~10分。

2. 整体层面。

针对区（县）整体的评估，依据全区（县）学校平均水平确定，系统自动生成评价结果。

L1：全区（县）平均分在6~6.9分之间，食品安全管理秩序评估达到L1层级。

L2：全区（县）平均分在7~7.9分之间，食品安全管理秩序评估达到L2层级。

L3：全区（县）平均分在8~8.9分之间，食品安全管理秩序评估达到L3层级。

L4：全区（县）平均分在9~10分之间，食品安全管理秩序评估达到L4层级。

四、学校周边社会秩序典型案例

A学校初二年级共有12个班，600名学生。由学生和教师通过观察和调查问卷完成。学校领导通过抽样谈话及调查结果对学校进行评价。根据常规经验，划分时以50%为分界线，在师生评价基础上，系统自动生成评价结果。

L1：超过50%师生评估仅在L1层级。

L2：50%及以上师生评估达到L2和L3层级。

L3：50%及以上师生评估达到L3和L4层级。

L4：50%及以上师生评估达到L4层级。

根据各学校周边社会秩序的平均值，确定区（县）该项目的层级。

五、本指标开展监测与评价需要的佐证材料

1. 学校所在街道派出所提供的刑事案件记录。
2. 交警部门提供的交通违章及交通事故记录。
3. 工商或食品质量监管部门开展有关活动的材料。

第七节　文化环境

一、文化环境内涵

文化环境是指社会文化系统诸要素的总和，主要包括价值观、社会规范、风气习俗、物质文化等构成要素。

文化环境有两个主要方面。一是文化信息环境，主要是指传播学领域的各类媒介和精神文化的历史传统，以及现实状况。前者主要包括传统大众传媒文化信息和新兴媒介文化信息，即“展示性媒介、展现性媒介和机械性媒介”，“书籍、报纸、广播、电视、电影”是五种主要载体，也包括互联网络、手机声讯等；后者主要包括文化传统、民风民俗、文化观念、价值取向等。这一方面的社会文化环境是经加工和改造过的，文化主体作为受众置身其中，是文化软环境。二是文化活动环境，主要是指公共文化生活和实践的制度环境、硬件设施和活动场所，包括文化政策、文化设施、文化演出活动、休闲娱乐场所、网吧、电子游戏室等，而网络、网吧、游戏厅、娱乐场所等，它们是相对于文化软环境的硬环境，在学校周边十分繁荣，对未成年人影响尤甚。

二、文化环境内容概要

学校周边文化环境，指的是以学校为中心的，周边 200 米范围内的街道、店铺、公园、广场等文化活动环境，主要指公共文化生活和实践的硬件设施和活动场所，如书店、文具店、博物馆、电影院等。

三、文化环境监测因子

由于文化硬环境，尤其是网吧、盗版书店等对学生影响尤甚，因此，监测指标定为文化活动场所。

学校周边文化活动场所，根据学生精神追求需要，可分为三大类：第一类是满足学生娱乐休闲需要的文化场所，如网吧、游乐场、运动场、电影院

等；第二类是满足学生读写阅读需要的文化场所，如文具店、书店、报刊亭、图书馆等；第三类是满足学生参观体验需要的文化场所，如历史博物馆、教育基地、科技馆等。

四、文化环境监测标准

学校周边文化活动场所的检测，是针对学校整体的评估，依据社区居民委员会的评价而得。主要从休闲娱乐文化场所、读写阅读文化场所、参观体验文化场所三个侧面测评。

L1：学校周边有网吧、游戏厅、歌舞厅、售卖盗版书籍或音像制品的店铺；没有参观体验的文化场所。

L2：学校周边没有网吧、游戏厅和歌舞厅，有电影院或运动场所；没有售卖盗版书籍或音像制品的店铺，有文具店、报刊亭、小型书店、音像制品店；没有参观体验的文化场所。

L3：学校周边没有网吧、游戏厅和歌舞厅，有电影院或运动场所；没有售卖盗版书籍或音像制品的店铺，有较多文具店、报刊亭、较大型书店、音像制品店、课外辅导机构；只有一个参观体验的文化场所。

L4：学校周边没有网吧、游戏厅和歌舞厅，有电影院或运动场所；没有售卖盗版书籍或音像制品的店铺，有较多文具店、报刊亭、书店、音像制品店、课外辅导机构；有较多参观体验的文化场所。

五、文化环境的典型案例

A 学校地处某街道，由该街道居民委员会根据 A 学校地图上显示的东南西北 200 米范围内的文化活动场所进行评价。

L1：学校周边或有网吧，或有游戏厅，或有歌舞厅，或有售卖盗版书籍或音像制品的店铺。

L2：学校周边没有网吧、游戏厅和歌舞厅，或有文具店，或有报刊亭，或有小型书店，或有音像制品店。

L3：学校周边没有网吧、游戏厅和歌舞厅，或有电影院或运动场所，或有课外辅导机构，或有大型书店，或有图书馆，或有教育基地，或有博物馆，或有科技馆，或有动物园，或有植物园。

L4：学校周边没有网吧、游戏厅和歌舞厅，或有电影院；或有运动场所，或有以下三种以上店铺，文具店、报刊亭、大型书店；或有课外辅导机构；有以下两种以上参观体验文化场所，教育基地、博物馆、科技馆、动物园、植物园。

六、本指标开展监测与评价需要的佐证材料

佐证材料：学校周边地图、社区居委会评价表。

第八节　学校与社区的互动合作关系

一、学校与社区的互动合作关系内涵

学校与社区的互动合作关系，是指学校与社区和社区成员、机构、组织之间的双向交流与合作关系。①

二、学校与社区的互动合作关系内容概要

学校与社区互动合作是双向的，以学校为本（或主体），则是学校工作的内容；以社区发展及社区教育为本，则是社区教育的职能。

在学校与社区的互动合作中，社区为学校营造良好的文化氛围，为学生提供社会实践机会，为学生的教育创造丰富的契机和资源。学生到社区开展实践活动，主要归为三类：参观体验类、调研学习类、公益服务类。

同时，在学校与社区的互动合作中，学校资源向社会开放。也即是指学校在保证正常教育任务顺利进行的情况下，将现有的教育资源开放出来，以实现教育资源的整合。具体方式包括学校体育硬件资源，如学校的体育馆、操场、田径跑道等运动场所，文化教育硬件资源，如学校的阅览室（含电子阅览设施）、普通教室（含多媒体教室）、会场等教育设施，安排适当时段向社区居民的开放；还包括学校为社区提供智力资源，如教师到社区授课、进行家庭教育方面的咨询；等等。②

三、学校与社区的互动合作关系监测标准

学校与社区的互动合作关系检测，是针对学校整体的评估，以由专门的监测人员到学校实地查看、听取汇报、交流访谈的形式对学校此项目进行评价。学校需要提供佐证资料，校长、教师的访谈收集资料。主要从学生到社区开展实践活动情况、学校资源向社会开放情况两个侧面测评。分四个

① 刘淑兰．学校与社区的互动［M］．成都：四川教育出版社，2003.

② 张茂聪，张雷．公平与均衡义务教育管理体制改革及制度保险［M］．济南：山东教育出版社，2013.

级别：

L1：在一学年中，学校组织学生到社区开展实践活动少于两次；学校资源没有向社会开放。

L2：在一学年中，学校组织学生到社区开展实践活动达两次或两次以上，活动类型单一，如只是参观体验类活动；学校有一种硬件资源开放给社会，如开放体育馆。

L3：在一学年中，学校组织学生到社区开展实践活动达两次或两次以上，活动类型达两种，如公益类与参观体验类活动；学校有两种或两种以上的硬件资源开放给社会，如开放体育馆、学术报告室。

L4：在一学年中，学校组织学生到社区开展多次实践活动，活动类型达三种或三种以上，如公益活动类、参观体验类及学习调研类活动；学校以不同的形式把自身硬件资源和软性资源向社会开放，如开放学校硬件设施、提供师资给社区开课、为社区居民开设教育咨询等。

四、学校与社区的互动合作关系的典型案例

专门的监测人员到A学校实地察看，由八年级级长、班主任、团委书记、社团负责教师对学校的学生到社区开展活动情况及学校资源向社会开放情况进行汇报，监测专员对他们进行进一步的访谈、取证，并将内容汇总。测评级别如下：

L1：在一学年中，学校组织学生到社区开展实践活动少于两次；学校资源没有向社会开放。

L2：在一学年中，学校组织学生到社区开展实践活动达两次或两次以上，活动类型单一，如只是参观体验类活动；学校有一种硬件资源开放给社会，如开放体育馆。

L3：在一学年中，学校组织学生到社区开展实践活动达两次或两次以上，活动类型达两种，如公益类与参观体验类活动；学校有两种或两种以上的硬件资源开放给社会，如开放体育馆、开放学术报告室。

L4：在一学年中，学校组织学生到社区开展多次实践活动，活动类型达三种或三种以上，如公益活动类、参观体验类及学习调研类活动；学校以不同的形式把自身硬件资源和软性资源向社会开放，如开放学校硬件设施、提供师资给社区开课、为社区居民开设教育咨询等。

监测专员通过实地考察、听取汇报、访谈交流，对学生到社区开展实践活动情况、学校资源向社会开放情况两个侧面分别进行评定，L1、L2、L3、L4分别赋1、2、3、4分，最后两方面分数取平均值为A学校与社区互动合作关系项目得分。层级评分标准如下：L1为1～1.5分；L2为2～2.5分；

L3 为 3～3.5 分；L4 为 4 分。

根据访谈和取证发现，A 学校初二年级在一个学年内，组织学生到社区开展的实践活动包括：带领学生外出参加拓展培训活动，参观博物馆，组织学生为附近的图书馆做义工，地理课组织学生调查学校周边的建筑风格。学校资源向社区开放的内容包括：晚上开放学校羽毛球馆、游泳池，周末课室成为成人高考考场。

依据本项目检测层级，A 学校本学年内与社区合作为学生共开展实践活动 5 次，活动的类型包括参观体验类（拓展培训活动、参观博物馆）、学习调研类（组织学生调查学校周边建筑风格）、公益服务类（为附近图书馆做义工），因此，在开展社会实践侧面，A 学校属于 L4；同时 A 学校向社会开放了 2 种以上硬件资源（羽毛球馆、游泳池、课室），因此，在资源开放侧面，A 学校属于 L3。则 A 学校此项对应得分为（4＋3）÷2＝3.5，故归入 L3 等级。

五、本指标开展监测与评价需要的佐证材料

佐证材料包括：学校相关活动的文字资料、通讯稿、照片。

参考文献

［1］国家职业分类大典和职业资格工作委员会．中华人民共和国职业分类大典［M］．北京：中国劳动社会保障出版社，1999.

［2］谢宇，张晓波，李建新，等．中国民生发展报告 2013［M］．北京：北京大学出版社，2013.

［3］刘淑兰．学校与社区的互动［M］．成都：四川教育出版社，2003.

［4］张茂聪，张雷．公平与均衡：义务教育管理体制改革及制度保障［M］．济南：山东教育出版社，2013.

［5］许庆红．家庭收入测量方法的比较与借鉴［J］．统计与决策，2012（11）：4－7.

［6］李雅楠．家庭收入是否影响子女教育水平：基于 CHNS 数据的实证研究［J］．南方人口，2012，27（4）：46－53.

［7］阮福金，周晖，李峰．家庭文化环境对幼儿语音意识的作用［J］．心理发展与教育，2006，22（1）：13－17.

［8］孙银莲．论家庭文化资本对学生成长的影响［J］．湖南师范大学教育科学学报，2006，5（4）：44－46.

［9］郭燕清．家长参与对高中生学业成绩影响探析［J］．中小学心理健康教育，2015（2）：4－9.

[10] 李丽. 家长参与及其与学生学习动机、学业成绩的关系研究[D]. 济南：山东师范大学，2004.

[11] 王晓琳. 家长参与与小学生学习自我效能、学习动机的关系研究[D]. 曲阜：曲阜师范大学，2008.

[12] 韩仁生，王晓琳. 家长参与与小学生学习自我效能的关系研究[J]. 心理科学，2009 (2)：430 -432.

[13] 王步胜. 湖北省石首市中小学学校安全管理的调查与思考 [D]. 武汉：华中师范大学，2012.

[14] 刘纯慧，孙辉刚. 综合实践活动：学校周边环境调查 [J]. 小教研究，2015 (11)：14 -15.

[15] 王云翠. 当前学校周边环境对学生行为的影响及解决办法 [J]. 贵州教育（半月刊），2006 (19)：4 -5，7.

[16] 左益. 社会文化环境与未成年人成长 [J]. 当代青年研究，2009 (7)：46 -50.

初中数学（7～9年级）质量监测点与要求*

序号	质量监测点	了解	理解	掌握	应用
	一、数与代数				
	（一）数与式				
	1. 有理数				
1	（1）①理解有理数的意义		√		
	（1）②能用数轴上的点表示有理数			√	
	（1）③能比较有理数的大小			√	
2	（2）①借助数轴理解相反数和绝对值的意义		√		
	（2）②掌握求有理数的相反数与绝对值的方法			√	
	（2）③知道$\|a\|$的含义（这里a表示有理数）	√			
3	（3）①理解乘方的意义		√		
	（3）②掌握有理数的加、减、乘、除、乘方及简单的混合运算（以三步以内为主）			√	
4	（4）①理解有理数的运算律		√		
	（4）②能运用运算律简化运算				√
5	（5）能运用有理数的运算解决简单的问题				√
	2. 实数				
6	（1）①了解平方根、算术平方根、立方根的概念	√			
	（1）②会用根号表示数的平方根、算术平方根、立方根			√	

* 注：摘自中华人民共和国教育部制定的2011年版《义务教育教学课程标准》，北京师范大学出版社出版。该表只精选原表的部分内容，因此序号并非是连续性的，此外，表中“参见例×”中所指的“例”，并未在此书列出。

续上表

序号	质量监测点	了解	理解	掌握	应用
7	（2）①了解乘方与开方互为逆运算	√			
	（2）②会用平方运算求百以内整数的平方根			√	
	（2）③会用立方运算求百以内整数（对应的负整数）的立方根			√	
	（2）④会用计算器求平方根和立方根			√	
8	（3）①了解无理数和实数的概念	√			
	（3）②知道实数与数轴上的点一一对应	√			
	（3）③能求实数的相反数与绝对值			√	
9	（4）能用有理数估计一个无理数的大致范围（参见例47）				√
10	（5）①了解近似数	√			
	（5）②在解决实际问题中，能用计算器进行近似计算				√
	（5）③会按问题的要求对结果取近似值				√
	3. 代数式				
12	（1）①借助现实情境了解代数式	√			
12	（1）②进一步理解用字母表示数的意义（参见例49）		√		
13	（2）①能分析简单问题中的数量关系			√	
	（2）②用代数式表示数量关系			√	
14	（3）①会求代数式的值			√	
	（3）②能根据特定的问题查阅资料，找到所需要的公式				√
	（3）③会对公式代入具体的值进行计算				√
	4. 整式与分式				
15	（1）①了解整数指数幂的意义和基本性质	√			
	（1）②会用科学记数法表示数（包括在计算器上表示）				√
16	（2）①理解整式的概念		√		
	（2）②掌握合并同类项和去括号的法则			√	
	（2）③能进行简单的整式加法和减法运算			√	

续上表

序号	质量监测点	了解	理解	掌握	应用
	（二）方程与不等式				
	1. 方程与方程组				
21	（1）①能根据具体问题中的数量关系列出方程			√	
21	（1）②体会方程是刻画现实世界数量关系的有效模型（参见例51）	√			
22	（2）经历估计方程解的过程（参见例52）		√		
23	（3）掌握等式的基本性质			√	
24	（4）能解一元一次方程、可化为一元一次方程的分式方程			√	
	2. 不等式与不等式组				
	二、图形与几何				
	（一）图形的性质				
	1. 点、线、面、角				
54	（1）通过实物和具体模型，了解从物体抽象出来的几何体、平面、直线和点等（参见例58）	√			
55	（2）①会比较线段的长短			√	
	（2）②理解线段的和、差，以及线段中点的意义		√		
56	（3）掌握基本事实：两点确定一条直线			√	
57	（4）掌握基本事实：两点之间线段最短			√	
58	（5）①理解两点间距离的意义		√		
	（5）②能度量两点间的距离			√	
59	（6）①理解角的概念		√		
	（6）②能比较角的大小			√	
60	（7）①认识度、分、秒			√	
	（7）②会对度、分、秒进行简单的换算			√	
	（7）③会计算角的和、差			√	
	2. 相交线与平行线				

续上表

序号	质量监测点	了解	理解	掌握	应用
61	（1）①理解对顶角、余角、补角等概念		√		
	（1）②探索并掌握对顶角相等，同角（等角）的余角相等，同角（等角）的补角相等的性质			√	
62	（2）①理解垂线、垂线段等概念		√		
	（2）②能用三角尺或量角器过一点画已知直线的垂线			√	
63	（3）①理解点到直线的距离的意义		√		
	（3）②能度量点到直线的距离			√	
64	（4）掌握基本事实：过一点有且只有一条直线与这条直线垂直			√	
65	（5）识别同位角、内错角、同旁内角	√			
66	（6）①理解平行线概念		√		
67	（6）②掌握基本事实：两条直线被第三条直线所截，如果同位角相等，那么两直线平行			√	
68	（7）掌握基本事实：过直线外一点有且只有一条直线与这条直线平行			√	
69	（8）①掌握平行线的性质定理：两条平行直线被第三条直线所截，同位角相等			√	
	（8）②*了解平行线性质定理的证明（参看例59）	√			
70	（9）能用三角尺和直尺过已知直线外一点画这条直线的平行线			√	
72	（11）了解平行于同一条直线的两条直线平行	√			
	3. 三角形				
73	（1）①理解三角形及其内角、外角、中线、高线、角平分线等概念		√		
	（1）②了解三角形的稳定性	√			
75	（3）①理解全等三角形的概念		√		
	（3）②能识别全等三角形中的对应边、对应角			√	
76	（4）掌握基本事实：两边及其夹角分别相等的两个三角形全等（参见例60）			√	

续上表

序号	质量监测点	了解	理解	掌握	应用
77	（5）掌握基本事实：两角及其夹边分别相等的两个三角形全等（参见例60）			√	
78	（6）掌握基本事实：三边分别相等的两个三角形全等			√	
89	（14）了解三角形重心的概念	√			
	4．四边形				
	6．尺规作图				
115	（1）①能用尺规完成以下基本作图：作一条线段等于已知线段			√	
116	（1）②作一个角等于已知角			√	
117	（1）③作一个角的平分线			√	
120	（2）①会利用基本作图法作三角形：已知三边、两边及其夹角、两角及其夹边作三角形			√	
126	（4）在尺规作图中，了解作图的道理，保留作图的痕迹，不要求写出作图方法	√			
	7．定义、命题、定理				
	（二）图形的变化				
	1．图形的轴对称				
132	（1）①通过具体实例了解轴对称的概念	√			
	（1）②探索图形的基本性质：成轴对称的两个图形中，对应点的连线被对称轴垂直平分（参见例64）			√	
133	（2）能画出简单平面图形（点、线段、直线、三角形等）关于给定对称轴的对称图形			√	
134	（3）了解轴对称图形的概念；探索等腰三角形、矩形、菱形、正多边形、圆的轴对称性质	√			
135	（4）认识并欣赏自然界和现实生活中的轴对称图形	√			

续上表

序号	质量监测点	了解	理解	掌握	应用
	2．图形的旋转				
	3．图形的平移				
	（三）图形与坐标				
	1．坐标与图形位置				
162	（1）结合实例进一步体会用有序数对可以表示物体的位置		√		
163	（2）1）①理解平面直角坐标系的有关概念		√		
	（2）1）②能画出直角坐标系			√	
164	（2）2）在给定的直角坐标系中，能根据坐标描出点的位置、由点的位置写出它的坐标			√	
165	（3）①在实际问题中，能建立适当的直角坐标系				√
	（3）②描述物体的位置（参见例65）				√
166	（4）①对给定的正方形，会选择适当的直角坐标系			√	
	（4）②写出它的顶点坐标			√	
	（4）③体会可以用坐标刻画一个简单图形		√		
167	（5）在平面上，能用方位角和距离刻画两个物体的相对位置（参见例66）			√	
	2．坐标与图形运动				
168	（1）①在直角坐标系中，以坐标轴为对称轴，能写出一个已知顶点坐标的多边形的对称图形的顶点坐标			√	
	（1）②并知道对应顶点坐标之间的关系		√		
	三、统计与概率				
	（一）抽样与数据分析				
172	（1）①经历收集、整理、描述和分析数据的活动	√			
	（1）②了解数据处理的过程	√			
	（1）③能用计算器处理较为复杂的数据			√	

续上表

序号	质量监测点	了解	理解	掌握	应用
173	（2）①体会抽样的必要性	√			
	（2）②通过实例了解简单随机抽样（参见例67）	√			
174	（3）①会制作扇形统计图			√	
	（3）②能用统计图直观、有效地描述数据			√	
177	（6）①通过实例，了解频数和频数分布的意义	√			
	（6）②能画频数直方图			√	
	（6）③能利用频数直方图解释数据中蕴含的信息（参见例70）			√	
	四、综合与实践				
183	结合实际情境，经历设计解决具体问题的方案，并加以实施的过程，体验建立模型、解决问题的过程，并在此过程中，尝试发现和提出问题				√
184	反思参与活动的全过程，将研究的过程和结果形成报告或小论文，并能进行交流，进一步获得数学活动经验				√
185	通过对有关问题的探讨，了解所学过的知识（包括其他学科知识）之间的关联，进一步理解有关知识，发展应用意识和能力（参见例74、例75、例76、例77、例78、例79）				√

广东省义务教育质量监测指标标准体系

一级指标	二级指标	二级指标描述	主要监测点	主要监测点描述	监测标准				佐证材料
					L1	L2	L3	L4	
品德发展水平	1. 行为习惯	行为习惯是行为和习惯的总称，是经过长期形成的不易改变的行为方式，主要指学生在道德品质、思想觉悟和道德行为方面稳定的外在表现。主要监测学生在文明礼貌、勤俭节约、热爱劳动、爱护环境和助人为乐等方面的认知及表现	文明礼貌	指语言文明、行为举止优雅得体，其反面是愚昧、野蛮、粗鲁或庸俗	不懂得文明礼貌的意义，不践行文明礼貌的行为，其言行表现出愚昧、野蛮、粗鲁或庸俗的特征	言行基本符合文明礼貌的要求，偶尔有说粗话脏话、仪表不端或在公共场合不遵守规则和秩序的情况	理解文明礼貌的个人意义和社会价值，具有良好的文明意识，遵守社交礼仪，认同并遵守社会规则和秩序	具有良好的文明礼貌习惯，养成文明自觉，对不文明的现象感到羞耻并能有效阻止，能推动文明礼貌风气的形成	参加文明礼貌教育的活动记录或者工作方案等资料。获得的多种评价，如教师评语，家长、社区、社会团体等评价

续上表

一级指标	二级指标	二级指标描述	主要监测点	主要监测点描述	监测标准				佐证材料
					L1	L2	L3	L4	
品德发展水平	1.行为习惯	行为习惯是行为和习惯的总称，是经过长期形成的不易改变的行为方式，主要指学生在道德品质、思想觉悟和道德行为方面稳定的外在表现。主要监测学生在文明礼貌、勤俭节约、热爱劳动、爱护环境和助人为乐等方面的认知及表现	勤俭节约	勤劳而节俭，主要指工作勤奋，学习刻苦，生活节俭朴素	经常表现出铺张浪费现象，经常脱离自身实际或者家庭实际的消费水平	偶尔有表现出浪费的现象，有脱离自身实际或者家庭实际的消费水平的现象出现	有良好的理财意识，能在日常学习生活中观测到某些具体事件，表明学生有勤俭节约的习惯	生活与学习表现积极与勤劳，珍惜父母的劳动成果，生活节俭朴实，学生形成了勤俭节约的自觉或常态	勤俭节约活动的表现记录。例如开展不浪费食物，节约水电、纸张、文具，合理使用零花钱等活动记录
			热爱劳动	尊重劳动，具备良好的体力劳动素养和实际行动	轻蔑体力劳动，不尊重体力劳动者，不喜欢体力劳动	偶尔有表现出轻蔑体力劳动的态度，对体力劳动者表现得不是特别尊重	掌握一定的劳动技能并且有劳动纪律的意识，懂得劳动是光荣的事情	有正确的劳动观，具备良好的劳动习惯和劳动素质	在热爱劳动养成教育方面的活动记录和成果等资料。例如学生主动参加义务劳动与社区服务等的活动、劳动竞赛等的照片和记录

续上表

一级指标	二级指标	二级指标描述	主要监测点	主要监测点描述	监测标准				佐证材料
					L1	L2	L3	L4	
品德发展水平	1.行为习惯	行为习惯是行为和习惯的总称，是经过长期形成的不易改变的行为方式，主要指学生在道德品质、思想觉悟和道德行为方面稳定的外在表现。主要监测学生在文明礼貌、勤俭节约、热爱劳动、爱护环境和助人为乐等方面的认知及表现	爱护环境	对人类赖以生存的环境自觉地爱惜和保护。具有环境保护的态度、文明行为方式和习惯	正确分辨对待环境的行为	有爱护环境的意识，能对自己提出爱护环境的具体要求	能坚持做到爱护环境	除自身能做到外，还提醒和监督他人爱护环境	在爱护环境教育中的活动记录和成果等资料。例如主动参加义务植树、垃圾分类等的照片和记录
			助人为乐	主动给他人无私的帮助，并从中感到幸福愉快的道德行为和道德情感。表现为对他人照顾、体贴、关怀	知道哪些行为是助人为乐的	有助人为乐的意识，并能掌握助人为乐的一些方法和技能	能主动做到助人为乐	除自身主动帮助他人外，还带动他人助人为乐	做好事、参加公益活动等的记录和表现等资料

续上表

一级指标	二级指标	二级指标描述	主要监测点	主要监测点描述	监测标准				佐证材料
					L1	L2	L3	L4	
品德发展水平	2.公民素养	公民素养以平等为核心，包含政治素养、法律素养、道德素养和文化素养等多个方面，主要监测学生作为公民在遵纪守法、遵守社会公德、诚实守信、环保意识、参与公益活动、媒介素养、国际视野方面的认知及表现	遵纪守法	遵守学校纪律、规章制度，遵守各项法律、法规，树立规则意识，做合格公民	不了解社会规则，经常违背社会规则	学习班规、校纪、法律等，树立规则意识；学法、知法、懂法，牢固树立纪律观念、法治意识，能较好地遵守社会规则	严格遵守社会规则，清楚不守规则的后果，自觉遵纪守法，以遵纪守法为荣、以违法乱纪为耻，履行法定义务，践行社会主义核心价值观	监督违反社会规则的行为，维护社会公平与正义，具有社会正义感，勇于同破坏法律行为做斗争，维护法律尊严，能够见义智为，维护社会正义	学生在遵纪守法教育活动中的表现记录或者工作方案等资料。例如学校开展的法制教育、禁毒教育、入学教育等活动中的表现记录
			遵守社会公德	遵守影响公共生活的公共秩序、文明礼貌、环境卫生的各种行为规范	不了解社会公德，经常违背社会公德	学习公民基本道德规范、社会主义核心价值观等，树立社会公德意识，能较好地遵守社会公德	自觉遵守社会公德，养成文明行为习惯；提高道德水准和自我修养，使自己的私德符合公德要求，彬彬有礼；尊重和维护他人权益，维护公共场所正常秩序和安定环境，爱护公物、保护环境、乐于助人	监督违背社会公德的言行，维护社会公共生活秩序；大力宣传社会公德、传统美德；同违反社会公德的行为做斗争，传递正能量	学生在遵守公德教育活动中的记录或者成果等资料。例如学校开展的集会教育、环保教育、礼仪教育中学生的表现记录等

续上表

一级指标	二级指标	二级指标描述	主要监测点	主要监测点描述	监测标准 L1	监测标准 L2	监测标准 L3	监测标准 L4	佐证材料
品德发展水平	2.公民素养	公民素养以平等为核心，包含政治素养、法律素养、道德素养和文化素养等多个方面，主要监测学生作为公民在遵纪守法、遵守社会公德、诚实守信、环保意识、参与公益活动、媒介素养、国际视野方面的认知及表现	诚实守信	诚实，即忠诚老实，就是忠于事物的本来面貌。守信，就是讲信用，讲信誉，信守承诺，忠实于自己承担的义务	不诚实，对人不讲信用	有诚实守信意识，以诚实守信为荣，以见利忘义为耻，把诚信的外在道德约束内化为自己的思想品德，砥砺品行	与人交往诚实无欺、有信用、守信义，建设诚信集体，自觉用诚信的准则约束自己的言行，言必信行必果，践行社会主义核心价值观	坚守社会诚信，监督社会上不讲诚信的行为，营造诚信的社会氛围；弘扬诚实守信之风，鞭挞见利忘义之行	在诚实守信教育活动中的表现记录或者学习成果等资料。例如学校开展的诚信教育、考风考纪教育、公民教育等活动中学生的表现记录
			环保意识	对环境和环境保护的认识水平和认识程度。既包括对环境的认识水平，即环境价值观念，包含有心理、感受、感知、思维和情感等因素，又包括保护环境行为的自觉程度	不了解环境保护的内容，不知道保护环境就是爱护自然、关爱生命、节约资源	能掌握环境保护的科学知识和法律规定，懂得开发和利用资源的合理手段和科学方法，知道保护资源环境的法律法规，熟悉节约资源和环境保护的生活小常识	认识环境保护的意义，树立科学的人生观和价值观，坚持浪费可耻，节约光荣的美德。增强社会责任感，遵纪守法，树立爱护自然、珍惜资源、关爱生命的意识	能自觉落实环境保护行动，从身边做起，从小事做起。用实际行动节约资源，主动绿色消费，不铺张浪费。积极参与环保宣传，主动劝止不环保行为。会垃圾分类，能顺手关灯，懂循环用水，不吃野生动物	参与环保意识教育的记录、学习成果等资料。例如学校开展的资源环境教育、垃圾分类教育、绿色消费教育、关爱生命教育等的活动照片和学生学习成果等资源

续上表

一级指标	二级指标	二级指标描述	主要监测点	主要监测点描述	监测标准 L1	监测标准 L2	监测标准 L3	监测标准 L4	佐证材料
品德发展水平	2.公民素养	公民素养以平等为核心，包含政治素养、法律素养、道德素养和文化素养等多个方面，主要监测学生作为公民在遵纪守法、遵守社会公德、诚实守信、环保意识、参与公益活动、媒介素养、国际视野方面的认知及表现	参与公益活动	参与向社会捐赠财物，花费时间、精力等情况与表现	不了解公益活动的形式，很少参加社区服务、帮助他人、做义工等等，不认同公益活动，没有积极宣传公益事业	积极培育公益精神。弘扬中华传统美德，树立服务社会、帮助他人、无私奉献的公益精神，努力做公益事业的倡导者和践行者	主动参与公益活动。知道参与公益活动的途径和方法，提升参与公益活动的技能和品质，增强公益活动效能	热心公益事业。学会策划组织公益活动，通过丰富活动内容，创新活动方式，提高活动水平，大力推广公益事业	参与公益活动记录及成果等资料。例如学校开展的中华传统美德教育、人生观教育和责任教育等活动中的表现记录
			媒介素养	指面对不同媒体中各种信息时所表现出的信息的选择能力、质疑能力、理解能力、评估能力、创造和生产能力以及思辨的反应能力	对媒介的基本知识了解很少，不会使用现代媒介	了解基本的媒介知识并具备使用媒介的能力；在信息社会里，认识媒介是生存的必要条件之一，发现信息对自己或对社会的意义	学习并提高理解、选择、评估和质疑媒介信息的能力，了解媒介节目形态（新闻报道、戏剧、纪录、综艺）、信息类型（广告、新闻、娱乐、教育）；了解媒介道德规范，懂得有关信息技术使用中所产生的经济、法律和社会问题，并能在获取和使用信息中遵守公德和法律	具备高效地获取信息的能力，能够规范地利用媒介信息达到个人发展的目的；认识自己的需求，学会创造性或建设性地利用大众媒介促进自身的发展	在媒介素养的培训活动的表现记录。进行媒介素养问卷调查、媒介素养自我评价等相关的信息数据

续上表

一级指标	二级指标	二级指标描述	主要监测点	主要监测点描述	监测标准				佐证材料
					L1	L2	L3	L4	
品德发展水平	2.公民素养	公民素养以平等为核心，包含政治素养、法律素养、道德素养和文化素养等多个方面，主要监测学生作为公民在遵纪守法、遵守社会公德、诚实守信、环保意识、参与公益活动、媒介素养、国际视野方面的认知及表现	国际视野	指能从世界的高度了解世界历史和当今国际社会，评价本国地位和作用，认识自己的权利和义务，并在国际交往中有恰当的行为与态度	没有关注世界的现状与发展变化，对世界主要文化了解很少，没有全球公民意识	努力学习世界各国文化知识，积极关注世界的现状与发展变化，具备较强的语言技能，掌握必需的外语及交流沟通技巧	熟悉国际礼仪，尊重各国由于宗教信仰、文化背景、生活习俗等因素的差异形成的各种风土人情和习俗。在国际交往中，对国际礼仪要“求同存异”，寻求共性、尊重个性，有较强的跨文化沟通能力	具有宽广的国际化视野和强烈的创新意识，具备良好的心理承受能力，善于处理各种复杂多变的关系，并能在竞争中与人合作，具有较好的团队协作精神。信息的获取和取舍能力、创新能力、交往能力等较强	在国际视野的培训和交流活动的表现记录及学习成果。例如国际交往礼仪培训课程、国际形势报告和讲座、学校的对外交流活动中的材料和照片。进行国际视野问卷调查、国际视野意识和能力的自我评价等相关的信息数据

续上表

一级指标	二级指标	二级指标描述	主要监测点	主要监测点描述	监测标准				佐证材料
					L1	L2	L3	L4	
品德发展水平	3. 理想信念	理想信念是人们对未来的向往和追求，它是支配人们活动的精神动力，主要监测学生在爱国情感、文化认同、社会责任感、人生理想等方面的认知、态度与表现	爱国情感	对祖国这个社会共同体的一种直接感受和情绪体验，蕴藏于每个公民的感情世界之中	了解国家、民族的历史和基本国情；了解国家标识（国旗、国徽、国歌、人民币等）；会唱国歌，升降国旗、奏唱国歌时能立正行礼	对国家、民族有认同感和归属感；关心时事，关注国家的发展；尊重和爱护国家标识（国旗、国徽、国歌、人民币等）；愿意了解和接受中国的优秀传统文化	有强烈的民族自尊心、自信心、自豪感以及历史责任感；热爱中华优秀传统文化；愿意了解中国共产党的基本知识，积极参加共青团活动	自觉维护国家的独立、完整、统一和尊严，维护全国人民大团结；弘扬中华优秀传统文化；主动了解中国共产党的基本知识，并能正确认识	参加升旗仪式的考勤，参加少先队、共青团活动的证明，参加学校团校学习的证明和其他相关证明，如参加征文比赛、演讲比赛等

续上表

一级指标	二级指标	二级指标描述	主要监测点	主要监测点描述	监测标准				佐证材料
					L1	L2	L3	L4	
品德发展水平	3. 理想信念	理想信念是人们对未来的向往和追求，它是支配人们活动的精神动力，主要监测学生在爱国情感、文化认同、社会责任感、人生理想等方面的认知、态度与表现	文化认同	个体对某种文化的认同程度，具体是个体自己的认知态度和行为与某种文化中多数成员的认知态度和行为相同或相一致的程度	了解中华民族文化、社会主义核心价值观有关内容	热爱中华民族优秀文化	坚持团结统一、爱好和平、勤劳勇敢、自强不息的民族精神	自觉坚持中国特色社会主义先进文化发展方向	在各学科学习中，对民族传说、书法、戏剧、民间手工艺等的了解和掌握情况；在学校日常活动中所表现出的对社会主义核心价值观遵守和践行的表现证明；参加社会实践对民族文化遗产的爱护及宣传活动情况，小课题研究、社会实践成果、参观心得、游记等
			社会责任感	一个人对自己、他人、集体、社会、国家所承担的职责、任务和使命	了解公民基本权利和义务较少，不愿意参加社团活动、公益活动和志愿服务，责任感不强	了解公民基本权利义务，自愿参加义工活动、公益活动和志愿服务。能对个人行为负责，但对违背社会公德的现象，不能大胆指出	遵守公共秩序，崇尚社会公德，对违背公德的现象能大胆指出；关注社会，关爱他人，积极参加社团活动、公益活动和志愿服务	关心社会发展，自觉维护社会公德，勇于承担职责、任务和使命；注册为志愿者，坚持长期参加公益活动和志愿服务	参加公益活动和志愿服务的证明（校内外活动）、荣誉证书、捐赠证书等

续上表

一级指标	二级指标	二级指标描述	主要监测点	主要监测点描述	监测标准				佐证材料
					L1	L2	L3	L4	
品德发展水平	3. 理想信念	理想信念是人们对未来的向往和追求，它是支配人们活动的精神动力，主要监测学生在爱国情感、文化认同、社会责任感、人生理想等方面的认知、态度与表现	人生理想	主要指个人通过社会实践在对社会和自我现实及其发展规律认识基础上形成的对自己生活远景的构思和设计	理想模糊，缺乏明确的奋斗目标和积极的行动	对未来充满向往和憧憬，并能付之于行动，但缺乏持久性和坚定性	个人奋斗目标明确，并能为达成目标坚持不懈地努力，但个人理想没有同国家前途、人民利益结合起来	有远大的人生理想、明确的奋斗目标，并脚踏实地努力；勇于接受社会的挑战和祖国的挑选	学期总结、评语（教师的、互评的、自评的）、荣誉证书（三好学生）等

续上表

一级指标	二级指标	二级指标描述	主要监测点	主要监测点描述	监测标准				佐证材料
					L1	L2	L3	L4	
身心发展水平	4. 身体形态机能	身体形态机能包括身体形态、机能和运动中表现出的素质三部分	身体形态	身体形态主要是身体的高矮胖瘦状况，通过身高和体重反映出来	59.9 分及以下为不及格	60.0～79.9 分为及格	80.0～89.9 分为良好	90.0 分及以上为优秀	每学期体育测试结果
			身体机能	身体机能是人体整体及其各组织、器官和系统所表现出的生命活动现象，其水平的高低直接关系到儿童青少年生长发育整体水平的高低	59.9 分及以下为不及格	60.0～79.9 分为及格	80.0～89.9 分为良好	90.0 分及以上为优秀	每学期体育测试结果

续上表

一级指标	二级指标	二级指标描述	主要监测点	主要监测点描述	监测标准				佐证材料
					L1	L2	L3	L4	
身心发展水平	4. 身体形态机能	身体形态机能包括身体形态、机能和运动中表现出的素质三部分	身体素质	身体素质主要体现在身体运动能力上，是人体在运动中所表现出的力量、速度、耐力等身体的基本状态和功能能力	59.9 分及以下为不及格	60.0 ~ 79.9 分为及格	80.0 ~ 89.9 分为良好	90.0 分及以上为优秀	每学期体育测试结果
	5. 健康生活方式	健康生活方式是学生能根据自身条件和可利用资源，制定有利于身心健康和谐发展的各项活动，包括体育锻炼、适当的营养、改变不良习惯和保持心理健康	对健康生活知识的了解	“健康生活”是有益于健康的习惯化的行为方式	三个分量表之和的平均分为 2 分以下，表示对健康和营养知识不关注；严重挑食、偏食、节食和暴饮暴食；睡眠远低于 4 小时。计 6 ~ 6.9 分	三个分量表之和的平均分为 2.1 ~ 3.9 分，表示对健康和营养知识较不关注；较倾向于挑食、偏食、节食和暴饮暴食；睡眠介于 4.1 ~ 6 小时。计 7 ~ 7.9 分	三个分量表之和的平均分为 4 ~ 5.9 分，表示对健康和营养知识较关注；基本不挑食、偏食、节食和暴饮暴食；睡眠介于 6.1 ~ 8 小时。计 8 ~ 8.9 分	三个分量表之和的平均分为 6 分以上，表示对健康和营养知识非常关注，且知识面非常广；膳食平衡，睡眠可达 9 小时。计 9 ~ 10 分	问卷调查（学生自我报告）、学生相关指标的记录表、教师记录表

续上表

一级指标	二级指标	二级指标描述	主要监测点	主要监测点描述	监测标准				佐证材料
					L1	L2	L3	L4	
身心发展水平	5.健康生活方式	健康生活方式是学生能根据自身条件和可利用资源，制定有利于身心健康和谐发展的各项活动，包括体育锻炼、适当的营养、改变不良习惯和保持心理健康	生活卫生习惯	生活卫生习惯主要关注学生生活中的卫生状况，特别是日常清洁、口腔卫生、用眼卫生、青春期卫生、食品卫生和安全、与卫生有关的疾病预防	六个分量表之和的平均分为2分以下，表示不关注也无法保持手、口腔、用眼、青春期和食品卫生及食品安全，不知道这些方面的卫生与安全会关乎呼吸道传染病和肠道传染病的感染。计6~6.9分	六个分量表之和的平均分为2.1~3.9分，表示较不关注、较不可以保持手、口腔、用眼、青春期和食品卫生及食品安全，基本不知道这些方面的卫生与安全会关乎呼吸道传染病和肠道传染病的感染。计7~7.9分	六个分量表之和的平均分为4~5.9分，表示较关注、较可以保持手、口腔、用眼、青春期和食品卫生及食品安全，基本知道这些方面的卫生与安全会关乎呼吸道传染病和肠道传染病的感染。计8~8.9分	六个分量表之和的平均分为6分以上，表示关注、可以保持手、口腔、用眼、青春期和食品卫生及食品安全，知道这些方面的卫生与安全会关乎呼吸道传染病和肠道传染病的感染。计9~10分	问卷调查（学生自我报告）、学生相关指标的记录表、教师记录表
			不良嗜好	不良嗜好主要指不仅会伤害青少年的身体，更对青少年的心灵毒害颇大的行为，包括吸烟、吸毒和酗酒，手机、电子游戏和上网成瘾	六个分量表之和的平均分为2分以下，表示不知吸烟、饮酒、吸毒、网络、手机和电子游戏成瘾的危害，频繁吸烟、饮酒，吸毒，使用网络、手机和电子游戏成瘾者。计6~6.9分	六个分量表之和的平均分为2.1~3.9分，表示较不了解吸烟、饮酒、吸毒、网络、手机和电子游戏成瘾的危害，较频繁地吸烟、饮酒，使用网络、手机和电子游戏较为成瘾者。计7~7.9分	六个分量表之和的平均分为4~5.9分，表示较了解吸烟、饮酒、吸毒、网络、手机和电子游戏成瘾的危害，偶尔吸烟、饮酒，使用网络、手机和电子游戏较不成瘾者。计8~8.9分	六个分量表之和的平均分为6分以上，表示了解吸烟、饮酒、吸毒、网络、手机和电子游戏成瘾的危害，不吸烟、饮酒，合理使用网络、手机，不玩电子游戏。计9~10分	问卷调查（学生自我报告）、学生相关指标的记录表、教师记录表

续上表

一级指标	二级指标	二级指标描述	主要监测点	主要监测点描述	监测标准 L1	监测标准 L2	监测标准 L3	监测标准 L4	佐证材料
身心发展水平	5. 健康生活方式	健康生活方式是学生能根据自身条件和可利用资源，制定有利于身心健康和谐发展的各项活动，包括体育锻炼、适当的营养、改变不良习惯和保持心理健康	参加课外文娱体育活动	“课外文娱和体育活动”与“身体形态机能”和“审美修养”有一定的重叠之处，所以此处主要监测学生参加课外文娱和体育活动的态度，及他们对课外文娱和体育活动益处的认知	本部分与身体形态机能和审美修养有重叠之处，不单独设立监测题				问卷调查（学生自我报告）、学生相关指标的记录表、教师记录表
			对生命的珍爱	“珍爱生命”主要考察与学生生命安全有关的内容，虽然中学生中有吸烟、吸毒和饮酒等涉及生命安全的问题，但是主要还是处于预防阶段	五个分量表之和的平均分为2分以下，表示不能对自己和他人的生命持积极的态度，缺乏保护自我和他人生命及应对外界灾害的知识和技能，缺乏乙肝和艾滋病及其预防的知识和技能，歧视乙肝和艾滋病病毒携带者。计6~6.9分	五个分量表之和的平均分为2.1~3.9分，表示较不能对自己和他人的生命持积极的态度，较缺乏保护自我和他人生命及应对外界灾害的知识和技能，较缺乏乙肝和艾滋病及其预防的知识和技能，较歧视乙肝和艾滋病病毒携带者。计7~7.9分	五个分量表之和的平均分为4~5.9分，表示较可以对自己和他人的生命持积极的态度，较可以保护自我和他人生命及应对外界灾害的知识和技能，较掌握乙肝和艾滋病及其预防的知识和技能，较不歧视乙肝和艾滋病病毒携带者。计8~8.9分	五个分量表之和的平均分为6分以上，表示可以对自己和他人的生命持积极的态度，可以保护自我和他人生命及应对外界灾害的知识和技能，掌握乙肝和艾滋病及其预防的知识和技能，不歧视乙肝和艾滋病病毒携带者。计9~10分	问卷调查（学生自我报告）、学生相关指标的记录表、教师记录表

续上表

一级指标	二级指标	二级指标描述	主要监测点	主要监测点描述	监测标准				佐证材料
					L1	L2	L3	L4	
身心发展水平	6.审美修养	主体在审美活动中必备的基本条件。包括丰富的科学文化知识、独特的审美感受能力和一定的艺术创造才能	艺术活动	艺术活动能对学生进行美育教育；丰富学生的文化生活，陶冶情操，提高文化素养；培养和发挥学生的艺术兴趣和才能	不参加学校/班级在校内/校外组织的艺术活动（社团），不自主地寻找机会参加校内/校外的艺术活动（社团）。计6～6.9分	较少参加学校/班级在校内/校外组织的艺术活动（社团），较少自主地寻找机会参加校内/校外的艺术活动（社团）。计7～7.9分	较多地参加学校/班级在校内/校外组织的艺术活动（社团），较自主地寻找机会参加校内/校外的艺术活动（社团）。计8～8.9分	经常地参加学校/班级在校内/校外组织的艺术活动（社团），非常自主地寻找机会参加校内/校外的艺术活动（社团）。计9～10分	班级纪律记录、学生参加艺术活动的自我介绍
			艺术作品	艺术作品是艺术家通过艺术构思和艺术创作，将头脑中形成的主客体统一的审美意象物态化，创造出的审美鉴赏的对象	不知道艺术作品的特点、种类、内涵、情感表达方式及其背后的历史文化背景。计6～6.9分	比较不了解艺术作品的特点、种类、内涵、情感表达方式及其背后的历史文化背景。计7～7.9分	比较了解艺术作品的特点、种类、内涵、情感表达方式及其背后的历史文化背景。计8～8.9分	非常了解艺术作品的特点、种类、内涵、情感表达方式及其背后的历史文化背景。计9～10分	班级纪律记录、学生参加艺术活动的自我介绍

续上表

一级指标	二级指标	二级指标描述	主要监测点	主要监测点描述	监测标准				佐证材料
					L1	L2	L3	L4	
身心发展水平	6. 审美修养	主体在审美活动中必备的基本条件。包括丰富的科学文化知识、独特的审美感受能力和一定的艺术创造才能	艺术技能	艺术技能是艺术家在艺术创作中对社会生活的观察、体验和审美认识的技能才能	不注重日常生活中的审美表现，不会艺术表现和创作，不会分析评论艺术作品。计6~6.9分	较不注重日常生活中的审美表现，比较不会艺术表现和创作，比较不会分析评论艺术作品。计7~7.9分	较注重日常生活中的审美表现，比较会艺术表现和创作，比较会分析评论艺术作品。计8~8.9分	非常注重日常生活中的审美表现，非常会艺术表现和创作，非常会分析评论艺术作品。计9~10分	班级纪律记录、学生参加艺术活动的自我介绍
	7. 情绪行为调控	情绪行为调控是指学生对自己情绪和行为的掌控程度，包含情绪调节、自我行为的约束和应对方式三个方面	对自己情绪状态的体察和排解情况	情绪调节将通过对学生情绪知觉、情绪评价、情绪控制和情绪调节反思能力的测评来监测	四个分量表之和的平均分为2分以下，表示情绪调节能力非常差，对自己的情绪基本没法掌控。计6~6.9分	四个分量表之和的平均分为2.1~3.9分，表示情绪调节能力较差，对自己的情绪很多时候没法掌控。计7~7.9分	四个分量表之和的平均分为4~5.9分，表示情绪调节能力较好，对自己的情绪在多数情况下能掌控。计8~8.9分	四个分量表之和的平均分为6分以上，表示情绪调节能力非常强，对自己的情绪几乎在所有情况下都能完全掌控。计9~10分	学生自我报告、教师评价、校长评价

续上表

一级指标	二级指标	二级指标描述	主要监测点	主要监测点描述	监测标准				佐证材料
					L1	L2	L3	L4	
身心发展水平	7. 情绪行为调控	情绪行为调控是指学生对自己情绪和行为的掌控程度，包含情绪调节、自我行为的约束和应对方式三个方面	对行为的自我约束情况	自我行为约束指个体有意识地控制自己的冲动行为、抵制满足直接需要和愿望以符合社会的需要，从而达成自己长远目标的过程。观测点则包括控制冲动、抵制诱惑、延迟满足和专注学习四方面	四个分量表之和的平均分为2分以下，表示自我行为约束能力非常差，对自己的行为基本没法约束。计6～6.9分	四个分量表之和的平均分为2.1～3.9分，表示自我行为约束能力较差，对自己的行为很多时候没法约束。计7～7.9分	四个分量表之和的平均分为4～5.9分，表示自我行为约束能力较好，对自己的行为在多数情况下能约束。计8～8.9分	四个分量表之和的平均分为6分以上，表示自我行为约束能力非常强，对自己的行为几乎在所有情况下都能完全约束。计9～10分	学生自我报告、教师评价、校长评价
			应对和克服学习、生活中所遇到的困难与挫折时的表现	中学生应对方式指处于中学阶段的学生个体面对来自生活和学习中的困难、挫折或压力时为了保持心理平衡而采取的策略或手段。初中生应对观测点包括积极应对和消极应对	两个分量表之和的平均分为2分以下，表示应对困难与挫折的能力非常差，在困难和挫折面前手足无措，完全不知道如何应对。计6～6.9分	两个分量表之和的平均分为2.1～3.9分，表示应对困难与挫折的能力较差，面对困难和挫折时通常都不知道如何应对。计7～7.9分	两个分量表之和的平均分为4～5.9分，表示应对困难与挫折的能力较好，面对困难与挫折时通常都能从容地应对。计8～8.9分	两个分量表之和的平均分为6分以上，表示应对困难与挫折的能力非常强，遇到困难与挫折时完全能很好地应对。计9～10分	学生自我报告、教师评价、校长评价

续上表

一级指标	二级指标	二级指标描述	主要监测点	主要监测点描述	监测标准 L1	监测标准 L2	监测标准 L3	监测标准 L4	佐证材料
身心发展水平	8. 人际沟通	人际沟通，即人际交往，是指个体通过一定的语言、文字、动作或表情等表达手段将某种信息传递给其他个体的过程	亲子关系	亲子关系指父母与子女间的相互关系。衡量亲子关系的两个重要维度为：亲子冲突和亲子亲合	两个分量表之和的平均分为2分以下，表示亲子关系非常恶劣，父母与子女之间几乎难以成功地沟通。计6~6.9分	两个分量表之和的平均分为2.1~3.9分，表示亲子关系较差，父母与子女之间较少有成功的交流与沟通。计7~7.9分	两个分量表之和的平均分为4~5.9分，表示亲子关系较好，父母与子女的交流与沟通较畅顺。计8~8.9分	两个分量表之和的平均分为6分以上，表示亲子关系非常好，父母与子女的关系如好朋友般完全信任，互相之间的交流与沟通非常畅顺。计9~10分	学生自我报告、教师评价、校长评价
			同伴关系	同伴关系是指年龄相同或相近的儿童之间的一种共同活动并相互协作的关系，或者主要指同龄人间或心理发展水平相当的个体间在交往过程中建立和发展起来的一种人际关系。同伴关系的观测点分为亲密关系、共同活动两个维度	两个分量表之和的平均分为2分以下，表示同伴关系非常恶劣，同伴之间几乎难以成功地沟通。计6~6.9分	两个分量表之和的平均分为2.1~3.9分，表示同伴关系较差，同伴之间较少有成功的交流与沟通。计7~7.9分	两个分量表之和的平均分为4~5.9分，表示同伴关系较好，同伴之间的交流与沟通较畅顺。计8~8.9分	两个分量表之和的平均分为6分以上，表示同伴关系非常好，同伴之间完全信任，互相之间的交流与沟通非常畅顺。计9~10分	学生自我报告、教师评价、校长评价

续上表

一级指标	二级指标	二级指标描述	主要监测点	主要监测点描述	监测标准				佐证材料
					L1	L2	L3	L4	
身心发展水平	8.人际沟通	人际沟通，即人际交往，是指个体通过一定的语言、文字、动作或表情等表达手段将某种信息传递给其他个体的过程	师生关系	师生关系，是指教师和学生在教育教学过程中，通过相互影响和作用而形成和建立起来的一种特殊的人际关系。师生关系主要体现在师生冲突和师生和谐两个维度	两个分量表之和的平均分为2分以下，表示师生关系非常恶劣，教师与学生之间几乎难以成功地沟通。计6～6.9分	两个分量表之和的平均分为2.1～3.9分，表示师生关系较差，教师与学生之间较少有成功的交流与沟通。计7～7.9分	两个分量表之和的平均分为4～5.9分，表示师生关系较好，教师与学生的交流与沟通较畅顺。计8～8.9分	两个分量表之和的平均分为6分以上，表示师生关系非常好，教师与学生的关系如好朋友般，互相之间的交流与沟通非常畅顺。计9～10分	学生自我报告、教师评价、校长评价
			社会适应	社会适应在社会心理学中叫社会适应行为或社会适应能力，一般统称适应行为。社会适应行为的观测点分为亲社会行为和违规行为两个维度	两个分量表之和的平均分为2分以下，表示社会适应行为非常差。计6～6.9分	两个分量表之和的平均分为2.1～3.9分，表示社会适应行为较差。计7～7.9分	两个分量表之和的平均分为4～5.9分，表示社会适应行为较好。计8～8.9分	两个分量表之和的平均分为6分以上，表示社会适应行为非常好。计9～10分	学生自我报告、教师评价、校长评价

续上表

一级指标	二级指标	二级指标描述	主要监测点	主要监测点描述	监测标准				佐证材料
					L1	L2	L3	L4	
身心发展水平	8.人际沟通	人际沟通，即人际交往，是指个体通过一定的语言、文字、动作或表情等表达手段将某种信息传递给其他个体的过程	自尊自信	自尊是指个体自我评价的结果以及由此而产生的情感。自尊的观测点分别是：学习自尊、社会自尊和身体自尊	三个分量表之和的平均分为2分以下，表示自尊很低，对自己完全不认同。计6~6.9分	三个分量表之和的平均分为2.1~3.9分，表示自尊较低，对自己不怎么认同。计7~7.9分	三个分量表之和的平均分为4~5.9分，表示自尊较高，对自己比较认同。计8~8.9分	三个分量表之和的平均分为6分以上，表示自尊非常高。计9~10分	学生自我报告、教师评价、校长评价
			尊重他人	尊重他人指评价一个不同于自身的个体，并把这个人看作一个独特的整体，认识到他的自身价值。尊重他人的观测点包括：尊重观念和尊重行为	两个分量表之和的平均分为2分以下，表示尊重他人得分很低，完全不懂得尊重他人。计6~6.9分	两个分量表之和的平均分为2.1~3.9分，表示尊重他人得分较低，对他人不怎么尊重。计7~7.9分	两个分量表之和的平均分为4~5.9分，表示尊重他人得分较高，对他人比较尊重。计8~8.9分	两个分量表之和的平均分为6分以上，表示尊重他人的得分非常高，日常里非常尊重他人。计9~10分	学生自我报告、教师评价、校长评价

续上表

一级指标	二级指标	二级指标描述	主要监测点	主要监测点描述	监测标准				佐证材料
					L1	L2	L3	L4	
兴趣特长养成	9. 好奇心、求知欲	学生对学科知识，社会现象、自然现象的关心程度，及在上述领域进行深入思考、探究意欲的自我评价	对学科知识的观察、思考和探究	包括语文与数学两个学科	缺乏对语文、数学学科的学习兴趣	对语文、数学学科的学习有一定的兴趣	在语文、数学学科方面有较强的学习兴趣和一定的探究欲望	在语文、数学学科方面有浓厚的学习兴趣和强烈的探究欲望	1. 教师评价、家长评价、同伴评价 2. 学生日常学科学习表现、相关考试成绩、测试结果等的记录 3. 学生参加各类社团、讲座等的记录
			对社会现象的观察、思考和探究	包括历史文化、周围事物及环境、国内外事件等方面	缺乏对各种社会现象的兴趣	对某些社会现象有一定的兴趣	不仅对各种社会现象有着广泛的兴趣，还对其发生的原因感兴趣	喜欢了解各种社会现象，思考、探究其发生的原因及各种现象之间的关系	
			对自然现象的观察、思考和探究	包括动植物、人体、大自然等方面	缺乏对各种自然现象的兴趣	对某些自然现象有一定的兴趣	喜欢观察了解各种自然现象，思考其发生原因	喜欢了解、观察各种自然现象，思考、探究其发生的原因、规律	

续上表

一级指标	二级指标	二级指标描述	主要监测点	主要监测点描述	监测标准 L1	监测标准 L2	监测标准 L3	监测标准 L4	佐证材料
兴趣特长养成	10.爱好特长	学生在文学、科学、体育、艺术方面的兴趣养成状况，及对上述领域擅长程度的自我评价	文学领域的发展状况和结果	包括阅读与写作两个方面	缺乏文学方面的爱好	在文学的某些方面有一定的爱好	对文学有浓厚的兴趣和广泛的爱好	对文学有浓厚的兴趣，并在文学方面有一定的特长	4. 学生在各级各类竞赛中获奖情况的记录 5. 学生的各类作品、投稿、发表等的记录 6. 学生体能素质、心理素质等的监测记录
			科学领域的发展状况和结果	包括机械、电子生物等方面	缺乏科学方面的爱好	有一定的科学方面的爱好	对科学有着浓厚的兴趣和广泛的爱好	对科学有浓厚的兴趣，并在科学方面有一定的特长	
			体育领域的发展状况和结果	包括日常运动、田径、游泳、球类运动等方面	缺乏体育方面的爱好	对体育活动和体育运动有一定的爱好	喜欢参加体育活动与体育运动，体育方面的爱好较为广泛	喜欢参加体育活动与体育运动，并有某些体育方面的特长	
			艺术领域的发展状况和结果	包括绘画、书法、乐器、表演等方面	缺乏艺术方面的爱好	有一定的艺术方面的爱好	喜欢参加各种艺术活动，对艺术有着浓厚的兴趣和广泛的爱好	喜欢参加各种艺术活动，对艺术有着浓厚的兴趣，并有某些艺术方面的特长	

续上表

一级指标	二级指标	二级指标描述	主要监测点	主要监测点描述	监测标准				佐证材料
					L1	L2	L3	L4	
兴趣特长养成	11. 潜能发展	学生在学科学业、科技创新、体育艺术、组织管理方面素质养成的状况，及在上述方面进一步发展的潜力的自我评价	在学科学业方面的突出素质和进一步发展能力	包括学习意欲、基础能力、实践能力、耐力等方面	在学科学习上缺乏良好的素质，进一步发展的潜力较小	在学科学习上具备部分良好的素质，有一定的发展潜力	在学科学习上具备良好的素质，有较大的发展潜力	在学科学习上具备突出的素质，有很大的进一步发展潜力	7. 学生在学校各项活动中表现的记录 8. 学生参加各种培训、课后班情况的记录
			在科技创新方面的突出素质和进一步发展能力	包括创新欲望、思考能力、实践能力、耐力等方面	缺乏在科技创新方面的素质，进一步发展的潜力较小	具备某些科技创新方面的素质，有一定的发展潜力	具备良好的科技创新方面的素质，有较大的发展潜力	在科技创新方面具备突出的素质，有很大的进一步发展潜力	
			在体育艺术方面的突出素质和进一步发展能力	包括兴趣、基础身体素质、自信力、耐力等方面	缺乏在体育、艺术方面发展的基本素质，进一步发展的潜力较小	在体育、艺术方面有一定的素质，具有进一步发展的潜力	具备良好的体育、艺术方面的素质，有较大的发展潜力	在体育、艺术方面具备突出的素质，有很大的进一步发展潜力	
			在组织管理方面的突出素质和进一步发展能力	包括表达能力、协调能力、组织领导能力等方面	缺乏在组织管理方面的素质，进一步发展的潜力较小	具备某些组织管理方面的素质，有一定的发展潜力	具备良好的组织管理方面的素质，有较大的发展潜力	在组织管理方面具备突出的素质，有很大的进一步发展潜力	

续上表

一级指标	二级指标	二级指标描述	主要监测点	主要监测点描述	监测标准				佐证材料
					L1	L2	L3	L4	
学业负担状况	12.学习时间	通过调查学生的上课时间、课外作业时间、补课时间和睡眠时间来反映当前学生的学业负担状况	上课时间	学生每天在学校用于教育教学活动的时间（寄宿学校的晚自习时间为课外作业时间）	得分 = 4 的学校数在全体学校数中的占比为 P < 40%	得分 = 4 的学校数在全体学校数中的占比为 40% ≤ P < 50%	得分 = 4 的学校数在全体学校数中的占比为 50% ≤ P < 60%	得分 = 4 的学校数在全体学校数中的占比为 P ≥ 60%	学校的课程总表、班级的课程表和调查问卷
			作业时间	学生每天完成学校教师布置的作业时间和家长或他人布置的家庭作业的时间	得分 = 4 的学生数在全体学生数中的占比为 P < 40%	得分 = 4 的学生数在全体学生数中的占比为 40% ≤ P < 50%	得分 = 4 的学生数在全体学生数中的占比为 50% ≤ P < 60%	得分 = 4 的学生数在全体学生数中的占比为 P ≥ 60%	
			补课时间	学生周一到周五的课余补课时间、平时双休日补课的时间和寒暑假参加课外辅导班的情况	得分 = 4 的学生数在全体学生数中的占比为 P < 40%	得分 = 4 的学生数在全体学生数中的占比为 40% ≤ P < 50%	得分 = 4 的学生数在全体学生数中的占比为 50% ≤ P < 60%	得分 = 4 的学生数在全体学生数中的占比为 P ≥ 60%	
			睡眠时间	学生每天的睡眠时间	得分 = 4 的学生数在全体学生数中的占比为 P < 40%	得分 = 4 的学生数在全体学生数中的占比为 40% ≤ P < 50%	得分 = 4 的学生数在全体学生数中的占比为 50% ≤ P < 60%	得分 = 4 的学生数在全体学生数中的占比为 P ≥ 60%	

续上表

一级指标	二级指标	二级指标描述	主要监测点	主要监测点描述	监测标准				佐证材料
					L1	L2	L3	L4	
学业负担状况	13.课业难度	学生在学习过程中对完成学习任务难易程度的心理感受，主要表现为上课、作业、考试等是否超过学生的理解能力与学习基础	课堂教学的难易程度	从能否听懂课、回答教师问题的正确率、对不同学习目标层次（记忆、理解、运用、应用等）的达成度考察	全体学生平均分在2.5~3.0分之间的占比少于40%	全体学生平均分在2.5~3.0分之间的占比为40%~49%	全体学生平均分在2.5~3.0分之间的占比为50%~59%	全体学生平均分在2.5~3.0分之间的占比大于或等于60%	学生自我评价意见（课堂教学难度）
			作业（课内、课外）的难易程度	从完成作业难易程度整体感受，以及知识模块、学习目标层次的达成度考察	全体学生平均分在2.5~3.0分之间的占比少于40%	全体学生平均分在2.5~3.0分之间的占比为40%~49%	全体学生平均分在2.5~3.0分之间的占比为50%~59%	全体学生平均分在2.5~3.0分之间的占比大于或等于60%	学生自我评价意见（作业难度）
			考试（测验）的难易程度	从对考试（测验）难易程度总体感受，以及得分情况、知识模块等方面考察	各科目的考试难度在A级或E级的占比超过50%	各科目的考试难度在B级或D级的占比等于或大于50%	各科目的考试难度在C级的占比等于或大于50%	各科目的考试难度在C级的占比等于或大于60%	各科考试和测验的试卷（抽样）

续上表

一级指标	二级指标	二级指标描述	主要监测点	主要监测点描述	监测标准				佐证材料
					L1	L2	L3	L4	
学业负担状况	14.学习压力	学习者对超出自己应对能力或可能威胁到自身学习内外环境要求的反应或感受	在学习过程中表现出的情绪反应	学生在不同学习过程（上课、做作业、考试）中表现出的主观情绪感受，主要分为积极情绪（如愉悦、兴奋等）和消极情绪（如沮丧、痛苦等）	得分≥3.5 分的学生人数在全体学生人数中的占比为 P＜40%	得分≥3.5 分的学生人数在全体学生人数中的占比为 40%≤P＜50%	得分≥3.5 分的学生人数在全体学生人数中的占比为 50%≤P＜60%	得分≥3.5 分的学生人数在全体学生人数中的占比为 P≥60%	学生自我评价意见（学习过程中的情绪反应）
			在学习过程中表现出的心理状态	学生在不同学习过程（上课、做作业、考试）中表现出的压力感受，压力感受过大或过小，都不利于学习，压力感受适中能够促进学习	得分在 2.5≤F＜3.5 分的学生人数在全体学生人数中占比为 P＜40%	得分在 2.5≤F＜3.5 分的学生人数在全体学生人数中占比为 40%≤P＜50%	得分在 2.5≤F＜3.5 分的学生人数在全体学生人数中占比为 50%≤P＜60%	得分在 2.5≤F＜3.5 分的学生人数在全体学生人数中占比为 P≥60%	学生自我评价意见（学习过程中的压力感受）

续上表

一级指标	二级指标	二级指标描述	主要监测点	主要监测点描述	监测标准 L1	监测标准 L2	监测标准 L3	监测标准 L4	佐证材料
影响因素	15. 校长专业发展水平	校长专业发展是指校长的内在专业结构不断更新、演进和丰富的过程	学校发展规划	对学校未来3~5年发展做出系统综合的整体安排，学校成员对学校发展状况进行系统分析与诊断，发现自身优势、困难与不足，根据发展形势，确定学校在未来一定时期内发展目标与任务，不断探索学校的发展策略，进一步挖掘自身潜能，持续改进教育教学质量而进行的管理行动	基本熟悉国家的法律法规、教育方针政策和学校管理的规章制度，熟悉学校发展的基本情况，了解国内外学校改革发展的基本趋势，掌握学校发展规划制定的方法，能够制定学校发展规划	熟悉国家的法律法规、教育方针政策和学校管理的规章制度，全面掌握学校发展的基本情况，把握国内外学校改革发展的基本趋势，掌握学校发展规划制定的方法，形成明确的办学定位，能够尊重学校传统和学校实际制定学校发展规划	能够有效判断学校发展现状，及时发现和研究分析学校发展面临的主要问题，能够充分发挥一切智慧力量，组织社区、家长、教师、学生多方参与制定学校发展规划，形成学校战略发展规划，并且能够基本落实学校发展规划	能够制订学年、学期工作计划，指导教职工制定具体行动方案，提供人、财、物等条件支持，保障学校发展规划的落实，并且能够监测学校发展规划的实施，根据实施情况，及时发现和研究分析学校发展面临的主要问题，不断修正学校发展规划，调整工作计划，完善行动方案	学校中长期发展规划文本及过程性材料；学校年度或学期工作计划；学校年度或学期工作总结等相关材料

续上表

一级指标	二级指标	二级指标描述	主要监测点	主要监测点描述	监测标准				佐证材料
					L1	L2	L3	L4	
影响因素	15.校长专业发展水平	校长专业发展是指校长的内在专业结构不断更新、演进和丰富的过程	学校文化建设	学校文化建设是在校长主导下，学校在长期的发展过程中所形成的价值观、群体意识、道德规范、行为准则、特色、管理风格及传统习惯的总和	了解校园文化建设，掌握促进校园文化融入教学教育的方法和途径，掌握不同年龄阶段学生思想品德形成和健康心理发展的特点与规律，了解学生思想与品行养成过程及其教育方法，能够将学校文化建设作为学校德育工作的重要方面	熟悉校园文化建设的基本理论及促进优秀文化融入学校教育的方法途径，重视学校文化潜移默化的教育功能，把文化育人作为办学治校的重要内容与途径，热爱祖国优秀传统文化，充分发挥优秀传统文化的时代意义与教育价值，重视地域文化的重要作用，能够尽可能创设各种情境与机会，让管理者、教师、学生都能得到发展，各得其所，激发他们的创新潜力	能够精心营造人文氛围，能够根据不同年龄阶段学生思想品德形成和健康心理发展的特点与规律，对学生品格形成进行正确引导。能够凝聚学校文化建设力量，发挥教师、学生及社团的主体作用。重视学生对文化建设的参与，能够依据学生文化的多系列性，选择不同年龄段学生文化建设的重点，依据学生文化的多形态性，重视学科课程文化资源的开发	创造性地开展校园文化建设活动，能够建设优良的校风、教风、学风，设计体现学校特点和教育理念的校训、校歌、校徽、校标等，精心设计和组织艺术节、科技节等校园文化活动，充分利用重大节庆日、传统节日等有特殊意义的日子以及学校组织特有的仪式，开展主题教育活动。能够建设绿色健康的校园信息网络，向师生推荐优秀的精神文化作品和先进模范人物，同时积极防范不良的流行文化、网络文化和学校周边环境对学生的负面影响。发挥教师、学生及社团的主体作用，为共青团、少先队、学生社团、班集体活动开展提供必要条件，保证活动时间	由学校提供校训、校歌、校徽；学校的各类行为准则规章制度；学校的艺术节、科技节等校园文化活动资料；学生社团活动资料；学校各类主题教育活动资料

续上表

一级指标	二级指标	二级指标描述	主要监测点	主要监测点描述	监测标准				佐证材料
					L1	L2	L3	L4	
影响因素	15.校长专业发展水平	校长专业发展是指校长的内在专业结构不断更新、演进和丰富的过程	课程教学领导	校长为了实现学校教育教学目标对学校课程及教学实施的一系列领导行为，如规划学校课程教学发展，管理课程教学，视导和评鉴教学，促进教师专业成长和学生学习进步，提供教学支持系统和发展教学文化等，从而达到促进教师专业发展和学生综合素质提升的动态过程	掌握课程标准，了解课程编制、课程开发与实施、课程评价的相关知识，以及教材与教辅使用的政策，了解课堂教学以及教育信息技术应用的一般原理与方法。落实义务教育课程标准。切实减轻学生过重课业负担，不片面追求学生考试成绩和升学率	熟悉课程编制、课程开发与实施、课程评价的相关知识、教材与教辅使用政策以及国内外课程教学改革的经验，掌握课堂教学以及教育信息技术应用的原理与方法，落实国家课程、地方课程，有序组织教学过程，能够落实教学常规管理。落实义务教育课程标准。切实减轻学生课业负担，不片面追求学生考试成绩和升学率	遵循学生身心发展特点及教育教学规律，制订科学的课程计划，有效统筹国家、地方、学校三级课程，落实义务教育课程标准，因地制宜开发地方和学校课程，有效推动校本课程的实施，为学生提供丰富多样的课程教学资源。关注课程实施的全过程，强化课堂教学环节的有效设计，建立有效的听课与评课等教学改进及评价制度，积极推进教学改革与创新。切实减轻学生过重课业负担，不片面追求学生考试成绩和升学率	遵循学生身心发展特点及教育教学规律，制订科学的课程计划，有效统筹国家、地方、学校三级课程，确立课程评价体系，因地制宜开发地方和学校课程，有效推动校本课程的实施，为学生提供丰富多样的课程教学资源。能够根据具体学生的情况，对学生学习进行过程性评价，实施素质教育，合理安排学生体育、音乐、美术及少先队活动，确保学生每天一小时校园体育活动。建立科学的教学评价制度及听课与评课制度，组织并亲自参与听课评课活动，运用科学的评价方法，对教师的教学进行科学评价，对存在问题进行实际指导，促进教师有效改进教学。切实减轻学生过重课业负担，不片面追求学生考试成绩和升学率	学校课程表；校本课程开发相关资料（包括校本课程教材、校本课程开发机制制度等）；常规教学工作计划及安排（包括集体备课、共同研课、听课评课、公开课示范课、同课异构、教案学案等相关制度或资料）；学校教学改革相关资料等

续上表

一级指标	二级指标	二级指标描述	主要监测点	主要监测点描述	监测标准				佐证材料
					L1	L2	L3	L4	
影响因素	15.校长专业发展水平	校长专业发展是指校长的内在专业结构不断更新、演进和丰富的过程	校本研修组织	校本研修组织是以本校教师为主体、学校为主导，校长根据教师的专业发展需求，制定校本研修制度，组织校本研修活动，通过专题讲座、现场诊断、听评课等多种研修方式，激励教师自主参与，从而获得专业提升的一项活动	明确校长是校本研修的第一责任人，支持教师开展教育教学研究。落实每位教师五年一周期不少于360学时的培训要求	明确校长是校本研修的第一责任人，掌握校本研修理论以及指导教师开展教育教学实践与研究的方法，能够把握教师职业发展要求，指导教师根据自身发展特点制订专业发展计划，并给予专业指导。落实每位教师五年一周期不少于360学时的培训要求	校本研修制度健全。落实每位教师五年一周期不少于360学时的培训要求。建立校本研修领导小组，组织教师形成学校校本研修学年计划和三年规划，用共同目标引领教师进行校本研修；能够身体力行地和教师共同开展教学研究，通过调查、宣传、学习、讨论、交流等方式对教师加以引导，引领教师专业成长	能够创造性地开展校本研修，校本研修制度完善并能根据实际需要与时俱进，科学合理地评估教师校本研修进展情况。建立教师个人校本研修档案，积极调动教师教研工作的积极性和主动性。能够对每学期的校本研修至少总结两次，对教研内容、过程、方法、成绩、问题做细致分析，鼓励先进、鞭策后进，在学校教育教学中应用和推广取得成效。落实每位教师五年一周期不少于360学时的培训要求	校本研修计划及总结资料；校本研修、校本培训工作计划及实施情况（包括教师的经验交流、教学改进、理论学习、参观学习等情况）；教师个人专业发展计划；教师参加培训情况及专业成果材料（论文、课题、反思笔记、研究博客等）

续上表

一级指标	二级指标	二级指标描述	主要监测点	主要监测点描述	监测标准				佐证材料
					L1	L2	L3	L4	
影响因素	15.校长专业发展水平	校长专业发展是指校长的内在专业结构不断更新、演进和丰富的过程	内部管理优化	内部管理优化是指校长对学校内部全面工作的科学管理，包括对人、财、物、时间、信息等的管理	了解学校人事财务、资产后勤、校园网络、安全保卫与卫生健康等管理实务，基本把握国家相关政策对校长的职责定位和工作要求，了解学校管理的基本方法，做到依法治校，以德立校	熟悉学校人事财务、资产后勤、校园网络、安全保卫与卫生健康等管理实务，根据国内外学校管理的变化趋势及学校管理的基本理论与方法，建立结构合理的学校领导班子，建立较为完善的学校人事、财务、资产管理等规章制度，对学校进行规范化管理	能够优化学校管理层人员配置，建立凝聚力强的学校领导班子，建立科学的教职工绩效考核办法和教职工代表大会制度，有效调动教师参与工作和学校管理的积极性、主动性。建立学校各种应急管理机制，实施一些安全演练，基本能够正确应对和妥善处置学校突发事件	学校内部管理科学规范，治理结构完善。能够建立科学的教职工绩效考核办法和教职工代表大会制度，有效实施教师各项奖励制度，充分调动教师参与学校管理的积极性。积极打造平安校园，建立完善的应急管理机制，完全能够正确应对和妥善处置学校突发事件	学校章程、学校人事、财务、资产管理等规章制度及各种常规管理制度；学校领导职责与分工表；岗位设置审核表；教师考勤表；教职工大会签到表；教职工绩效考核办法；教职工代表大会制度；专职保安人员数量；各类应急管理机制；安全规章；安全告知书

续上表

一级指标	二级指标	二级指标描述	主要监测点	主要监测点描述	监测标准				佐证材料
					L1	L2	L3	L4	
影响因素	15.校长专业发展水平	校长专业发展是指校长的内在专业结构不断更新、演进和丰富的过程	外部环境调适	校长充分调动学校外部资源，有效协调学校与家庭、社会（社区）的关系，激发学校外部教育环境和完善教育支持平台，促进教育主体间的沟通，为学生的教育创造丰富的契机和资源，提升学校公信力和保持学校可持续发展，并积极发挥学校在社区建设中的作用	具有合作共赢的理念，了解学校公共关系、学校与家庭和社会交流合作的理论与方法，能够开展校外合作与交流活动	具有合作共赢的理念，掌握一定的学校公共关系、学校与家庭和社会交流合作的理论与方法，能够有效组织学校与家庭、社会（社区）的互动，熟悉各级各类社会公共服务机构的教育功能，会争取社会（社区）的教育资源对学校教育的支持	能够用实际行动获取社会（社区）的教育资源对学校教育的支持。主动与所在社区、学生家长建立联系，了解所在社区、学生家庭的基本情况，获取与学生成长、学校发展相关的信息；会建立家长委员会制度和家校合作育人机制，指导和帮助家长了解学校工作情况和学生学习情况，共同促进学生综合素质的提升	能够有效贯彻合作共赢的理念，创新校外合作交流方法，实现学校与家庭、社会（社区）的良性互动。能够在各种校外教育资源之间进行比较，选择有效促进学校发展和学生综合素质提升的资源。创新家长会、家长学校、家长开放日形式，与所在社区、学生家长建立经常性联系；充分利用学校人才、知识、技术设备的信息集散地的优势，积极发挥学校在社区建设和发展中的作用	家长委员会会议记录；家长会签到表；家长委员会管理办法；家校合作计划、总结及各类相关材料；图书馆读者登记记录；校外实践活动记录表；外来人员使用教室记录；学生参与社会公益活动记录等

续上表

一级指标	二级指标	二级指标描述	主要监测点	主要监测点描述	监测标准 L1	监测标准 L2	监测标准 L3	监测标准 L4	佐证材料
影响因素	16.教师课程实施状况	教师课程实施状况是指教师在课堂教学中实际实施课程的情况，它既体现了教师对课程的理解，也体现了教师在课堂上对课程的实际动作，是教师“理解的课程”与“运作的课程”的统一。它具体包括教师对课程资源的开发与利用、教学设计与实施、对学生学习的评价与反馈以及用于教学的时间等方面	课程资源开发与利用	包括三个方面：第一，教师对课程资源的态度和看法；第二，课程资源开发与利用的创新性，监测教师在开发及利用课程资源时，是否有创新思维和创新方法；第三，课程资源利用是否产生了实际功效，既要监测教师教的效用，又要监测学生学的效用	教师对课程资源了解甚少，具体内涵为何尚不清楚；教师很少开发过除教材以及课程标准以外的课程资源；教师教学和学生学习内容及方式因循守旧，缺乏生气	教师对课程资源有一定了解；教师偶尔开发新的课程服务教学，且有了创新意识；教师对课程资源的开发与利用，一定程度上改善了教师教学和学生学习的效果	教师对课程资源了解较多；教师积极进行课程资源的开发与利用，灵活使用教材、网络等课程资源；教师开发的课程资源，较为贴合教学目标和内容，对学生和自身都产生了良好的效益	教师对课程资源了解深入；教师能灵活使用教材，积极利用各种手段开发课程资源，强调信息资源的利用，并能开辟新的课程资源；课程资源的使用，非常贴近课程目标和课程内容，改变了传统的教材中心、教师中心模式，活跃了学习氛围，提高了学习效率	

续上表

一级指标	二级指标	二级指标描述	主要监测点	主要监测点描述	监测标准				佐证材料
					L1	L2	L3	L4	
影响因素	16.教师课程实施状况	教师课程实施状况是指教师在课堂教学中实际实施课程的情况，它既体现了教师对课程的理解，也体现了教师在课堂上对课程的实际动作，是教师“理解的课程”与“运作的课程”的统一。它具体包括教师对课程资源的开发与利用、教学设计与实施、对学生学习的评价与反馈以及用于教学的时间等方面	教学设计与实施	包括三个方面：第一，教师对教学目标的落实和对学科教学内容的掌握情况；第二，教师对学情的掌握情况，重点监测评价教师对学生学习反应的预设和诊断，以及对学生学习困难的了解；第三，教师对教学活动的设计与实施情况，重点监测评价教师对教学活动的设计，对教学内容的阐释和对学生学习参与的激发	未能全面落实教学目标，对学科教学内容掌握较弱；未能准确预设和诊断学生的学习反应，不十分了解学生的学习困难；设计的教学活动不适宜，对教学内容的阐释不够清晰易懂，不能有效地激发学生的学习参与	基本能够落实教学目标和掌握学科教学内容；基本能够预设和诊断学生的学习反应，了解学生的学习困难；设计的教学活动基本合适，对教学内容的阐释尚清晰易懂，基本能够激发学生的学习参与	能够比较全面地落实教学目标，较好地掌握学科教学内容；能比较准确地预设和诊断学生的学习反应，较好地了解学生的学习困难；设计的教学活动比较合适，能比较清晰易懂地阐释教学内容，较好地激发学生的学习参与	能够全面落实教学目标，通透掌握学科教学内容；准确预设和诊断学生的学习反应，了解学生的学习困难；设计的教学活动适合性强，教学内容的阐释清晰易懂，能够有效地激发学生的学习参与	

续上表

一级指标	二级指标	二级指标描述	主要监测点	主要监测点描述	监测标准				佐证材料
					L1	L2	L3	L4	
影响因素	16.教师课程实施状况	教师课程实施状况是指教师在课堂教学中实际实施课程的情况，它既体现了教师对课程的理解，也体现了教师在课堂上对课程的实际动作，是教师"理解的课程"与"运作的课程"的统一。它具体包括教师对课程资源的开发与利用、教学设计与实施、对学生学习的评价与反馈以及用于教学的时间等方面	学生学习评价与反馈	包括三个方面：第一，教师对学生学习评价的认识，重点监测教师是否熟知学习评价的内涵，明确学习评价的目的。第二，教师对学生进行学习评价的主要做法。重点监测教师是否落实评价主体多元化，明确评价内容全面化以及选择评价方法多样化。第三，教师对学生学习评价结果的分析与处理，重点监测教师是否能够运用评价结果进行总结与评定、改进与完善	学生学习评价理念较为落后，并不清楚理解和认识学习评价的内涵和目的；基本没有落实多元主体评价；基本没有对学生在知识与技能、过程与方法、情感态度与价值观三维目标等方面进行全面评价；基本没有采用多样化的评价方法；没有通过科学、规范的数据统计与分析方法对评价结果进行分析与处理；没有利用数据分析结果，总结和评定学生的学习状况，达到激励学生学习和改善教师教学目的	基本拥有较为先进的学生学习评价理念，基本能够理解和认识学习评价的内涵和目的；基本能够落实多元主体评价；基本能够对学生在知识与技能、过程与方法、情感态度与价值观三维目标等方面进行全面的评价；基本能够采用多样化的评价方法；基本能够通过科学、规范的数据统计与分析方法对评价结果进行分析与处理；基本能够利用数据分析结果，总结和评定学生的学习状况，达到激励学生学习和改善教师教学的目的	拥有较为先进的学生学习评价理念，能够较好地理解和认识学习评价的内涵和目的；能够落实多元主体评价；能够对学生在知识与技能、过程与方法、情感态度与价值观三维目标等方面进行全面的评价；能够采用多样化的评价方法；能够通过科学、规范的数据统计与分析方法对评价结果进行分析与处理；能够利用数据分析结果，总结和评定学生的学习状况，达到激励学生学习和改善教师教学的目的	拥有先进的学生学习评价理念，完全能够理解和认识学习评价的内涵和目的；完全能够落实多元主体评价；完全能够对学生在知识与技能、过程与方法、情感态度与价值观三维目标等方面进行全面的评价；完全能够采用多样化的评价方法；完全能够通过科学、规范的数据统计与分析方法对评价结果进行分析与处理；完全能够利用数据分析结果，总结和评定学生的学习状况，达到激励学生学习和改善教师教学的目的	

续上表

一级指标	二级指标	二级指标描述	主要监测点	主要监测点描述	监测标准				佐证材料
					L1	L2	L3	L4	
影响因素	16.教师课程实施状况	教师课程实施状况是指教师在课堂教学中实际实施课程的情况，它既体现了教师对课程的理解，也体现了教师在课堂上对课程的实际动作，是教师“理解的课程”与“运作的课程”的统一。它具体包括教师对课程资源的开发与利用、教学设计与实施、对学生学习的评价与反馈以及用于教学的时间等方面	教师教学时间与工作时间	包括两个方面：第一，教师工作时间总量，主要包括教学时间、教学支持时间以及行政和辅助工作时间三个方面；第二，教师工作时间分配，重点监测教学时间、制订教学计划与备课时间、教学评价时间以及行政和辅助工作时间占教学工作时间总量的比例	教师工作时间总量少于40小时，教学工作时间分配为差；或者教师工作时间总量少于40小时，教学工作时间分配为中；或者教师工作时间总量为40～45小时，教师工作时间分配为差	教师工作时间总量为45～50小时，教学工作时间分配为中或差；或者教师工作时间总量少于45小时，但是教师工作时间分配为良；或者教师工作时间总量为40～45小时，教学工作时间分配为中	教师工作时间总量达到50小时或以上，教学工作时间分配为中或差；或者教师工作时间总量少于45小时，但是教师工作时间分配为优；或者教师工作时间总量为45～50小时，教学工作时间分配为良	教师工作时间总量达到50小时或以上，教学工作时间分配为优；或者教师工作时间总量达到50小时或以上，教师工作时间分配为良；或者教师工作时间总量为45～50小时，教学工作时间分配为优	

续上表

一级指标	二级指标	二级指标描述	主要监测点	主要监测点描述	监测标准				佐证材料
					L1	L2	L3	L4	
影响因素	17. 学生家庭及社会因素	来源于家庭及社会的，对学生学习水平有影响的因素	父母受教育程度	父母各方达到的最高学历程度	父亲最高学历是小学及以下	父亲最高学历是初中	父亲最高学历是高中、中职	父亲最高学历是大学、大专及以上	学生自评报告
					母亲最高学历是小学及以下	母亲最高学历是初中	母亲最高学历是高中、中职	母亲最高学历是大学、大专及以上	
			家庭收入	家庭收入是在一定时期内（通常为1年）所有家庭成员的全部收入，包括工资性收入、经营净收入、财产性收入和其他收入，不包括出售财物和借贷收入	贫困家庭：家庭年收入3万元以下，无自有住房或房子非常破旧，家用电器不能满足基本生活需求，基本无存款或有价证券，无外出旅游，勉强解决温饱问题	低收入家庭：家庭年收入3～8万元，有自有住房或较为稳定的居住条件，家用电器基本满足家庭生活需求，有少量存款或有价证券，极少外出旅游	小康家庭：家庭年收入8～30万元，有自有住房且居住环境较好，家用电器能较好满足生活需求，有一定量的存款或有价证券，每年有1～2次的家庭旅游	富裕家庭：家庭年收入在30万元以上，有两套以上的自有住房且居住环境优雅，家用电器能很好地满足生活需求，有充足的存款或有价证券，每年有两次以上不定期的家庭旅游	1. 家庭成员工资条 2. 纳税证明 3. 家庭收入情况证明 4. 家庭物品照片等

续上表

一级指标	二级指标	二级指标描述	主要监测点	主要监测点描述	监测标准				佐证材料
					L1	L2	L3	L4	
影响因素	17.学生家庭及社会因素	来源于家庭及社会的，对学生学习水平有影响的因素	家庭文化资源	家庭拥有的书籍和学习用品，如文具、电脑等可供孩子使用的读写工具	家中书本数量有限，家里只有课内书，包括教辅书籍，或只有娱乐类书籍，只能勉强满足课内学习需求和休闲娱乐的需求；学习用品非常有限，只能勉强完成学习任务，但不能保证不受他人干扰	家中书本数量偏少，课内书和报纸、杂志、漫画等娱乐类读物不算入内，拥有书籍低于25本，课外书除娱乐类读物外，只有一个种类，如只有文学类书籍或只有科普类书籍，可以满足了解一定的课外知识的需求；有一定的学习用品，有独立的空间、位置，能保证学习不受他人干扰	既有课内书籍，也有课外书籍，数量较多，课内书和报纸、杂志、漫画等娱乐类读物不算入内，拥有书籍25～100本，除娱乐类读物外，课外书的种类至少有两种，如既有文学类书籍也有科普类书籍等，可以较好满足拓展课外知识的需求；有较多的学习用品，有较大的空间、位置独立学习，至少有一种电子类学习用品帮忙解决学习上的困难，以完成学习探究的需求	既有课内书籍，也有课外书籍，数量很多，课内书和报纸、杂志、漫画等娱乐类读物不算入内，拥有书籍100本以上，除娱乐类读物外，种类丰富，达到三种以上，可以满足学生自主探究知识的需求；有充足的学习用品，能利用网络、电子词典等资源满足更多学习探究需求	家庭书籍，学习用品等

续上表

一级指标	二级指标	二级指标描述	主要监测点	主要监测点描述		监测标准				佐证材料
						L1	L2	L3	L4	
影响因素	17. 学生家庭及社会因素	来源于家庭及社会的，对学生学习水平有影响的因素	家长参与学校教育程度	在学校教育力量的引导下，为促进孩子学习和发展，家长将自身及家庭资源向孩子教育领域投入、倾注的活动	认知发展参与：家长选择某些针对性活动，促进儿童接触有助于智力开发的学习资源或陪同孩子参加有益于认知发展的活动	家长几乎没有为孩子提供有助于智力发展的学习资源；不陪同孩子参加促进认知发展的活动	家长会为孩子提供教师、学校建议购买的跟课业有关的有助于智力开发的学习资源；在教师、学校的相关教育要求下，会陪同孩子参加促进认知发展的活动	家长较主动为孩子提供有助于智力开发的学习资源，包含跟课业相关以及课外的学习资源；会主动陪同孩子参加促进认知发展的活动	家长积极主动长期坚持为孩子提供内容丰富、形式多样的有助于智力开发的学习资源，包含跟课业相关及与课业联系不大的资源；会主动陪同孩子参加多种形式的促进认知发展的活动	学生对家长的评价意见

续上表

一级指标	二级指标	二级指标描述	主要监测点	主要监测点描述		监测标准				佐证材料
						L1	L2	L3	L4	
影响因素	17. 学生家庭及社会因素	来源于家庭及社会的，对学生学习水平有影响的因素	家长参与学校教育程度	在学校教育力量的引导下，为促进孩子学习和发展，家长将自身及家庭资源向孩子教育领域投入、倾注的活动	情感支持参与：家长通过恰当的情绪反应或情感表达来参与孩子的教育活动	家长对孩子对学习任务的情绪表现不敏感；对孩子参与学校活动及在校表现所给予的情感支持非常有限	孩子对学习任务有非常明显的情绪表现时，家长能觉察到，并能对其有一定情绪反馈；有时能对孩子参与学校活动及在校表现给予一定的情感支持	家长能及时关注孩子对学习任务的情绪表现，并给予引导；能较多地对孩子参与学校活动及在校表现给予情感支持	家长能时时细心体察孩子对学习任务的情绪表现，并给予情感支持；时常以情感表达支持鼓励推动孩子参与学校活动及在校有更好的表现	学生对家长的评价意见

续上表

一级指标	二级指标	二级指标描述	主要监测点	主要监测点描述		监测标准				佐证材料
						L1	L2	L3	L4	
影响因素	17.学生家庭及社会因素	来源于家庭及社会的，对学生学习水平有影响的因素	家长参与学校教育程度	在学校教育力量的引导下，为促进孩子学习和发展，家长将自身及家庭资源向孩子教育领域投入、倾注的活动	学习管理参与：家长帮助和督促子女完成学习任务	家长极少有管理督促帮助学生完成学习任务的行为	家长能按照学校对家长的要求对学生学习任务的完成有基本的监督管理行为	家长愿意监督学生的学习任务完成情况，并在学生完成学习任务有困难时，给予建议和提供帮助	家长积极关注监督学生的学习任务完成情况，并对孩子有学习方法和时间管理方面的指导	学生对家长的评价意见

续上表

一级指标	二级指标	二级指标描述	主要监测点	主要监测点描述		监测标准				佐证材料
						L1	L2	L3	L4	
影响因素	17.学生家庭及社会因素	来源于家庭及社会的，对学生学习水平有影响的因素	家长参与学校教育程度	在学校教育力量的引导下，为促进孩子学习和发展，家长将自身及家庭资源向孩子教育领域投入、倾注的活动	家校互动：家长与学校就孩子教育进行沟通和互动	家长不主动与教师沟通，当教师跟家长沟通学生情况时，家长态度不配合；家长不参与学校活动，不亲自参加家长会，或常常在家长会上迟到早退；家长不知道有家委会	当学生出现明显问题时，家长会主动与教师沟通，当教师跟家长沟通学生情况时，家长愿意接受；家长能亲自并按时参与学校要求家长必须参加的学校活动如家长会；家长知道有家委会，但较少参与其中	家长能主动与教师沟通学生情况，当教师跟家长沟通学生情况时，家长愿意接受并做出相应的行为改变；家长主动参与学校活动，不仅包括学校要求家长参与的活动如家长会，还包括学校建议家长参与的活动，如参观教学开放日、参加家长学校、家长沙龙等；家长通过家委会提供的平台，提出自己对学校教育的看法和建议	家长能积极把握各种机会如通过电话、面谈、手册留言等与教师沟通学生情况，当教师跟家长沟通学生情况时，家长有积极的反馈，并与教师一同探讨学生的发展情况；家长积极参与并投入学校活动，参与学校要求参加及建议参加的活动，还在活动中提供支持帮助，或者牵头组织有意义的学校活动；家长通过家委会提供的平台参与学校决策，主动承担组织学生教育活动的任务，关心并认真听取学校工作计划，对学校的教育工作建言献策，并监督学校教育教学工作	班主任对学生家长的评价意见

续上表

一级指标	二级指标	二级指标描述	主要监测点	主要监测点描述		监测标准				佐证材料
						L1	L2	L3	L4	
影响因素	17. 学生家庭及社会因素	来源于家庭及社会的，对学生学习水平有影响的因素	学校周边的社会秩序	校园周围200米范围内对学校师生身心健康及正常教学工作产生影响的社会因素，主要包括交通秩序、治安秩序和食品安全管理秩序	交通秩序	学校周边道路无减速带、斑马线等交通标志；车辆闯红灯、乱停乱放、占道经营等问题突出；经常有“黑校车”“黑出租”搭载学生或非法营运车辆运载学生上下学现象；行人乱穿马路现象明显	学校周边道路有交通警示标志，但不完整，如没有斑马线或红绿灯；有时有车辆闯红灯、个别区域存在乱停乱放和占道经营等影响交通的问题；有时有“黑校车”“黑出租”搭载学生或非法营运车辆运载学生上下学现象；有时有行人乱穿马路现象	学校周边道路交通警示标志完整；偶有车辆闯红灯，基本不存在乱停乱放、占道经营等影响交通的问题；没有“黑校车”“黑出租”搭载学生或非法营运车辆运载学生上下学现象；偶有行人乱穿马路现象	学校周边道路交通警示标志完整清晰；车辆遵守交通规则、礼让行人，车辆停放整齐，不存在占道经营等影响交通的问题；交通便捷，不存在“黑校车”“黑出租”搭载学生或非法营运车辆运载学生上下学现象；行人无乱穿马路现象	交警部门提供的交通违章及交通事故记录

续上表

一级指标	二级指标	二级指标描述	主要监测点	主要监测点描述		监测标准				佐证材料
						L1	L2	L3	L4	
影响因素	17.学生家庭及社会因素	来源于家庭及社会的，对学生学习水平有影响的因素	学校周边的社会秩序	校园周围200米范围内对学校师生身心健康及正常教学工作产生影响的社会因素，主要包括交通秩序、治安秩序和食品安全管理秩序	治安秩序	学校周边经常有打架斗殴、拉帮结派、勒索学生财物等违法犯罪事件，基本无警察等安保人员巡逻，师生缺乏安全感	学校周边偶尔有打架斗殴、拉帮结派、勒索学生财物等违法犯罪事件，有警察等安保人员巡逻，师生具有一定的安全感，但不强烈	学校周边基本没有打架斗殴、拉帮结派、勒索学生财物等违法犯罪事件，经常有警察等安保人员巡逻，师生具有比较强烈的安全感	学校周边从未发生违法犯罪事件，有警察等安保人员定时巡逻，师生有很强烈的安全感	学校所在街道派出所提供的刑事案件记录

续上表

一级指标	二级指标	二级指标描述	主要监测点	主要监测点描述		监测标准				佐证材料
						L1	L2	L3	L4	
影响因素	17. 学生家庭及社会因素	来源于家庭及社会的，对学生学习水平有影响的因素	学校周边的社会秩序	校园周围200米范围内对学校师生身心健康及正常教学工作产生影响的社会因素，主要包括交通秩序、治安秩序和食品安全管理秩序	食品安全管理秩序	政府有关部门基本没有实施如食品放心工程、食品安全专项整治等食品安全监管工作；学生基本不关心食品安全问题，经常光顾周边摊点，购买“三无”食品	政府有关部门有实施如食品放心工程、食品安全专项整治等食品安全监管工作，但力度不够；学生关心食品安全问题，但会光顾周边摊点，购买“三无”食品	政府有关部门经常实施如食品放心工程、食品安全专项整治等食品安全监管工作；学校周围基本没有乱摆摊点，售卖“三无”食品现象，学生比较关心食品安全问题，基本不会购买“三无”食品	政府有关部门经常开展有效的食品安全监管工作，学生食品安全意识强，发现乱摆摊点、售卖“三无”食品现象会及时举报	工商或食品质量监管部门开展有关活动的材料

续上表

一级指标	二级指标	二级指标描述	主要监测点	主要监测点描述	监测标准				佐证材料
					L1	L2	L3	L4	
影响因素	17.学生家庭及社会因素	来源于家庭及社会的，对学生学习水平有影响的因素	学校周边文化环境	以学校为中心的，周边200米范围内的街道、店铺、公园、广场等文化活动环境，主要指公共文化生活和实践的硬件设施和活动场所	学校周边有网吧、游戏厅、歌舞厅；售卖盗版书籍或音像制品的店铺；没有参观体验的文化场所。仅能满足学生的较低层次的娱乐休闲需要	学校周边没有网吧、游戏厅和歌舞厅，有电影院或运动场所；没有售卖盗版书籍或音像制品的店铺，有文具店、报刊亭、小型书店、小型音像制品店；没有参观体验的文化场所可供学生购买上课所需文具和教辅读物、休闲娱乐阅读的需要	学校周边没有网吧、游戏厅和歌舞厅，有电影院或运动场所；没有售卖盗版书籍或音像制品的店铺，有较多文具店、报刊亭、较大型书店、较大型音像制品店、课外辅导机构；只有一个参观体验的文化场所可满足购买教辅书籍和部分课外书籍及部分体验的需要	学校周边没有网吧、游戏厅和歌舞厅，有电影院或运动场所；没有售卖盗版书籍或音像制品的店铺，有较多文具店、报刊亭、书店、音像制品店、课外辅导机构；有较多参观体验的文化场所，可满足学生阅读的需要和参观体验的需要	学校周边地图、社区居委会评价表

续上表

一级指标	二级指标	二级指标描述	主要监测点	主要监测点描述	监测标准				佐证材料
					L1	L2	L3	L4	
影响因素	17.学生家庭及社会因素	来源于家庭及社会的，对学生学习水平有影响的因素	学校与社区沟通合作关系	学校与社区和社区成员、机构、组织之间的双向交流与合作关系	在一学年中，学校组织学生到社区开展实践活动少于两次；学校资源没有向社会开放	在一学年中，学校组织学生到社区开展实践活动达两次或两次以上，活动类型单一，如只是参观体验类活动；学校有一种硬件资源开放给社会，如开放体育馆	在一学年中，学校组织学生到社区开展实践活动达两次或两次以上，活动类型达两种，如公益类与参观体验类活动；学校有两种或两次以上的硬件资源开放给社会，如开放体育馆、开放学术报告室	在一学年中，学校组织学生到社区开展多次实践活动，活动类型达三种或三种以上，如公益活动类、参观体验类及学习调研类活动；学校以不同的形式把自身硬件资源和软性资源向社会开放，如开放学校硬件设施，提供师资给社区开课，为社区居民开设教育咨询等	学校相关活动的文字资料、通讯稿、照片

参考文献

[1] 周世科．国内外基础教育质量监测概览［J］．江苏教育研究，2012（2C）．

[2] 张振助．中国基础教育监测的实践和思考［J］．基础教育，2010（7）．

[3] 李建忠．欧盟教育质量监测的指标和基准［J］．比较教育研究，2009（10）．

[4] 沈南山．基础教育质量监测：学业评价制度分析视角［J］．教育科学研究，2010（7）．

[5] 王云峰，胡进，张咏梅．北京市义务教育教学质量监控与评价系统的构建［J］．教育科学研究，2009（9）．

[6] 王雅文．上海市中小学学生学业质量绿色指标体系的实施及反思［J］．教育测量与评价（理论版），2012（10）．

[7] 董洪亮．基础教育质量监测：江苏的先行探索［J］．江苏教育研究，2012（6）．

[8] 何穆彬．香港教育评核的方法、特点及其对优化内地基础教育质量监测与督导制度的启示［J］．考试研究，2012（2）．

[9] 黄宪，张经纬，钟阳，等．构建区域中小学生学业质量管理体系的实践与思考：以广州为例［J］．基础教育课程，2010（11）．

[10] 上海市教育委员会．上海市教育委员会关于《上海市中小学生学业质量绿色指标（试行）》的实施意见［Z］．沪教委基〔2011〕86 号．

[11] 程凤春，卫喆．再论教育质量及其衡量标准：基于 ISO9000 族标准的分析［J］．教育研究，2012（6）．

[12] 秦玉友．用什么指标表达教育质量：教育质量指标的选择与争议［J］．教育发展研究，2012（3）．

[13] 赵德成，张东娇．当前英、美、日三国学校评估的新特点及启示［J］．比较教育研究，2010（6）．

[14] 王珊．基于国际比较的区域教育质量监测模式研究［J］．上海教育科研，2012（8）．

[15] 马克．美国国家教育进展评估［J］．考试研究，2011（3）．

[16] 洪志忠．美国学生学业成就质量监测：NAEP 的经验［J］．全球教育展望，2008（6）．

[17] 李建忠．欧盟教育质量标准评述［J］．中国教育政策评论，2010．

[18] 杨涛，辛涛．欧盟国家教育质量的框架、进展及其启示［J］．比较教育研究，2011（7）．

［19］高峡．试析日本学力调查的目的和导向［J］．全球教育展望，2008（5）．
［20］李协京．从日本全国学力考试看其中小学教育质量监测［J］．外国教育研究，2008（10）．
［21］房倩倩．日本：全国学力考试该何去何从？——全员参加，还是抽样？［J］．比较教育研究，2009（10）．
［22］王桂．当代外国教育：教育改革的浪潮与趋势［M］．北京：人民教育出版社，1995．
［23］陈吉．基于标准的大规模数学学业评价之命题研究［D］．上海：华东师范大学，2012．
［24］苗森．奥巴马宣布美国10个州将不受《不让一个孩子掉队法》的约束［J］．比较教育研究，2012（4）．
［25］厚泽．学校教育质量：监测与改进［J］．中小学管理，2010（Ⅱ）．
［26］马世晔．从国外教育评价制度看我国基础教育评价体系的建立［J］．中国考试，2008（5）．
［27］张振助．中国基础教育监测的实践与思考［J］．基础教育，2010（5）．
［28］任春荣．县级教育质量监测的研究初探［J］．中国考试，2009（2）．
［29］崔允漷．试论建立国家义务教育质量监测体系的价值［J］．教育发展研究，2006（3）．
［30］陶西平．教育评价辞典［M］．北京：北京师范大学出版社，1998．
［31］朱益明．教育质量的概念分析［J］．比较教育研究，1996（5）．
［32］王毓珣．国外教育质量监控述评［J］．外国教育研究，1999（6）．
［33］陈小娅．中国的实践：基础教育监测的新尝试［J］．教育研究，2010（4）．
［34］孔企平．国际数学学习测评：聚焦数学素养的发展［J］．全球教育展望，2011（11）．
［35］王少非．国家义务教育质量监测：一个模型构想［J］．教育发展研究，2006（3）．
［36］胡进．香港中小学全港性系统评估概况与启示：兼与北京市义务教育质量监控评价比较［J］．上海教育科研，2011（6）．
［37］艾飞飞，张珏．关于教育质量国家标准建设的思考［J］．教育发展研究，2011（7）．
［38］唐圣权．将PISA应用于我国义务教育质量监测不可忽视的两个问题［J］．广西师范大学学报（哲学社会科学版），2012（8）．
［39］陈晨．基础教育质量监测中的公平性问题：美国NAEP的政策与实践［J］．外国中小学教育，2011（2）．
［40］陆璟．PISA学习参与度评价［J］．上海教育科研，2009（12）．

后　记

“建立广东义务教育质量监测体系研究”最初是2012年作为广东省教育厅的第六批委厅机关业务工作研究项目开始研究的，在广东省教育研究院汤贞敏院长的主持下，于2013年10月顺利结题。省政协游忠惠委员向省政协十一届一次会议提出了关于构建广东省基础教育质量监测与评价体系的建议。于是，时任广东省教育研究院分管学术的副院长黄崴教授带领教研院基础教育研究室、教学教材研究室、教育评估室相关的研究员组建团队，申报“广东省义务教育课程体系改革研究项目”并获批准立项。在项目研究开展期间，得到了不同单位、不同业界专家和学者的大力支持和帮助。

此项目在省教育厅、省政府教育督导室指导下，由省教育研究院牵头，协同中山大学、华南师范大学、广东实验中学、南海区教育发展研究中心、深圳承儒科技有限公司等组成总项目组。参与“品德发展水平”研究组的有沈林、姚轶洁、王定国、曾建辉、张树峰、陈好、林伟洪、张关荣、罗金星；参与“身心发展水平”研究组的有张璐斐、徐淑芹、柳媛、刘欢、张琦光、谭毅、施小菊、陆蓉慧、杨慧敏、杨青华、赖舒旋、江洁华、张泽锐、韦晓飞、李宜珈、熊海军、钟雪溪、王苑、刘蔚、尹东江、熊秋红、张华光、薛蓉；参与“兴趣特长养成”研究组的有张一平、郑海燕、张丽娜、戴腊梅、严凤平、唐红思、尚瑞红、吴蓓蓓；参与“学业负担状况”研究组的有禹飚、程益贵、董磊、陈劲茹、邓毅怡；参与“校长专业发展水平”研究组的有席梅红、余奇、张启强、张瑜；参与“教师课程实施状况”研究组的有鲍银霞、詹春青、陈静勉、马学芝；参与“学业水平”语文组研究的有冯善亮、张海侠、周华章、刘巍、弓延红、尹庆华、游云云、赵克婴、邹峰、梁文菁、方伟伦、周军、李婷婷、刘娟娟；参与“学业水平”数学组研究的有徐勇、张建国、孙治中、罗开初、陈远刚、王德生、周曙、胡明辉、郭志勇、刘翥远、陆兴友、易文辉、郑喜中、董磊、陈芝兰、李家善、钟婷文、刘案清、邓国强、张锦玲、殷切文、叶巧卡、何晓华。所有项目组研究成员辛勤付出，为形成广东义务教育质量监测指标体系、开发监测工具、形成监测研究报告做出了卓越贡献。在此，对参与项目研究的全体成员表示衷心感谢！

还要感谢深圳承儒科技有限公司为本项目的开展提供技术支持，辅助本项目利用现代教育技术手段顺利实现“互联网+测评”的目标；感谢佛山市南海区教育局、韶关市始兴县教育局、云浮市新兴县教育局在具体试测过程中对监测试验提供了大力支持和帮助，得益于他们先行先试，努力积累经验，为全省做了富有意义的贡献。

项目研究过程中，得到广州大学张崇岐教授、华南师范大学胡中锋教授、广东外语外贸大学张信勇老师的关心和支持，他们为本项目研究提出了宝贵的指导意见和建议，促进了研究深入推进。本项目的研究还得到了省教育研究院副院长李海东的大力支持，他为项目推进提出宝贵建议，并积极协调组织召开子项目结题报告会。在此，对各位专家和领导的关心与支持表示衷心感谢！